Perspektiven der Sozialpolitik

Reihe herausgegeben von
Michael Opielka, Ernst-Abbe-Hochschule Jena, Jena, Deutschland

Michael Opielka · Felix Wilke
(Hrsg.)

Der weite Weg zum Bürgergeld

Springer VS

Hrsg.
Michael Opielka
Fachbereich Sozialwesen
Ernst-Abbe-Hochschule Jena
Jena, Deutschland

Felix Wilke
Fachbereich Sozialwesen
Ernst-Abbe-Hochschule Jena
Jena, Deutschland

Perspektiven der Sozialpolitik
ISBN 978-3-658-43474-8   ISBN 978-3-658-43475-5 (eBook)
https://doi.org/10.1007/978-3-658-43475-5

Die Deutsche Nationalbibliothek verzeichnet diese Publikation in der Deutschen Nationalbibliografie; detaillierte bibliografische Daten sind im Internet über https://portal.dnb.de abrufbar.

© Der/die Herausgeber bzw. der/die Autor(en) 2024. Dieses Buch ist eine Open-Access-Publikation.

Open Access Dieses Buch wird unter der Creative Commons Namensnennung 4.0 International Lizenz (http://creativecommons.org/licenses/by/4.0/deed.de) veröffentlicht, welche die Nutzung, Vervielfältigung, Bearbeitung, Verbreitung und Wiedergabe in jeglichem Medium und Format erlaubt, sofern Sie den/die ursprünglichen Autor(en) und die Quelle ordnungsgemäß nennen, einen Link zur Creative Commons Lizenz beifügen und angeben, ob Änderungen vorgenommen wurden.
Die in diesem Buch enthaltenen Bilder und sonstiges Drittmaterial unterliegen ebenfalls der genannten Creative Commons Lizenz, sofern sich aus der Abbildungslegende nichts anderes ergibt. Sofern das betreffende Material nicht unter der genannten Creative Commons Lizenz steht und die betreffende Handlung nicht nach gesetzlichen Vorschriften erlaubt ist, ist für die oben aufgeführten Weiterverwendungen des Materials die Einwilligung des jeweiligen Rechteinhabers einzuholen.
Die Wiedergabe von allgemein beschreibenden Bezeichnungen, Marken, Unternehmensnamen etc. in diesem Werk bedeutet nicht, dass diese frei durch jedermann benutzt werden dürfen. Die Berechtigung zur Benutzung unterliegt, auch ohne gesonderten Hinweis hierzu, den Regeln des Markenrechts. Die Rechte des jeweiligen Zeicheninhabers sind zu beachten.
Der Verlag, die Autoren und die Herausgeber gehen davon aus, dass die Angaben und Informationen in diesem Werk zum Zeitpunkt der Veröffentlichung vollständig und korrekt sind. Weder der Verlag noch die Autoren oder die Herausgeber übernehmen, ausdrücklich oder implizit, Gewähr für den Inhalt des Werkes, etwaige Fehler oder Äußerungen. Der Verlag bleibt im Hinblick auf geografische Zuordnungen und Gebietsbezeichnungen in veröffentlichten Karten und Institutionsadressen neutral.

Planung/Lektorat: Katrin Emmerich
Springer VS ist ein Imprint der eingetragenen Gesellschaft Springer Fachmedien Wiesbaden GmbH und ist ein Teil von Springer Nature.
Die Anschrift der Gesellschaft ist: Abraham-Lincoln-Str. 46, 65189 Wiesbaden, Germany

Das Papier dieses Produkts ist recycelbar.

Inhaltsverzeichnis

Einleitung: Der weite Weg zum Bürgergeld 1
Michael Opielka und Felix Wilke

Der sozialpolitische und sozialrechtliche Weg zum Bürgergeld

Von Hartz IV zum Bürgergeld – weniger Konditionalität, mehr
Selbstbestimmung? 15
Stefanie Börner und Philipp Kahnert

Bürgergeld und Grundeinkommen – Der weite Weg der
Bürgergeldreform 39
Michael Opielka und Wolfgang Strengmann-Kuhn

Das Problem mit der Arbeit. Zur Kritik der erwerbszentrierten
Sozialpolitik 65
Mike Laufenberg

Von den „Sanktionen" des Arbeitslosengeldes II zu
„Leistungsminderungen" des Bürgergeldes 85
Claudia Beetz und Frederik von Harbou

**Der individuelle Weg zum Bürgergeld: Das Problem der
Nichtinanspruchnahme**

Die Nichtinanspruchnahme von Grundsicherung als
Bewältigungsstrategie 107
Mareike Sielaff und Felix Wilke

„Ich bin nicht bedürftig": Verzicht als Abgrenzung 133
Jennifer Eckhardt

**Weniger Haben als Soll. Differenzen zwischen *de jure* und *de facto*
Umverteilung für arme Familien im europäischen Vergleich** 149
Patricia Frericks und Julia Höppner

Aktuelle Praxisperspektiven auf das Bürgergeld

**Zeit-Armut. Einblicke in die Lebenswirklichkeiten von
Bürgergeldempfänger:innen** 171
Eva M. Welskop-Deffaa

**Bürgergeld per Mausklick? Der weite Weg zur digitalen Teilhabe
für alle** 183
Gwendolyn Stilling

**Vom User zum Bürger: Durch Digitalisierung zu mehr
Bürger:innenorientierung im SGB II** 197
Corinna Funke und Friedemann Christ

Einleitung: Der weite Weg zum Bürgergeld

Michael Opielka und Felix Wilke

Zusammenfassung

Der Beitrag führt in die komplexe politische Genese und sozialpolitische Bedeutung des seit 2023 geltenden Bürgergeldes ein. Dabei wird die Frage nach Veränderungen in der Zugänglichkeit dieses Grundsicherungssystems und der Nichtinanspruchnahme aufgeworfen. Auf theoretischer Ebene ermöglicht diese doppelte Perspektive, Sozialpolitikforschung und Armutsforschung stärker zusammenzudenken. Ein Überblick über die einzelnen Beiträge des Sammelbandes verdeutlicht dies exemplarisch.

1 Der weite Weg zum Bürgergeld

Das seit 2023 geltende „Bürgergeld" sollte die unbeliebte Sozialleistung „Hartz 4" ablösen, zugleich aber auch (noch) kein „Grundeinkommen" sein. Es war ein weiter Weg zum Bürgergeld und für viele Menschen ist der Weg zum Bürgergeld noch weit. Um diesen Weg nachzuzeichnen und zu deuten, muss das neue Bürgergeld in seiner sozialpolitischen Geschichte und Bedeutung reflektiert werden. Wie viel „Hartz 4" und damit „Aktivierung" und „Kommodifizierung", also nachdrückliche Eingliederung in den Erwerbsarbeitsmarkt steckt auch im neuen „Bürgergeld"? Zugleich verändert sich mit den Zugangsbedingungen auch für Bürgerinnen und Bürger der Weg zur Grundsicherung. Dieser Weg soll unter

M. Opielka (✉) · F. Wilke
Ernst-Abbe-Hochschule, Jena, Deutschland
E-Mail: michael.opielka@eah-jena.de

F. Wilke
E-Mail: felix.wilke@eah-jena.de

© Der/die Autor(en) 2024
M. Opielka und F. Wilke (Hrsg.), *Der weite Weg zum Bürgergeld,* Perspektiven der Sozialpolitik, https://doi.org/10.1007/978-3-658-43475-5_1

dem Aspekt der Nichtinanspruchnahme beleuchtet werden. Denn bei bedürftigkeitsgeprüften Sozialleistungen gilt mehr als für andere Leistungen: Es ist ein weiter Weg vom individuellen Anspruch bis zum Leistungsbezug, den viele Menschen nicht gehen (wollen). Warum so viele Menschen auf ihren sozialrechtlichen Anspruch verzichten und ob sich durch das Bürgergeld etwas an diesem Sachverhalt ändern kann, das sind zentrale Fragen, die in diesem Band bearbeitet werden.

Grundzüge des Bürgergeldes

In der Systematik der bundesdeutschen Sozialpolitik gehört das Bürgergeld zu den Grundsicherungsleistungen. Es unterstützt jene Menschen in Deutschland, die ihren finanziellen Bedarf nicht decken können. Zur Grundsicherung gehören auch andere Leistungen, wie das Asylbewerberleistungsgesetz, die Sozialhilfe und Leistungen der Grundsicherung im Alter und bei Erwerbsminderung (Bäcker et al. 2020, S. 246 ff.). Das Bürgergeld ist aber durch seinen Empfänger:innenkreis und seine enge Bindung an den Arbeitsmarkt der bedeutendste Teil der Grundsicherungsleistungen. Nach Angaben der Monatsstatistik der Bundesagentur für Arbeit bezogen Anfang 2024 ca. 4 Mio. erwerbsfähige Personen Bürgergeld. Hinzu kommen ca. 1,5 Mio. nicht erwerbsfähige Angehörige.

Um den weiten Weg zum Bürgergeld nachvollziehen zu können, hilft eine erste Einordnung. Als Bestandteil des Grundsicherungssystems steht das Bürgergeld in der armutspolitischen Tradition der Fürsorgeleistungen (Bäcker 2021, S. 44). Vom repressiven System der Armenfürsorge ohne Rechtsanspruch (Boeckh et al. 2022) unterscheidet sich das Bürgergeld grundlegend. Gleichzeitig bricht es nicht mit den zentralen Strukturprinzipien von Fürsorgeleistungen: Bedarfsorientierung und Bedürftigkeitsprüfung (Bahle 2021, S. 246; Opielka 2008, S. 25 f.). Das heißt, Ansprüche werden nur dann gewährt, wenn eigene Ressourcen des Haushalts den Bedarf nicht decken können. Aus der Bedarfsorientierung ergibt sich im Regelfall ein komplexes Zusammenspiel unterschiedlicher Leistungen. Das betrifft im Sinne des sogenannten Subsidiaritätsprinzips erstens den Einsatz eigener Einkommens- und Vermögensressourcen. Zweitens werden, was der Familienkomponente des Subsidiaritätsprinzips entspricht, Unterstützungsleistungen naher Angehöriger oder Haushaltsmitglieder eingefordert. Und drittens müssen vorgelagerte Sozialleistungen berücksichtigt werden (insbesondere: Wohngeld). Um Grundsicherung zu erhalten, müssen Antragstellende einen Mangel an eigenen Ressourcen immer erst in einer Bedürftigkeitsprüfung nachweisen. In der praktischen Umsetzung setzt die Bedürftigkeitsprüfung eine aktive Mitwirkung und die

Erbringung umfangreicher Nachweise voraus. Auch im Leistungsbezug ist eine aktive Mitwirkung verpflichtend. Beziehende müssen Bemühungen zur Überwindung der Hilfebedürftigkeit nachweisen und werden bei mangelnder Mitwirkung sanktioniert. Im Schatten monetärer Unterstützungsleistungen müssen sich Beziehende deshalb immer auch einer sozialstaatlichen ‚Behandlung' unterziehen (Offe 1984, S. 111; ähnlich: Vobruba 2020, S. 114–116). Wie umfassend die ‚Behandlung' ist, wurde mit dem Bürgergeld-Gesetz modifiziert. Eine genaue Analyse dieser Veränderungen ist für die politische Bewertung der Reform, aber auch für die Adressat:innen des Bürgergelds entscheidend.

Das ab 2023 in Kraft getretene Bürgergeld-Gesetz umfasst zahlreiche Änderungen der sogenannten Grundsicherung für Arbeitsuchende. Wir fassen an dieser Stelle die zentralen Änderungen überblicksartig zusammen.[1] Wie sich unterschiedliche Reformelemente in die bisherige Systematik der Grundsicherung fügen und wie diese Änderungen sozialwissenschaftlich zu deuten sind, wird umfassend in den Beiträgen des Bandes bearbeitet:

- Anhebung der Regelbedarfe um ca. 53 EUR auf 502 EUR (für Alleinlebende) ab 01.01.2023 (und erneut um 61 EUR auf 563 EUR ab 01.01.2024).
- Einführung von Karenzzeiten für die Berücksichtigung von Wohnkosten und Vermögen bei der Bedürftigkeitsprüfung und Anhebung des Schonvermögens.
- Anhebung der Hinzuverdienstgrenzen und Freibeträge bei Erwerbstätigkeit.
- Sanktionsregelungen werden moderat angepasst. Eine zunächst vorgesehene Karenzzeit wurde im Gesetz nicht eingeführt.
- Abschaffung des Vermittlungsvorrangs. Aus- und Weiterbildungsmaßnahmen erhalten eine höhere Priorität gegenüber der unmittelbaren Aufnahme einer Erwerbstätigkeit.
- Eingliederungsvereinbarungen werden durch Kooperationspläne ersetzt. Leistungsbeziehende erhalten einen größeren Spielraum zur Gestaltung von Eingliederungsmaßnahmen.

2 Systematische Überlegungen

Der vorliegende Band lässt sich programmatisch auch als Versuch verstehen, die Sozialpolitikforschung und die Armutsforschung näher aneinander heranzuführen. Die Diskurse beider Forschungsrichtungen sind bei genauer Betrachtung

---

[1] Quellen: SGB II; Sozialpolitik-aktuell: https://www.sozialpolitik-aktuell.de/id-2022-3.html.

erstaunlich separiert. In der Armutsforschung werden die Lebenslagen von Bevölkerungsgruppen mit geringen Einkommen aus der Perspektive sozialer Probleme in den Blick genommen. Es geht darum, Armut aufzudecken, die Lebensverhältnisse in Armut zu beschreiben und gesellschaftliche Folgen von Armut in den Blick zu nehmen (z. B. Huster et al. 2018). In Deutschland ist der Armutsdiskurs sehr stark durch die Armuts- und Reichtumsberichte der Bundesregierung institutionalisiert. Sie sollen regelmäßig wie ein Brennglas bestimmte Problembereiche für von Armut Betroffene oder Gefährdete aufzeigen. Auch wenn der Armuts- und Reichtumsbericht der Bundesregierung formal dem Arbeits- und Sozialministerium zugeordnet ist, so ist dessen politische Relevanz vergleichsweise begrenzt. Der Armuts- und Reichtumsbericht kann hier stellvertretend für die Rolle der Armutsforschung im politischen System gesehen werden: Man deutet auf Missstände und legt den Finger in die Wunde – das Ganze bleibt aber wenig folgenreich.

Die Sozialpolitikforschung ist demgegenüber deutlich stärker institutionalisiert und an relevante Interessengruppen und Entscheidungsträger angebunden. Aus Perspektive der Sozialpolitikforschung werden Lebenslagen von Bevölkerungsgruppen mit geringen Einkommen deutlich pragmatischer im Wechselspiel mit verschiedenen gesellschaftlichen Interessensgruppen analysiert. Armutsprobleme werden hier immer auch im Kontext von Geld-, Moral-, Rechts- und Organisationsproblemen betrachtet.

Die Nichtinanspruchnahme als ein Schwerpunkt in diesem Band befindet sich an der Schnittstelle zwischen Armuts- und Sozialpolitikforschung. Erste Forschungen zur Nichtinanspruchnahme von Grundsicherungsleistungen in Deutschland fanden zu Beginn der 1980er Jahre statt (Hartmann 1981) und wurden später von Armutsforscher:innen fortgeführt (z. B. Becker und Hauser 2003). Für den sozialpolitischen Diskurs war die Frage der Nichtinanspruchnahme bisher eher randständig. Sie ist für sozialpolitische Fragen aber hoch anschlussfähig. Die Beiträge zur Nichtinanspruchnahme in diesem Band führen diese Anschlussfähigkeit facettenreich vor. Aus der sozialpolitischen Rekonstruktion der Bürgergeldreform mit ihren Pfadabhängigkeiten und politischen Verortungen wird sehr deutlich, wie kleinteilig und langwierig politische Reformprozesse sind, und welche Rolle verschiedene Stakeholder in diesem Prozess einnehmen (Opielka und Strengmann-Kuhn in diesem Band). Durch die Rekonstruktion von Lebensperspektiven in Nichtinanspruchnahme gewinnt wiederum die Sozialpolitikforschung wichtige Einblicke: In das ‚Warum?' und ‚Wozu?' der Nichtinanspruchnahme (Sielaff und Wilke in diesem Band). Während die Sozialpolitikforschung in der Regel eine Steuerungsperspektive einnimmt und Sozialpolitik als Instrument der

Integration von Subjekten in die Gesellschaft betrachtet (Vobruba 2000, S. 104–121), lässt sich aus der Perspektive der Bürger:innen deutlich differenzierter auf Integrations- und Desintegrationspotenziale von Sozialpolitik schauen. Denn nicht jeder sozialpolitisch geschaffene Tatbestand hilft den Bürger:innen bei der Bewältigung des Alltags. Nicht selten stellen die mit dem Bezug einhergehenden Konsequenzen so große Hürden für die Leistungsberechtigten dar, dass sie darauf bewusst verzichten. Gleichzeitig lässt sich beobachten, dass aus dem Verzicht oft sozialpolitische Folgekosten entstehen. In bedürftigkeitsgeprüften Systemen wird Nichtinanspruchnahme – solange die Leistungsgewährung nicht automatisiert abläuft – aufgrund der sozialstaatlichen Anforderungen immer Teil des Systems sein. Das lehrt auch die internationale Forschung zur Nichtinanspruchnahme von bedürftigkeitsgeprüften Sozialleistungen (Mechelen und Janssens 2022).

3   Disziplinäre Verortung

Der Band hat ein verbindendes Anliegen. Er möchte Wissenschaft & Praxis verbinden und das Bürgergeld damit auch stärker in den Fokus der Sozialen Arbeit rücken. Der wissenschaftliche Beitrag zum Band besteht vorrangig in einer soziologischen und rechtswissenschaftlichen Analyse. Die Perspektive der Ökonomie oder der Zeitgeschichte auf das Bürgergeld ist dagegen im Band kaum abgebildet. Der Grund ist vor allem der Profession der Herausgeber geschuldet. Die Ökonomie spielt in der Gestaltung sozialpolitischer Reformen immer eine wesentliche Rolle, sowohl als Teilbereich der Wissenschaft als in Form des Wirtschaftssystems. Neben unmittelbaren fiskalischen Auswirkungen gestaltet die Bürgergeldreform beispielsweise die Schnittstelle zum Arbeitsmarkt um. Ob sich aus der Reform nennenswerte wirtschaftliche Effekte ergeben, muss untersucht werden. Für derartige Diskussionen sei an andere Stellen verwiesen.[2]

Die Einbindung der (sozialarbeiterischen) Praxis in diesen Band gestaltete sich schwieriger als gedacht. Dabei sind die sozialen Dienste auf vielfache Weise mit potenziellen Empfänger:innen des Bürgergeldes verwoben. Insbesondere die Nichtinanspruchnahme ist prädestiniert als Handlungsfeld der Sozialen Arbeit. Der Beitrag von Welskop-Deffaa (in diesem Band) zeigt einige der Verknüpfungen auch eindrücklich auf. Was auf der Tagung im Juni 2023 in Jena gelang,

---

[2] Beispielsweise auf die Beiträge in Heft 2 (2022) der Zeitschrift Wirtschaftsdienst, die online verfügbar sind: https://www.wirtschaftsdienst.eu/inhalt/jahr/2022/heft/2/beitrag/von-hartz-iv-zum-buergergeld-mehr-als-ein-neuer-name.html.

auf der mehrere Beiträge dieses Bandes erstmals diskutiert wurden[3], nämlich in einen Wissensaustausch zu treten mit Akteuren aus der Sozialen Arbeit, war bei der Zusammenstellung des Bandes schwieriger. Die vor Ort involvierte Praxis ist nicht nur stark in Alltagsherausforderungen eingebunden, sondern pflegt auch andere Formen kommunikativen Austausches als die Wissenschaft. Beiträge aus der sozialraumorientierten Sozialarbeit wie aus der Thüringer Wohlfahrtspflege haben deshalb leider nicht den Weg von der Tagung in diesen Band geschafft. Tatsächlich sehen wir in den unterschiedlichen Kommunikationswegen zwischen Praxis und Wissenschaft durchaus eine Gefahr, weil es einen gebrochenen Informationsfluss gibt. Wenn Befunde und Diagnosen aus der Praxis in Form und Inhalt an wissenschaftliche Diskussionen nicht anschlussfähig sind, so können sie auch nicht zum Gegenstand einer wissenschaftlichen Analyse werden. Gleichzeitig werden dann wissenschaftliche Analysen als praxisfern wahrgenommen und zunehmend weniger rezipiert. An der Nichtinanspruchnahme lässt sich dies recht gut studieren: Weil Praxisakteure vor Ort in der Regel mit Leistungsempfänger:innen Kontakt haben, und Nichtinanspruchnehmende in ihrer Lebenswirklichkeit nur selten vorkommen, unterschätzen sie tendenziell die Nichtinanspruchnahme. Beispielsweise können Voigtländer et al. (2013, S. 33 f.) durch einen Vergleich von Mikrosimulation und Befragungen unter Behördenmitarbeitenden beim Wohngeld zeigen, dass letztere die Nichtinanspruchnahme deutlich unterschätzen. Nicht nur hier ist dringend ein verstärkter gegenseitiger Austausch notwendig – auch wenn sich der Weg dahin als nicht einfach erweist.

4 Beiträge im Band

Im ersten Themenblock des Bandes geht es um den sozialpolitischen und sozialrechtlichen Weg zum Bürgergeld. Den weiten Weg der politischen Genese des Bürgergeldes zeichnen die Beiträge von Börner/Kahnert und Opielka/Strengmann-Kuhn auf ganz unterschiedliche Weise nach. Eng an der Metapher des Weges angelehnt spüren Börner/Kahnert pfadabhängigen Entwicklungen der Bürgergeldreform nach. Mithilfe soziologischer Institutionentheorien analysieren sie die Gesetzgebungsprozesse in den Jahren 2003–2022. Anhand der zentralen Reformelemente „Fördern und Fordern", „Eingliederungsvereinbarung" und „Sanktionen" zeigen sie sehr präzise sozialpolitische Richtungswechsel auf. Institutionentheoretisch folgen die Reformen bis zum Bürgergeld einem Pfad

---

[3] https://www.eah-jena.de/tagung-buergergeld.

inkrementellen Wandels. Empirisch lässt sich zeigen: Auch wenn die Bürgergeldreform neue sozialpolitische Elemente enthält, einen Paradigmenwechsel stellt sie nicht dar – vielmehr deutete sich der politische Richtungswechsel bereits seit 2008 an.

Die Frage nach den zeitlichen Kontinuitäten steht auch im Mittelpunkt des Beitrags von Opielka/Strengmann-Kuhn. Der Begriff „Bürgergeld" tauchte bereits in den 1970er Jahren im politischen Diskurs auf. Damals allerdings eher in einer liberal-konservativen Denktradition, wie später auch das „Solidarische Bürgergeld" des Thüringer CDU-Ministerpräsidenten Althaus. Dass ein so besetzter Begriff unter der SPD seine politischen Vorzeichen ändert und den Titel einer großen Sozialreform trägt, ist schon erstaunlich. Indem Opielka/Strengmann-Kuhn die Bürgergeldreform in vier idealtypische Reformszenarien und Wohlfahrtsregime-Typen einordnen, eröffnen sie gleichzeitig den Blick auf mögliche Zukunftsszenarien: Den Fokus legen sie auf Anschlussmöglichkeiten für eine Transformation des Bürgergeldes in Richtung eines Grundeinkommens.

Zukunftsszenarien spielen im Beitrag von Laufenberg ebenfalls eine zentrale Rolle, wenn auch weniger mit sozialpolitiktheoretischem Hintergrund. Aus einer soziologischen Perspektive kritisch-theoretischer und marxistischer Prägung ordnet er die Bürgergeldreform in den Kontext eines erwerbszentrierten Sozialsystems ein. Die Erwerbszentrierung des sozialpolitischen Systems in Deutschland mit der starken Fokussierung auf Sozialversicherungen führt nach seiner Analyse zu einer ganzen Reihe von Folgeproblemen: es verstärkt den herrschaftsförmigen Charakter eines kapitalistisch organisierten Arbeitsmarkts; es reproduziert Ungleichheiten aufgrund der Äquivalenz von Beiträgen und sozialpolitischen Leistungen; und es macht Formen von Arbeit außerhalb des Erwerbsarbeitssystems unsichtbar. Die Bürgergeldreform löst die Probleme der Erwerbszentriertheit nicht auf. Vor diesem Hintergrund plädiert er für grundsätzliche Veränderungen in der Art und Weise, wie wir Arbeit und Sozialpolitik denken.

Der Beitrag von Beetz/von Harbou untersucht die sozialrechtliche Entwicklung zum Bürgergeld entlang der Entwicklung von SGB II-Sanktionen zu Leistungsminderungen. Dazu werden die Sanktionsnormen aus dem alten „Hartz IV"-System dargestellt, die bis Ende 2022 galten, um so die Entscheidung des Bundesverfassungsgerichts vom 5. November 2019 zur teilweisen Verfassungswidrigkeit der damaligen Regelungen zu erläutern. Anschließend skizzieren die Autor:innen die Datenlage zu Sanktionierungen unter Berücksichtigung des Zwecks solcher Leistungsminderungen, um schließlich die Neuregelungen durch das Bürgergeldgesetz vorzustellen und verfassungsrechtlich zu bewerten.

Im zweiten Themenblock des Bandes geht es um den individuellen Weg zum Bürgergeld am Beispiel des Problems der Nichtinanspruchnahme. Die Beiträge von Sielaff/Wilke und Eckhardt zeichnen aus einer subjektzentrierten Perspektive nach, wie weit der Weg zu Grundsicherungsleistungen ist. Die Beiträge bündeln qualitative Studien zur Nichtinanspruchnahme von Grundsicherungsleistungen, die bislang in der deutschen Forschungslandschaft weitestgehend fehlen. Auf den ersten Blick ähneln sich die Ergebnisse der Analysen trotz abweichender Samplestrategien deutlich. Für die Relevanz und Validität der Ergebnisse ist das ein gutes Zeichen. Dennoch lohnt ein sorgsames Textstudium beider Beiträge, weil im Detail dann doch deutliche Unterschiede zu Tage treten. Aus dem Beitrag von Sielaff/Wilke lässt sich lernen, dass die Metapher des Wegs zuallererst einer sozialpolitischen Lesart ‚von oben' entspricht. Aus subjektzentrierter Perspektive ‚von unten' sehen sich die Befragten oft gar nicht auf dem Weg zur Grundsicherung. Im Gegenteil steht die Grundsicherung nicht selten für ein Hindernis oder gar das Scheitern auf ihrem eigenen Weg. Eckhardt und Sielaff/Wilke betonen beide die Autonomiebestrebungen Nichtinanspruchnehmender. Ob solche Autonomiebestrebungen wie bei Eckhardt als Form des Widerstands gegen den Sozialstaat gedeutet werden können, oder ob aus Nichtinanspruchnahme Kritik am Sozialstaat erwachsen kann, darüber lässt sich jedoch streiten. Nimmt man die empirischen Befunde zur sozialen Verortung, Vernetzung und Verankerung der Personen in Nichtinanspruchnahme bei Sielaff/Wilke ernst, so lässt sich kaum ein Organisationspotential der ‚Gruppe' der Anspruchsberechtigten erkennen. Da die Feldphase beider Projekte (kurz) vor der Einführung des Bürgergeldes stattfand, schließen die Beiträge mit Überlegungen, wie sich Logiken des Verzichts unter dem Bürgergeld verändern könnten. Ob die Überlegungen empirisch zutreffen, wird der kommende 7. Armuts- und Reichtumsbericht zeigen, der sich dezidiert mit qualitativen Untersuchungsstrategien auf das Thema Nichtinanspruchnahme konzentriert.

Der Beitrag von Frericks/Höppner analysiert Nichtinanspruchnahme aus einer ganz anderen Perspektive, als Differenz zwischen de jure und de facto Zahlungen an Familien in mehreren europäischen Ländern. Sie analysieren die Zahlungsströme an Familien mit dem Mikrosimulationsmodell der Europäischen Union (EUROMOD). Sie berechnen für armutsgefährdete Familien in acht europäischen Ländern, in welchem Umfang ihnen sozialpolitische Leistungen zustehen würden und wie viel sie tatsächlich bekommen. Durch diese Perspektive nehmen sie neben der Nichtinanspruchnahme auch dessen Gegenseite in den Blick – nämlich Konstellationen, in denen Haushalte aufgrund von Missbrauch oder falscher Berechnungsgrundlage mehr Leistungen bekommen als ihnen sozialrechtlich zustehen (siehe hierzu allgemein: Roosma et al. 2016). Im Mittel, so zeigen die empirischen Analysen, haben die Familien in den untersuchten Ländern deutlich weniger Finanzmittel zur Verfügung, als ihnen laut Simulation rechtlich zustehen würden. Insofern zeigen die Ergebnisse das aus der Nichtinanspruchnahmeforschung bekannte Bild eines erstaunlich verbreiteten Verzichts auf Sozialleistungen. Auf der Gegenseite werden diese ‚Unterzahlungen' in geringem Umfang durch zu wenig gezahlte Abgaben ausgeglichen. In Deutschland, so die beiden Autorinnen, ist das Verhältnis zwischen sozialpolitischen Ansprüchen und faktischen Zahlungen besonders ungünstig.

Da neben Deutschland nur Österreich ein ähnlich ungünstiges Verhältnis ausweist, lassen sich im Anschluss an die Untersuchung begründete Spekulationen über die Rolle von Wohlfahrtsregimen anstellen. Das konservative Wohlfahrtsregime mit der Kombination aus Sozialversicherungsstaat für die Mittelschichten und bedarfsgeprüften Leistungen für untere Einkommensschichten produziert Zugangsprobleme, vor allem am unteren Ende des Einkommensspektrums. Der durch das Grundsicherungssystem vorgegebene Rechtsrahmen spielt dabei eine wesentliche Rolle. Familien mit Kindern sind überdurchschnittlich stark von Grundsicherungsleistungen abhängig. Das gilt gerade dann, wenn Familien vom klassischen Modell einer bürgerlichen Kleinfamilie abweichen (Bäcker et al. 2020, S. 873–879). Dass sich das Verhältnis zwischen je jure und de facto Leistungen mit dem Bürgergeld substanziell verändert, ist zwar wenig wahrscheinlich, allerdings zielt gerade die im Koalitionsvertrag vereinbarte Kindergrundsicherung explizit auf die Lösung von Zugangsproblemen zu Sozialleistungen ab. Insofern könnten die für Familien kennzeichnenden Zugangsprobleme des konservativen Regimes in Deutschland sinken und Inanspruchnahmequoten steigen.

Drei Beiträge bringen im dritten thematischen Block die bereits angesprochene Praxisperspektive in den Band ein. Zum einen erinnert der Beitrag von Eva M. Welskop-Deffaa, der Präsidentin des Deutschen Caritasverbandes, daran, dass das Bürgergeld darauf abzielt, die Möglichkeit zur Teilhabe am gesellschaftlichen Leben zu verbessern. Sie stellt die Frage, ob die damit verbundenen Sozialleistungen dafür genügen. Menschen in belasteten Lebenslagen, die es schwer haben, ihre Existenz durch eigene Erwerbsarbeit zu sichern, sind, so die Beobachtungen der sozialarbeiterischen Praxis, oft in ihrer Zeitsouveränität eingeschränkt oder brauchen mehr Zeit für Alltagsobliegenheiten, weil sie beispielsweise in einem Stadtteil wohnen, der eine schlechte ÖPNV-Anbindung hat. Ein teilhabestärkendes Bürgergeldregime muss diese Lebenswirklichkeiten beachten, wie Welskop-Deffaa mit Erfahrungsberichten aus der Praxis ihres Verbandes anschaulich macht.

Zwei Praxisbeiträge fokussieren auf die Rolle der Digitalisierung bei der Einführung und Zugänglichkeit des Bürgergeldes. Der Beitrag von Gwendolyn

Stilling vom Paritätischen Bundesverband sieht die Potenziale der Digitalisierung für die Beschleunigung von Verwaltungsverfahren und Bürokratieabbau. In der Praxis ergeben sich jedoch zwei große Hürden: Zum einen fehlt es nach wie vor vielen Leistungsberechtigten an den technischen Voraussetzungen, die durch das in der Höhe zu niedrige Bürgergeld nicht kompensiert werden können. Zum anderen fehlt es vielfach an konkretem Anwendungswissen und digitaler Praxis. Der Beitrag von Funke/Christ blickt aus der Praxisforschung auf das Verhältnis von Bürgergeld und Digitalisierung. Die Jobcenter haben deutlich vor anderen deutschen Behörden ihr Leistungsangebot gegenüber den Bürgerinnen und Bürgern digitalisiert. Dies gilt sowohl für die gemeinsamen Einrichtungen als auch für die kommunalen Jobcenter. Im Zuge ihrer Digitalisierungsbemühungen wurde die Jobcenterwelt mit den Prinzipien, Methoden und Haltungen des nutzerzentrierten Service Designs konfrontiert. Funke/Christ argumentieren, dass der bei der Entwicklung von Online-Services unvermeidliche Fokus auf die Bedürfnisse der Nutzer:innen in der öffentlichen Verwaltung eine Bürger:innenorientierung logischerweise nach sich zieht. Die vom Bürgergeld-Gesetz angestrebte stärkere Bürger:innenorientierung wurde insoweit durch die Digitalisierung in den Jobcentern teilweise vorweggenommen. Ob die gesetzgeberische Intention des Bürgergeldes erreicht wird, nämlich einen einfachen und nicht stigmatisierenden Zugang zu Grundsicherungsleistungen zu schaffen, hängt Funke/Christ zufolge auch in Zukunft maßgeblich von einem gelungenen Onlineangebot ab. Hierzu sind noch weitere Schritte in den Jobcentern vor Ort zu gehen, insbesondere auf organisationskultureller und ablauforganisatorischer Ebene.

Die Beiträge dieses Bandes zeigen, dass der weite Weg zum Bürgergeld mit seiner Einführung nicht an ein Ziel angelangt ist, das aus Sicht von Armuts- wie Sozialpolitikforschung dauerhafte Ruhe verspricht. Dagegen sprechen die hier analysierten Spannungsverhältnisse zu anderen Sozialleistungen und die nicht nur in Bezug auf die Digitalisierung unbefriedigende Partizipation der Bürgergeldempfänger:innen. Dagegen spricht auch die starke Politisierung des Bürgergeldes im Parteienstreit, in dem Parteien, die der Einführung des Bürgergeldes zugestimmt haben, bereits Anfang 2024 für dessen Abschaffung durch eine „Neue Grundsicherung" plädieren. Die gesellschaftspolitische Debatte, die nach der Einführung des Bürgergeldes an Fahrt gewonnen hat, macht deutlich, dass es sich um ein „moving target" handelt, das auch in Zukunft Anlass für weitere Forschung sein wird.

Abschließend soll noch ein Hinweis auf die Entstehung des vorliegenden Bandes gegeben werden. Ausgangspunkt war eine sozialpolitische Fachtagung unter dem gleichnamigen Titel „Der weite Weg zum Bürgergeld" am 7. Juni 2023 an der Ernst-Abbe-Hochschule Jena.[4] Um die im Sammelband präsentierten Ergebnisse einer möglichst breiten Öffentlichkeit zugänglich zu machen und so auch den weiteren Diskurs um das Bürgergeld zu befruchten, haben wir uns um eine Veröffentlichung im Open-Access Format bemüht. Dies ist mit der finanziellen Unterstützung des E-Teach Netzwerks Thüringen, der Open-Access-Förderung der Ernst-Abbe-Hochschule Jena und dem Freiburg Institute for Basic Income Studies (FRIBIS) gelungen. Neben den Fördergebern danken wir Prof. Dr. Thilo Fehmel für seine Unterstützung bei der Begutachtung der Beiträge dieses Bandes sowie Katrin Emmerich vom Verlag Springer VS für die gewohnt souveräne Begleitung seiner Entstehung.

Literatur

Bäcker, Gerhard. 2021. Sozialversicherung und Grundsicherung im Spannungsverhältnis. In *Die Grundsicherung weiterdenken,* Hg. Florian Blank, Claus Schäfer, und Dorothee Spannagel, 37–60. Bielefeld: transcript.

Bäcker, Gerhard, Gerhard Naegele, und Reinhard Bispinck. 2020. *Sozialpolitik und soziale Lage in Deutschland.* Wiesbaden: Springer VS.

Bahle, Thomas. 2021. Mindestsicherung im europäischen Vergleich. In *Die Grundsicherung weiterdenken,* Hg. Florian Blank, Claus Schäfer, und Dorothee Spannagel, 245–264. Bielefeld: transcript.

Becker, Irene, und Richard Hauser. 2003. Nicht-Inanspruchnahme zustehender Sozialhilfeleistungen (Dunkelzifferstudie). Goethe Universität Frankfurt am Main.

Boeckh, Jürgen, Ernst-Ulrich Huster, Benjamin Benz, und Johannes D. Schütte. 2022. *Sozialpolitik in Deutschland: eine systematische Einführung.* Wiesbaden: VS Verlag für Sozialwissenschaften.

Hartmann, Helmut. 1981. *Sozialhilfebedürftigkeit und „Dunkelziffer der Armut". Bericht über das Forschungsprojekt zur Lage potenziell Sozialhilfeberechtigter.* Stuttgart: Kohlhammer.

Huster, Ernst-Ulrich, Jürgen Boeckh, und Hildegard Mogge-Grotjahn, Hg. 2018. *Handbuch Armut und soziale Ausgrenzung.* Wiesbaden: Springer VS.

van Mechelen, Natascha, und Julie Janssens. 2022. To take or not to take? An overview of the factors contributing to the non-take-up of public provisions. *European Journal of Social Security* 24: 95–116. https://doi.org/10.1177/13882627221106800.

Offe, Claus. 1984. *Contradictions of the Welfare State.* London: Hutchinson.

Opielka, Michael. 2008. *Sozialpolitik. Grundlagen und vergleichende Perspektiven.* 2. Aufl. Reinbek: Rowohlt.

---

[4] Eine ausführliche Dokumentation auch mit hier im Sammelband nicht enthaltenen Beiträgen lässt sich unter der Webadresse: https://www.eah-jena.de/tagung-buergergeld einsehen.

Roosma, Femke, Wim van Oorschot, und John Gelissen. 2016. The Achilles' heel of welfare state legitimacy: perceptions of overuse and underuse of social benefits in Europe. *Journal of European Public Policy* 23: 177–196.
Vobruba, Georg. 2000. *Alternativen zur Vollbeschäftigung*. Frankfurt/Main: Suhrkamp.
Vobruba, Georg. 2020. *Kritik zwischen Praxis und Theorie*. Weinheim/Basel: Beltz Juventa.
Voigtländer, Michael, Tim Clamor, Ralph Henger, und Judith Niehues. 2013. *Bestandsaufnahme und Wirkungsanalyse des Wohngeldes*. Bonn: BBSR.

Prof. Dr. Michael Opielka lehrt seit 2000 als Professor für Sozialpolitik am Fachbereich Sozialwesen der Ernst-Abbe-Hochschule in Jena. Er ist Wissenschaftlicher Leiter des ISÖ - Institut für Sozialökologie gGmbH in Siegburg. 2012 bis 2016 leitete er zudem als Wissenschaftlicher Direktor das IZT - Institut für Zukunftsstudien und Technologiebewertung gGmbH in Berlin. Er promovierte (1996, HU Berlin) und habilitierte (2008, Univ. Hamburg) in Soziologie. Visiting Scholar an der UC Los Angeles (1990-1) und Berkeley (1990-1, 2004-5), Gastprofessur für Soziale Nachhaltigkeit an der Universität Leipzig (2015). Seine Forschungsschwerpunkte sind Soziale Nachhaltigkeit, Sozialpolitik, Kultursoziologie und sozialwissenschaftliche Technikforschung.

Prof. Dr. Felix Wilke ist seit 2021 Inhaber der Professur für Soziologie in der Sozialen Arbeit am Fachbereich Sozialwesen der Ernst-Abbe-Hochschule Jena. Nach seiner mit einem Forschungspreis ausgezeichneten Dissertation zu Entscheidungsprozessen bei der privaten Altersvorsorge 2015 in Kassel war er in der Freien Wohlfahrtspflege und im Forschungsnetzwerk Alterssicherung der Deutschen Rentenversicherung Bund als Referent tätig. Seine Forschungsschwerpunkte sind Soziologie sozialer Ungleichheit, Sozialpolitik – insbesondere Arbeit, Alter und Gesundheit – und Methoden der empirischen Sozialforschung.

Open Access Dieses Kapitel wird unter der Creative Commons Namensnennung 4.0 International Lizenz (http://creativecommons.org/licenses/by/4.0/deed.de) veröffentlicht, welche die Nutzung, Vervielfältigung, Bearbeitung, Verbreitung und Wiedergabe in jeglichem Medium und Format erlaubt, sofern Sie den/die ursprünglichen Autor(en) und die Quelle ordnungsgemäß nennen, einen Link zur Creative Commons Lizenz beifügen und angeben, ob Änderungen vorgenommen wurden.

Die in diesem Kapitel enthaltenen Bilder und sonstiges Drittmaterial unterliegen ebenfalls der genannten Creative Commons Lizenz, sofern sich aus der Abbildungslegende nichts anderes ergibt. Sofern das betreffende Material nicht unter der genannten Creative Commons Lizenz steht und die betreffende Handlung nicht nach gesetzlichen Vorschriften erlaubt ist, ist für die oben aufgeführten Weiterverwendungen des Materials die Einwilligung des jeweiligen Rechteinhabers einzuholen.

Der sozialpolitische und sozialrechtliche Weg zum Bürgergeld

Von Hartz IV zum Bürgergeld – weniger Konditionalität, mehr Selbstbestimmung?

Stefanie Börner und Philipp Kahnert

Ziel der Untersuchung ist eine historisch-institutionalistische Analyse graduellen Institutionenwandels im SGB II zwischen 2003 und 2022. Hierbei werden drei in Wechselwirkung stehende Elemente der bisherigen Grundsicherung untersucht: die Leitidee des „Fördern und Fordern" als verrechtlichter Ausdruck des neuen wohlfahrtsstaatlichen Paradigmas der Aktivierung, Sanktionen sowie das Instrument der Eingliederungsvereinbarung. Die Analyseergebnisse werden in Bezug auf die fünf Mechanismen graduellen Wandels nach Streeck und Thelen ausgewertet. Die Ergebnisse der Untersuchung lassen darauf schließen, dass es bei der Leitidee des „Fördern und Fordern" bis vor der Einführung des Bürgergeldes zu diversen Umdeutungen der Leitidee durch die stärkere Betonung des „Förderns" kam (conversion). Mit der Einführung des Bürgergeldes 2023 lässt sich eine Variation der Leitidee feststellen (drift). Auch bei den beiden anderen Elementen wurden trotz neuer (Sprach-)Regelung weder Sanktionen noch die Eingliederungsvereinbarung gänzlich abgeschafft, sondern Regelungen Stück für Stück ergänzt und schließlich mit der Einführung des Bürgergeldes modifiziert (layering). Insgesamt, so die Schlussfolgerung, kann daher von einem Paradigmenwechsel keine Rede sein, vielmehr deuten sich eine Reihe der Veränderungen bereits inkrementell seit 2008 an.

S. Börner (✉) · P. Kahnert
Universität Magdeburg, Magdeburg, Deutschland
E-Mail: stefanie.boerner@ovgu.de

P. Kahnert
E-Mail: philipp.kahnert@ovgu.de

1 Einleitung

Die Einführung des Bürgergeldes durch das Zwölfte Gesetz zur Änderung des Zweiten Buches Sozialgesetzbuch, kurz: Bürgergeld-Gesetz, vom 16. Dezember 2022 zielte auf die Ablösung einer der kontroversesten Sozialgesetzgebungen der BRD der vergangenen Jahrzehnte ab. Aus Sicht der beteiligten Parteien und insbesondere der SPD, auf deren Initiative die Reform zurückgeht, stellt die Reform der als „Hartz IV" bekannten „Grundsicherung für Arbeitsuchende" einen Paradigmenwechsel dar:

> *„Mit dem Bürgergeld wollen wir einen Paradigmenwechsel in der Grundsicherung herbeiführen. Wir rücken die Menschen und ihre Potenziale klar in den Mittelpunkt durch den Vorrang der Weiterbildung, durch einen besseren Eingliederungsprozess und dadurch, dass wir den Menschen mehr Sicherheit geben."* (Anette Kramme (SPD), Parl. Staatssekretärin beim Bundesminister für Arbeit und Soziales, 13. Mai 2022 (Erste Lesung))

Und in der zweiten Lesung: *„Das von der Ampelkoalition angekündigte Bürgergeld ist die größte sozialpolitische Reform der vergangenen 20 Jahre. Und diese Reform, mit der wir Hartz IV endlich hinter uns lassen werden, ist dringend nötig."* (Annika Klose (SPD), 19. Mai 2022)

Hintergrund der Rhetorik der SPD-Abgeordneten sind die seit mittlerweile fast 20 Jahren anhaltenden gesellschaftspolitischen Debatten und teils verheerende Kritik seitens Politik, Praxis und Wissenschaft an den mitunter repressiven und menschenverachtenden Gestaltungsprinzipien der 2005 eingeführten Grundsicherung, kurz ALG 2. Der nun eingeschlagene Grundtenor, die Menschen ins Zentrum rücken zu wollen, indem das Vertrauen in den Sozialstaat gestärkt und mehr soziale Sicherheit garantiert werde, steht dazu in scharfem Kontrast.

Stellte die 2003 verabschiedete arbeitsmarktpolitische Reform zweifelsohne einen „Paradigmenwechsel in der deutschen Arbeitsmarktpolitik" (Bartelheimer 2005, S. 55) dar, so ist dies für das Bürgergeld jenseits der rhetorischen Bemühungen keineswegs ausgemacht. Sozialstaatstheoretisch stellt sich daher die Frage, ob das Instrument tatsächlich den angekündigten Politikwechsel samt der erwünschten vertrauenssteigernden Wirkung aufseiten der Leistungsbeziehenden herbeiführen wird. Dieser Frage möchten wir uns in diesem Beitrag institutionentheoretisch nähern. Institutionentheoretische Untersuchungen interpretieren wohlfahrtsstaatlichen Wandel häufig als eher abrupten, durch externe Schocks ausgelösten Wandel, wodurch längerfristige Veränderungsprozesse jedoch aus dem Blick geraten können. Demgegenüber argumentieren wir in diesem Beitrag, dass die Coronaviruspandemie die vorhandenen politischen Tendenzen lediglich verstärkt und die Bürgergeldreform beschleunigt hat, denn seit der Einführung der „Grundsicherung für Arbeitsuchende" zum 1. Januar 2005 stand das Reformgeschehen keineswegs still. Ganz im Gegenteil verabschiedeten die jeweiligen Bundesregierungen zwischen 2005 und zuletzt im Zuge der COVID-19-Bekämpfungsmaßnahmen 2020/21 mehr als 50 Gesetze, die unterschiedliche Dimensionen der Grundsicherung reformierten. Unsere These lautet daher, dass das Bürgergeld nicht das Ergebnis eines plötzlichen krisenbedingten Politikwechsels ist, sondern im Kontext eines sich langfristig entfaltenden Reformgeschehens betrachtet werden muss. Um dem Prozesscharakter von Sozialpolitik gerecht zu werden, untersuchen wir daher die beiden Eckreformen 2005 und 2023 nicht isoliert voneinander, sondern berücksichtigen in der hier vorgenommenen Analyse die Entwicklung zwischen 2005 und 2020 systematisch mit und betrachten den langen Weg hin zum Bürgergeld prozesssoziologisch aus einer Perspektive der *longue durée*, die schleichenden, also inkrementellen Wandel identifizieren kann. Unser Ziel ist es hierbei, die Muster graduellen sozialpolitischen Wandels am Beispiel des SGB II seit 2005 herauszuarbeiten und die Frage zu beantworten, welche sozialpolitischen Weichenstellungen während der letzten 20 Jahre die Bürgergeldreform ermöglicht haben.

Wir untersuchen den Reformprozess aus einer wissenssoziologisch geprägten institutionalistischen Perspektive, deren Analysefokus auf den potenziellen Verschiebungen und Neuinterpretationen der Leitideen und wichtigsten arbeitsmarktpolitischen Gestaltungsinstrumente liegt, die dem ALG 2 inhärent sind und ihm seine charakteristische und umstrittene Ausrichtung geben. Nachdem wir im folgenden Abschnitt die theoretischen Grundlagen für die institutionalistische Analyse längerfristiger Reformprozesse dargelegt haben, werden wir in einem kurzen Rückblick die Hauptargumente zusammentragen, aufgrund derer das ALG 2 so unbestritten als Paradigmenwechsel eingeordnet wurde (siehe Abschn. 3). Abschn. 4 erläutert das methodische Vorgehen und das empirische Material, auf das in der Analyse zurückgegriffen wird. In der anschließenden Analyse legen wir den Fokus auf drei charakteristische Teilaspekte von ALG 2, das Leitprinzip *„Fördern und Fordern"*, die *Eingliederungsvereinbarung* sowie *Sanktionen*, um die sich auch der Großteil der Kontroversen um das Instrument dreht (siehe Abschn. 5). Abschließend diskutieren wir die Ergebnisse in Hinblick auf die Forschungsfrage und argumentieren, dass das Bürgergeld keinen arbeitsmarktpolitischen Paradigmenwechsel herbeigeführt hat, sondern vielmehr Ausdruck längerfristiger Transformationsprozesse auf dem Arbeitsmarkt selbst sowie in der Ausrichtung der Grundsicherung ist (siehe Abschn. 6). Die Untersuchung trägt zu einem Verständnis sozialpolitischer Reformprozesse als langfristige Vorgänge bei, in die auch partei- und gesellschaftspolitische Interpretationsprozesse Eingang finden.

2 Theorie

Was sind Institutionen?

Auch wenn die meisten Institutionalist:innen darin übereinstimmen, dass soziale und politische Institutionen für die Gesellschaft wichtige *rules of the game* (North 1992) bilden, die für Regelmäßigkeiten im individuellen und interpersonellen Verhalten sorgen, unterscheiden sich die diversen soziologischen und politikwissenschaftlichen institutionentheoretischen Traditionen darin, was sie jeweils unter Institutionen verstehen und wie sie Institutionenwandel denken. Wir folgen hier Mahoney und Thelen (2010) und unterscheiden innerhalb dieser theoretischen Vielfalt zwei grundlegende Lesarten von Institutionen. Das ist zum einen die für die Analyse sozialpolitischen und wohlfahrtsstaatlichen Wandels erfolgreiche politikwissenschaftliche Tradition des Institutionalismus, deren Vertreter:innen Institutionen als vergleichsweise stabile Regelwerke betrachten (Powell 1991; Pierson 2000; Hall 2010; Hall und Soskice 2011):

> *„Despite many other differences, nearly all definitions of institutions treat them as relatively enduring features of political and social life (rules, norms, procedures) that structure behavior and that cannot be changed easily or instantaneously. The idea of persistence of some kind is virtually built into the very definition of an institution"* (Mahoney und Thelen 2010, S. 4).

Durch ein solches Institutionenverständnis wird eher die Beständigkeit von Institutionen betont und institutioneller Wandel wird in der Regel als von außen kommend betrachtet, beispielsweise als externer Schock wie im Falle der Coronaviruspandemie. Demgegenüber betont ein stärker soziologisch geprägter Institutionenbegriff, dass die Ideen und Wertvorstellungen, die diesen innewohnen, im Rahmen partei- und gesellschaftspolitischer Debatten verhandelt und immer wieder neu ausgelegt werden müssen. Institutionen unterliegen damit permanentem Wandel; Wandel, der im Unterschied zu dem ersten Begriffsverständnis gesellschaftlichen Institutionen bereits inhärent ist, also nicht von außen kommen muss. Im Folgenden bedienen wir uns diesem Institutionenverständnis.

Rehberg (2014, S. 53) betont, dass Institutionen die „Prinzipien und Geltungsansprüche einer [sozialen] Ordnung symbolisch zum Ausdruck" bringen.

Ähnlich betrachtet Lepsius soziale Institutionen als Prozesse, „die soziales Verhalten strukturieren und auf Wertvorstellungen beziehen", sogenannte Leitideen (Lepsius 1997, S. 58). Wohlfahrtsstaaten stellen zentrale „Basisinstitutionen" (Zapf 1994, S. 181) moderner Gesellschaften dar, die zahlreiche gesellschaftliche Leitideen verkörpern. Da moderne Wohlfahrtsstaaten aus einer Vielzahl von (mal die Familie, mal die Lebensleistung, mal Solidarität gegenüber den Schwächsten betonenden) Leitideen bestehen, die alles andere als ein kohärentes Gebilde an Ideen und Wertvorstellungen darstellen, betrachten wir die unterschiedlichen sozialstaatlichen Teilbereiche als Einzelinstitutionen mit jeweils eigenen Geltungsbereichen und Leitideen (Lepsius 1990). Die unterschiedlichen wohlfahrtsstaatlichen Institutionen erhalten gerade im Hinblick auf ihre gesamtgesellschaftliche Integrationsleistung Bedeutung (Rieger 1992, S. 24; Börner 2023), die dann bei der Analyse von institutionellem Wandel entsprechend mit zu berücksichtigen ist, etwa Fragen des impliziten Menschenbildes oder danach, welches Verhältnis zwischen dem Staat und seinen Bürger:innen im Rahmen einer konkreten wohlfahrtsstaatlichen Institution wie der Grundsicherung etabliert wird. Diese Fragen berühren unmittelbar zentrale wohlfahrtsstaatliche Problemstellungen in Bezug auf die Ausgestaltung sozialer Rechte und die sozialpolitische Gewährung von Solidarität.

Innerhalb dieser wohlfahrtsstaatlichen Einzelinstitutionen kann dann jeweils zwischen den (1) Leitideen und Gestaltungsprinzipien, (2) den konkreten Instrumenten und (3) den mit der Umsetzung betrauten Organisationen unterschieden werden (Börner 2023). Leitideen bilden den normativen Kern einer Institution. Die Tatsache, dass auf der Ebene der Organisationen bzw. der Sozialverwaltung schließlich die Umsetzung des Rechts stattfindet, macht deutlich, dass politische Institutionalisierungsprozesse nicht mit der erfolgreichen Gesetzgebung abgeschlossen sind, sondern im Zuge ihrer Implementierung erst ihre Wirkung entfalten. Dies ist einer der Gründe, weshalb die Normen und Wertideen, die Institutionen stets implizit sind, nicht in Stein gemeißelt, sondern Gegenstand dauerhafter gesellschaftlicher Aushandlungsprozesse sind (Lepsius 1997; Mahoney und Thelen 2010).

Wie kann gradueller Wandel untersucht werden?

Nachdem wir im vorherigen Abschnitt unser Institutionenverständnis und die gesamtgesellschaftliche Bedeutung von Institutionen herausgearbeitet haben, wenden wir uns hier der Frage zu, wie gradueller institutioneller Wandel untersucht werden kann. Da Institutionen, wie eben gesehen, per Definition zumeist als stabile Gebilde betrachtet werden, wurde in der Politischen Ökonomie und Wohlfahrtstaatsforschung institutioneller Wandel lange Zeit als radikaler Wandel in Form von Pfadbrüchen und *critical junctures* (zum Beispiel schwere ökonomische Krisen, militärische Auseinandersetzungen oder Pandemien) konzipiert. Besonders durch den historischen Institutionalismus wurde diese enge Lesart seit den 1990er Jahren zunehmend kritisiert. Für unsere eigene Analyse möchten wir hier insbesondere drei wegweisende Theorieentwicklungen betonen.

1. Bezüglich der Reichweite institutionellen Wandels unterscheidet Hall (1993) drei verschiedene Abstufungen von Politikwandel. Graduelle *Veränderungen ersten Grades* stellen inkrementelle instrumentelle Anpassungen dar, die das Instrument selbst unverändert lassen. Ein typisches Beispiel hierfür wären Leistungsanpassungen. Im Unterschied dazu betreffen *Veränderungen zweiten Grades* das jeweilige Finanzierungs- oder Steuerungsinstrument, beispielsweise der Übergang von einer Beitrags- zu einer Steuerfinanzierung oder die Abschaffung einer politischen Maßnahme. Hall (1993, S. 279) zufolge stellen nur *Veränderungen dritten Grades* paradigmatische Veränderungen dar, da diese neben den instrumentellen Stellschrauben und den Instrumenten selbst auch die Politikziele betreffen. Während die Anpassungsprozesse ersten und zweiten Grades im politischen Alltag weit verbreitet sind und für Kontinuität sorgen, stellt der dritte Typ einen Paradigmenwechsel dar und damit einen disjunktiven Prozess, der erhebliche Diskontinuitäten in Bezug auf die wohlfahrtsstaatlichen Ziele und Ideen impliziert.
2. Streeck and Thelen (2005, S. 8 f.) argumentieren im Rahmen ihrer Kritik an einem allzu schematischen Verständnis von *change* in der Pfadabhängigkeitsforschung, dass die Betrachtung historischer Veränderungen als radikale Pfadbrüche theoretisch zu kurz greife. So können etwa auch schleichende institutionelle Veränderung nachhaltigen Wandel hervorbringen. Sie schlagen vor, analytisch zwischen inkrementellen und abrupten *Prozessen* der Veränderung einerseits und Kontinuität bzw. Diskontinuität als *Ergebnis* des Wandels anderseits zu unterscheiden und erhalten so vier idealtypische Formen institutionellen Wandels. Unserem Verständnis nach ließe sich das Bürgergeld als Beispiel für „graduellen Wandel" einordnen, also einen inkrementellen Prozess, in dem es auch ohne radikale Reformen zu einer Neu- oder Uminterpretation institutioneller Leitideen kommen kann, die längerfristig Veränderungen hervorbringt.
3. Die für unsere Analyse bedeutsamere Unterscheidung betrifft schließlich die unterschiedlichen *Mechanismen graduellen Wandels*, die Streeck und Thelen

(2005) identifiziert haben. Ihnen zufolge lassen sich fünf Typen graduellen Wandels unterscheiden, die wir in Tab. 1 um unseren Fokus auf die Leitideen erweitern, die Institutionen im Kern ausmachen und jeweils ihre Gestaltungsprinzipien informieren. Demnach sprechen wir von *Layering*, wenn eine bestehende Leitidee um zusätzliche Elemente ergänzt wird, indem neue Teilinstitutionen eingeführt werden, ohne dass die bestehenden Instrumente oder Institutionen abgeschafft werden. Demgegenüber zeichnen sich *Drift* und *Conversion* dadurch aus, dass keine neuen Institutionen eingeführt werden, sondern die Leitideen der betreffenden Institutionen abgeschwächt oder umgedeutet werden, sodass die bestehende Institution selbst sich verändert. Während sich bei einem *Drift* die institutionelle Praxis verändert, sodass alte Regelungen zugunsten neuer vernachlässigt werden, werden die Leitideen bei *Conversion*-Prozessen stetig umgedeutet.

Gemeinsam mit Mahoney hat Thelen die Typologie später zu einem Erklärungsmodell weiterentwickelt und hierbei den normativen Handlungsspielraum der Akteure bei der Interpretation der Leitideen betont. Die Art und Weise des graduellen Wandels hänge demnach auch von dem konkreten Spielraum der Akteure ab, so Mahoney und Thelen (2010, S. 18 ff.). So müssen die sogenannten *street-level-bureaucrats*, die Sozialarbeiter:innen, Fallmanager:innen und

Tab. 1 Fünf Mechanismen graduellen Wandels

Mechanismus	Abschaffung bestehender Institution	Einführung neuer Institutionen	*Leitideen werden*
Displacement: Neue ersetzt langsam alte Institution	Ja	Ja	*... ersetzt*
Layering: Neue Elemente verändern Institution graduell	Nein	Ja	*... ergänzt*
Drift: Verschiebung institutioneller Praxis	Nein	Nein	*... negiert*
Conversion: Reinterpretation der Institution	Nein	Nein	*... umgedeutet*
Exhaustion: Schleichender Abbau der Institution	Ja	Nein	*... redundant*

Quelle: Eigene Darstellung adaptiert nach Streeck und Thelen (2005, S. 31)

Sachbearbeiter:innen, die institutionalisierten Leitideen in wiederkehrenden Prozessen ausdeuten und können sich diese dabei vor dem Hintergrund ihres eigenen professionellen Selbstverständnisses auch aneignen (Börner et al. 2017). Genau wie der hier zugrunde gelegte dynamische Institutionenbegriff betonen sowohl Hall als auch Mahoney und Thelen die „soziologischen Eigenschaften" von Institutionen und den Stellenwert von Ideen bei Prozessen institutionellen Wandels. Für die folgende Analyse der arbeitsmarktpolitischen Reformprozesse im SGB II seit 2005 unterscheiden wir daher einerseits mit Hall (1993) zwischen inkrementellem Wandel und Paradigmenwechsel. Um darüber hinaus zwischen den unterschiedlichen Formen inkrementeller Veränderungen besser unterscheiden zu können, wenden wir andererseits die soziologisch erweiterten Formen graduellen Wandels nach Streeck und Thelen (2005, S. 31) an.

3 Ein kurzer Rückblick

In Deutschland steht insbesondere das 2003 verabschiedete „Vierte Gesetz für moderne Dienstleistungen am Arbeitsmarkt" paradigmatisch für den Umbau des fürsorgenden paternalistischen zu einem aktivierenden und fordernden Wohlfahrtsstaat. Obgleich lange nicht das einzige Reformwerk unter aktivierungspolitischen Vorzeichen, stellt diese arbeitsmarktpolitische Reform bis heute das Symbol für die deutsche Variante des aktivierenden Wohlfahrtsstaates dar. Bevor wir das Reformgeschehen seit 2005 analysieren, benennt dieser Abschnitt in aller Kürze die mit dem ALG 2 eingeführten wesentlichen Veränderungen, die die Sozialpolitikforschung in Deutschland dazu veranlasst hat, von einem Paradigmenwechsel im Sinne Halls (1993) zu sprechen: einem sozialpolitischem Reformprojekt das zusätzlich zu den inkrementellen und instrumentellen Verschiebungen das sozialstaatliche Selbstverständnis der Bundesrepublik nachhaltig auf den Kopf gestellt hat.

Mit der Zusammenlegung der damaligen Arbeitslosen- und Sozialhilfe zur *Grundsicherung für Arbeitsuchende* hatte die rot-grüne Bundesregierung ein Instrument geschaffen, das die Versorgung von erwerbsfähigen Personen durch eine bedarfsgeprüfte grundsichernde Pauschalleistung organisierte und damit die Statusunterschiede zwischen den Erwerbslosen weitgehend nivellierte, da erwerbsbiographische Anwartschaftszeiten bei der Leistungsberechnung keine Rolle mehr spielten (Mohr 2007). Parallel bestand die statussichernde Arbeitslosenversicherung als beitragsfinanzierte Sozialversicherungsleistung weiter (SGB III), sodass durch die institutionelle Doppelstruktur Statusunterschiede zwischen erwerbslosen Leistungsbeziehenden implementiert wurden.

Einer utilitaristischen Logik folgend konzentrierten sich die Vermittlungsbemühungen eher auf das *Fordern* statt das *Fördern,* wie vielfach kritisiert wurde, wo nötig mit verhaltensändernden Maßnahmen (Betzelt und Bothfeld 2011; Dingeldey 2011; Promberger und Ramos Lobato 2016). Mit dem Prinzip der Eigenverantwortung hat eine Leitidee Einzug in die Arbeitsmarktpolitik gehalten, die „Ausdruck einer neuen, das proaktive Verhalten Aller voraussetzenden Regierungsrationalität" wurde (Börner et al. 2017, S. 213; auch Lessenich 2008). Marquardsen (2011) zufolge hat sich darüber ein Aktivierungsregime herausgebildet, das den Leistungsbeziehenden nicht nur die Solidarität, sondern auch die notwendige Autonomie (als wesentlicher Bestandteil von Eigenverantwortung) für die aktivierungspolitisch geforderte Eigeninitiative entzog. Paradigmatisch für diesen Widerspruch ist neben dem bis heute umstrittenen aktivierungspolitischen Gestaltungsinstrument der Sanktionen (SGB II, Kap. 3, § 31 f.) auch die Eingliederungsvereinbarung (§ 15). Beide lassen sich als Disziplinierungsinstrumente beschreiben, die die Selbstbestimmung der Leistungsbeziehenden konterkariert (Bothfeld et al. 2005; Globisch 2012; Marquardsen 2011; Senghaas und Bernhard 2021).

Die kurzen Ausführungen machen deutlich, dass die Art und Weise, wie die Förderung der Beschäftigungsfähigkeit der Leistungsbeziehenden geregelt ist, von der Übersetzung der Leitbilder und zentralen arbeitsmarktpolitischen Ideen („Fördern und Fordern") in konkrete Praktiken und Instrumente (wie die Sanktionen und die Eingliederungsvereinbarung) abhängt. Daher schauen wir uns im Folgenden die Gestaltung dieser Schnittstelle im Rahmen des Bürgergeldes und bei den vorherigen ALG 2-Reformen genauer an, um im Anschluss die Frage nach dem Paradigmenwechsel beantworten zu können.

4 Methodisches Vorgehen

Qualitativ-interpretative Studiendesigns zu Policy-Forschungen in der politischen Soziologie und den Politikwissenschaften erfahren in der jüngeren Vergangenheit auch aufgrund ihrer Potenziale zur Theoriebildung eine Aufwertung (Blatter et al. 2007). Für die Analyse des graduellen institutionellen Wandels in der Grundsicherung für Arbeitsuchende wurden Daten der qualitativen Einzelfallstudie zur Transformation der Gesetzgebung im SGB II ausgewertet.[1] Der Untersuchungszeitraum erstreckte sich von 09/2003 (Beginn der gesetzlichen Implementierung

---

[1] Grundlage hierfür bildet die Studie des laufenden DFG Forschungsprojekts *Umkämpfte Solidaritäten, Solidaritätsdynamiken zwischen sozialpolitischem Tagesgeschäft und Krise,* die auch eine Analyse bezüglich des *diskursiven Wandels* der sozialpolitischen Aushandlungen

des Vierten Gesetzes für Moderne Dienstleistungen am Arbeitsplatz) bis 12/ 2022 (Gesetzesbeschluss zur Einführung des Bürgergeldes). In dieser längeren Perspektive konnten Veränderungsprozesse anhand einzelner Phasen und konkreter Zeitpunkte periodisiert und sichtbar gemacht werden. Der Materialkorpus speiste sich aus den (evtl. mit Änderungen) angenommenen Gesetzentwürfen zum SGB II, die als Drucksachen des Deutschen Bundestages veröffentlicht wurden. Die hier selektiv getroffene Auswahl *einschlägiger* Gesetze erfolgte zweistufig. Zunächst wurden mit Perspektive auf die Forschungsfrage solche SGB II-Gesetze ausgewählt, die Transformationen bezüglich der Reichweite (Leistungsberechtigte, Leistungsdauer), der konkreten Unterstützungshöhe (Regel-, Zusatz-, Geld-, Sach-, Dienstleistungen), der Finanzierung (Volumen, Trägerschaft durch Bund, Länder, Kommunen) und der Konditionalitäten (Berechtigungsvoraussetzungen, Zugangs- und Ausschlussregelungen, inhärente Bedingungen) im Grundsicherungsinstrument ALG 2 forcierten. Dazu wurden alle SGB II Änderungen seit 09/2003 hinsichtlich ihrer Inhaltsangaben gesichtet und eine Vorauswahl mit 38 Gesetzentwürfen getroffen, die im zweiten Schritt mittels erster zusammenfassender Textarbeit und unter Rückgriff auf Sekundärliteratur (v. a. Bäcker et al. 2023) auf den finalen Materialkorpus ($n = 22$) reduziert wurde. Ergänzt wurde die Auswertung durch eine zweite Analyse einschlägiger Gerichtsurteile zum SGB II des Bundessozialgerichts (BSG) sowie des Bundesverfassungsgerichts (BVerfG). Wir begreifen Gerichte in ihrer Funktion und Praxis der Rechtsprechung hierbei als *change agents*, die maßgeblich Anteil an Prozessen des institutionellen Wandels haben können, wie sich nicht zuletzt am Urteil des BVerfG 2019 zu den Sanktionen im SGB II ablesen lässt. Auch hier wurde der Materialkorpus zunächst inhaltsüberblickend und anschließend textzusammenfassend (entlang der juristischen Leitsätze der Urteile) auf einschlägige Urteile reduziert, sodass sechs Urteile des BVerfG und 15 Urteile des BSG ($n = 21$) den Materialkorpus bildeten.

Die Datenanalyse wurde methodisch durch eine inhaltlich-strukturierende qualitative Inhaltsanalyse nach Kuckartz und Rädiker (2022) mit computergestützter Auswertung realisiert. Diese bot sich aufgrund der unterschiedlichen Dokumenten- und Textgattungen mit gleichem thematischem Bezug an. Dabei wurde eine kombinatorische, *deduktiv-induktive* Kategorienbildung durchgeführt. Nach der initiierenden Textarbeit wurden aus dem theoretischen Bezugsrahmen sowie den leitenden Fragestellungen so a priori thematische Hauptkategorien für einen ersten Codierprozess deduktiv erschlossen (Kuckartz und Rädiker 2022,

---

in den Gesetzgebungsverfahren beinhaltet, die per Deutungsmusteranalyse nach Verschiebungen von Semantiken, Konflikten und Legitimationen in den parlamentarischen Debatten zum SGB II fragt.

S. 71 f.). Diese wurden darauffolgend (zweiter Codierprozess) aus dem Material heraus induktiv mit Subkategorien systematisierend präzisiert (ebd., S. 90 ff.). Grundlage der Analyse bildete ein Codebuch mit Codieranweisungen für Module, Kategorien, Variablen und Codeausprägungen, das im Forschungsprozess erweitert und konkretisiert wurde, sodass das Kategoriensystem sukzessive und empiriegeleitet definitorisch gefestigt wurde. Um die Inter-Coder Reliabilität zu erhöhen, wurden die Codierprozesse im Tandem mit zwei Codierern durchgeführt sowie Zwischenergebnisse und ausgewählte Dokumente in gemeinsamen Teamsitzungen diskutiert und ausgewertet.

5   Von Hartz IV zum Bürgergeld

Fokus und Analysekategorien

Für die Ergebnisdarstellung der langfristigen Analyse der arbeitsmarktpolitischen Reformprozesse seit 2005 differenzieren wir ausgehend von Hall zwischen inkrementellem Wandel und möglichem Paradigmenwechsel. Für die Frage nach den verschiedenen Formen des Wandels wenden wir soziologisch erweiterte Formen des graduellen Wandels nach Streeck und Thelen (2005) an. Dafür untersuchen wir auf einer *ideellen Ebene* den Wandel der arbeitsmarktpolitischen Leitidee *„Fördern und Fordern"* als den verrechtlichten Ausdruck des neuen wohlfahrtsstaatlichen Paradigmas der Aktivierung in § 2 *(Fordern)* und § 14 *(Fördern)* SGB II. Auf der *instrumentellen Ebene* fokussieren wir einerseits den Wandel anhand von Sanktionen, die durch den Gesetzgeber als das zentrale Instrument der individuellen Verhaltenssteuerung und der Kontrolle eines rechtmäßigen Leistungsbezuges installiert und fortgeschrieben wurden. Zusätzlich untersuchen wir das Instrument der *Eingliederungsvereinbarung*, die als öffentlich-rechtlicher Austauschvertrag mit verpflichtendem Rechtscharakter das Verhältnis zwischen Individuum und Institution durch konkrete Rechte und Pflichten festlegt und die Grundlage für Sanktionierung (bei Zuwiderhandlung) bildet.

Wir verstehen dabei die Verschränkung der Analysekategorien „Fördern und Fordern", Sanktionen und Eingliederungsvereinbarung als ein *dreifaches Wechselwirkungsverhältnis des graduellen Wandels,* welches sich schematisch und inhaltlich überblickend auf Basis der Erläuterungen zu § 31 (Sanktionen) durch den Gesetzgeber darstellen lässt:

Abb. 1 zeigt das Wechselwirkungsverhältnis auf, in dem die individuelle Übersetzung der Leitidee „Fördern und Fordern" (ideelle Ebene) sich in der Eingliederungsvereinbarung und (auch unabhängig von deren Eintreten) den daraus

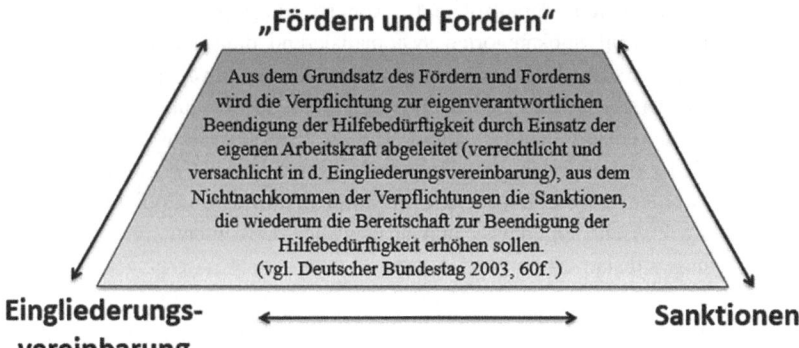

Abb. 1 Dreifaches Wechselwirkungsverhältnis. (Quelle: Eigene Darstellung auf Basis der Erläuterungen zu § 31)

begründeten Sanktionen bei Zuwiderhandlung vergegenständlicht (instrumentelle Ebene). Die Eingliederungsvereinbarung selbst wird über die Möglichkeit zur Sanktionierung erst wirkmächtig und auf Basis dieser Interdependenz legitimiert und reproduziert sich durch die beiden Instrumente fortlaufend die Leitidee „Fördern und Fordern".

Die nun folgende Analyse der graduellen Transformationen dieser drei Elemente werden durch Einbezug von Rechtsurteilen ergänzt, die infolge von Problematiken der Interpretation geltender Gesetzesregelungen als leitende Rechtsdeutung sowie Neuinterpretation bestehender Regelungen wirksam werden.

Fördern und Fordern

Seit Beginn der gesetzlichen Implementierung des ALG 2 im Jahr 2003 stellt die Leitidee „Fördern und Fordern" die zentrale Grundüberzeugung des Aktivierungsparadigmas dar. Der *Grundsatz des Forderns* formuliert in § 2 direkt nach der Aufgaben- und Zielsetzung der Grundsicherung die Eigenverantwortung der Hilfebedürftigen, mittels Einsatzes ihrer Arbeitskraft die Beendigung oder Verringerung ihrer Hilfebedürftigkeit herbeizuführen als Zentrum (Deutscher Bundestag 2003, S. 50 f.). Voraussetzung hierfür ist die Festlegung der prinzipiellen Zumutbarkeit jeder Erwerbstätigkeit. Der *Grundsatz des Förderns* wiederum regelt in § 14 die Erbringung aller im Einzelfall für die Sicherung des Lebensunterhalts sowie Eingliederung in Arbeit erforderlichen Leistungen unter der Berücksichtigung von Wirtschaftlichkeit und Sparsamkeit, zentrale Bedeutung erhält auch hier die Förderung der Eigenverantwortung (ebd., S. 54). Beide Grundsätze definieren so eine Ordnungshierarchie: Leistungen zur Eingliederung in Arbeit haben Vorrang vor Leistungen zur Sicherung des Lebensunterhalts. Verbindliche Aussagen zum „Fördern und Fordern" der Erwerbsfähigen sollen in der Eingliederungsvereinbarung festgehalten und fortlaufend aktualisiert werden.

Die Entwicklung der Leitidee und ihrer beiden Grundsätze bis hin zum Bürgergeld kann in zwei Phasen nachvollzogen werden. Einerseits zeigt sich eine dauerhafte Konstanz des Grundsatzes *Fordern*, der in den folgenden Jahren bis 2011 auch intensiviert wurde. Fordern als Legitimationsbasis der Pflicht zur Aufnahme einer Erwerbstätigkeit bildet hier die nicht zur Disposition stehende Grundüberzeugung für zahlreiche Argumentationen in Gesetzesbegründungen, welche das asymmetrische Machtverhältnis zwischen Individuum und Gesetzgeber reproduziert. So werden im Gesetz zur Neuausrichtung der Arbeitsmarktpolitischen Instrumente die Verschärfung der Zumutbarkeitsregelungen (Austauschzwang von Tätigkeiten, die besser geeignet scheinen, die Hilfebedürftigkeit zu beenden) aber auch die Durchsetzung eines einseitig bestimmenden Verwaltungsaktes (anstelle der Eingliederungsvereinbarung) legitimiert, „[um] dem Grundsatz des Förderns und Forderns effektiv Rechnung zu tragen […]" (Deutscher Bundestag 2008, S. 50). Auch eine gesamtgesellschaftliche Pflichtbestimmung der sozialpolitischen Akteursgruppen wird aus der Leitidee mit Betonung des Forderns abgeleitet. So werden im Regelbedarfsermittlungsgesetz (Deutscher Bundestag 2010, S. 110) „Steuerzahler" und „Hilfebedürftige" gegenübergestellt:

> „Das Prinzip des Fördern und Forderns besagt, dass eine Person, die mit dem Geld der Steuerzahler in einer Notsituation unterstützt wird, mithelfen muss, ihre Situation zu verbessern. Eine Person, die hilfebedürftig ist, weil sie keine Arbeit findet, kann mit der Unterstützung der Gemeinschaft rechnen. Im Gegenzug muss sie alles unternehmen, um ihren Lebensunterhalt wieder selbst zu verdienen."

Die Wirkmächtigkeit und Stabilität des Grundsatzes Fordern über die letzten zwei Jahrzehnte legitimiert sich neben solchen Gesetzesbegründungen auch durch fundamentale Rechtsprechung. So wird die Geltung der Leitidee indirekt durch ein BVerfG-Urteil von 2010 bestätigt, aus dem hervorgeht, dass sich aus dem Grundgesetz keine Gewährung bedarfsunabhängiger, voraussetzungsloser Sozialleistungen ableiten lässt (BVerfG 2010). Bis zur Einführung des Bürgergeld-Gesetzes blieb der Grundsatz Fordern im Wortlaut des § 2 erhalten. Diese Beständigkeit erfährt mit dem Bürgergeld eine Verschiebung, denn es zeichnet sich eine bedeutsame Änderung durch das Negieren eines bisher durchgehend zentralen Mechanismus ab. Der Vermittlungsvorrang, welcher bisher in § 2 Absatz 1 Satz 3 die arbeitsfähigen Hilfebedürftigen zur Aufnahme jeder angebotener zumutbarer Arbeitsgelegenheit verpflichtete, entfällt. Stattdessen sind erwerbsfähige leistungsberechtigte Personen nun angehalten, eigene Potenziale und Leistungen anderer Träger in Anspruch zu nehmen, um im Rahmen vorrangiger Selbsthilfe ihre Beschäftigungschancen zu erhöhen, wodurch wiederum eine erneuerte Perspektive auf Eigenverantwortung eingenommen wird. Diese Verschiebung wird vor allem durch die Veränderungen der Leitidee in der zweiten Phase angetrieben, in der sich ab 2011 eine intensivierende Betonung des Grundsatzes *Fördern* in den Gesetzgebungen nachweisen lässt. Dies zeigt sich beginnend bei zusätzlichen Eingliederungsleistungen und geförderten Arbeitsgelegenheiten in der Grundsicherung (Gesetz zur Verbesserung der Eingliederungschancen 2011), über die Ausweitung der Reichweite im 9. Änderungsgesetz 2016 (aufstockende Leistungen für bisher ausgeschlossene Gruppen) bis hin zur Intensivierung der Informationspraktiken (Aufklärung zur Rechten und Pflichten, Ausbau der Beratungsförderung). Vor allem die durchgängige Aufwertung und Intensivierung der Leistungen für berufliche, fachliche und schulische Aus- und Weiterbildung in der zweiten Hälfte der 2010er Jahre (9. Änderungsgesetz 2016, Teilhabechancengesetz 2018) zeigen die zunehmend stärkere Fokussierung auf den Grundsatz des Förderns. Mit dem Bürgergeld sollen ab der zweiten Jahreshälfte 2023 Strukturen und Praktiken des Förderns schließlich weiter ins Zentrum des konkreten Ausdrucks der Leitidee rücken. Eine ganzheitliche und individualisierte Betreuung auf Augenhöhe (Deutscher Bundestag 2022a, S. 4 ff.) soll passgenaue und nachhaltige Arbeitsmarktintegration (anstelle des Vermittlungsvorrangs) ermöglichen und Förderungsangebote für arbeitende wie nichtarbeitende Leistungsberechtigte weiter ausbauen wie etwa durch neue Boni-Zahlungen bei Aus- und Weiterbildung.

Betrachtet man die Entwicklungen der Leitidee „Fördern und Fordern" hinsichtlich der Charakteristika unterschiedlicher Formen des graduellen Wandels so wird deutlich, dass diese sich über den langen Beobachtungszeitraum nicht als trennscharfe, statische Prozesse abgrenzen lassen. Im Rahmen des Reformgeschehens kommt es zu kontinuierlichen Verschiebungen der Leitidee. Der Wandel hin zum Bürgergeld-Gesetz kann demnach als *Conversion* gedeutet werden, da bestehende Regelungen strategisch umgedeutet, aber eben nicht abgeschafft werden (Mahoney und Thelen 2010, S. 16). Mit der Abschaffung des Vermittlungsvorrangs im Bürgergeld schwingt der graduelle Wandel nun in Richtung *Drift,* da hier alte Regeln zugunsten neuer vernachlässigt werden (ebd.).

Eingliederungsvereinbarung

Seit Einführung des ALG 2 realisierte sich die Leitidee „Fördern und Fordern" auf der instrumentellen Ebene der Grundsicherung über die Eingliederungsvereinbarung. Diese stellte die individuelle, mit dem Rechtscharakter eines öffentlich-rechtlichen Austauschvertrages ausgestattete Übersetzung der Grundsätze dar und klärt mittels Rechten, Pflichten und Leistungsfestlegungen das Realverhältnis zwischen Individuum und Institution (Deutscher Bundestag 2003, S. 13), wobei individuelle Bedürfnisse stets den Anforderungen des Arbeitsmarktes und der Wirtschaftlichkeit entsprechen mussten (ebd., S. 46). Die Eingliederungsvereinbarung war Grundlage für Sanktionen, die sich vor allem aus der Weigerung der Leistungsberechtigten zum Abschluss einer Vereinbarung sowie der nichtausreichenden Pflichterfüllung (maßgeblich Eigenbemühungen zur Wiedereingliederung in Arbeit und Aufnahme angebotener Arbeit) ihrer Bestimmungen ergaben (ebd., S. 16).

Die Analyse des graduellen instrumentellen Wandels der Eingliederungsvereinbarung zeigt deutlich eine kontinuierliche Schichtung neuer Regelungen, ohne dass dabei bestehende Regelungen abgeschafft werden, weshalb wir diesen Prozess als *Layering* einordnen. Darin zeigt sich eine Stärkung der staatlichen Stellung im Vertragsverhältnis der Eingliederungsvereinbarung. Im „Gesetz zur Neuausrichtung der Arbeitsmarktpolitischen Instrumente" von 2008 wurden (auch aufgrund von sich mehrenden Rechtsstreitigkeiten) so Regelungen zur Konkretisierung der Eigenbemühungen (mittels Potenzialanalyse und Aufgabenkatalogen) festgelegt, da sonst Sanktionsmöglichkeiten nicht rechtssicher bestimmt werden konnten (Deutscher Bundestag 2008, S. 30). Hinzu trat die sofortige Vollziehbarkeit der Eingliederungsvereinbarung, wodurch Widerspruch und Klage gegen deren Inhalte keine aufschiebende Wirkung mehr erzwingen konnten (ebd., S. 50). Bei Nichtzustandekommen einer gemeinsamen Vereinbarung wurde diese durch einen einseitigen Verwaltungsakt ersetzt, der ohne Mitwirkung der Leistungsberechtigten die jeweiligen Inhalte festsetzte. Juristisch gestärkt und gegen Widerstände abgesichert wurde die hegemoniale Position des Staates bei der Eingliederungsvereinbarung durch ein Urteil des BSGs, das 2009 festsetzte, dass Leistungsberechtigte gegenüber dem Grundsicherungsträger weder ein Recht auf Verhandlung noch auf Abschluss einer gemeinsam erarbeiteten Eingliederungsvereinbarung hatten (BSG 2009, S. 1). Auf dieser Basis setzte sich in den Folgejahren die Schichtung neuer Regelungen fort, wobei die Betonung des positiven Wirkungszusammenhangs von Eingliederungsvereinbarung, Arbeitsmarktintegration und Sanktionen stetig reproduziert wurde (Eingliederungschancengesetz 2011; 9. Änderungsgesetz 2016).

Mit der Ankündigung des Bürgergeldes und dem Bekanntwerden der Inhalte des ersten Gesetzentwurfes Ende 2022 verbanden sich entsprechend auch große Erwartungen bezüglich eines antizipierten Wandels. Tatsächlich ließ sich auf Basis des ersten Entwurfs bezüglich der Eingliederungsvereinbarung die Abschaffung alter Regelungen bei Einführung grundlegender neuer und damit ein weitreichendes *Displacement* erwarten. Der Entwurf sah vor, die Eingliederungsvereinbarung durch einen gemeinsam erarbeiteten Kooperationsplan ohne verbindlichen Rechtscharakter zu ersetzen, der grundsätzlich keine Rechtsfolgenbelehrungen enthalten sollte (Deutscher Bundestag 2022a, S. 4 f.). Demzufolge sollte der Kooperationsplan nicht mehr die rechtliche Grundlage für Sanktionen sein und keinen öffentlich-rechtlichen Austauschvertrag, sondern ein Planungsdokument darstellen. Mit dem Abschluss des Kooperationsvertrages sollte eine sechsmonatige Vertrauenszeit ohne Sanktionierung beginnen. Außerhalb der Vertrauenszeit, sollte die Kooperationszeit gelten, in der lediglich bei Nichteinhalten der Mitwirkungshandlungen Pflichten durch Aufforderungen mit Rechtsfolgebelehrungen verbindlich festgelegt würden (ebd., S. 84 ff.). Dieser Entwurf unterscheidet sich im Detail deutlich vom letztendlich verabschiedeten Bürgergeld-Gesetz.

Während der Kooperationsplan sowie ein auf gemeinsame Aushandlung gerichtetes Schlichtungsverfahren eingeführt und der Vermittlungsvorrang vernachlässigt wurde, konnte die Vertrauenszeit nicht durchgesetzt werden. Dem den Kooperationsplan regelnden § 15 wurden durch Beschlussempfehlung des Vermittlungsausschusses zwei entscheidende Absätze hinzugefügt, welche eine regelmäßige Überprüfung der Einhaltung von Absprachen vorsieht und festlegt, dass „Aufforderungen hierzu grundsätzlich mit Rechtsfolgebelehrung [erfolgen] […]", was insbesondere für Maßnahmen zur Arbeitsaufnahme gilt (Deutscher Bundestag 2022b, S. 2). Bei Nichtabschluss oder Nichtfortschreibung des Kooperationsplans erfolgen Aufforderungen zu Mitwirkungshandlungen ebenfalls grundsätzlich mit Rechtsfolgebelehrung. Die Vertrauenszeit (§ 15a) entfiel vollständig und damit auch der (begrenzte) Verzicht auf Sanktionierung (ebd.). Bei Nichteinhalten der Mitwirkungspflichten in der Kooperationszeit verzichtet der Grundsicherungsträger ebenfalls nicht auf Rechtsfolgebelehrung, dies ist lediglich noch bei vollständiger Pflichterfüllung für sechs Monate (Karenzzeit) möglich. Der veränderte (Rechts-)Charakter des Kooperationsplans lässt sich als Verschiebung der Sanktionsgrundlage auf eine sekundäre Ebene beschreiben. Eine sanktionsauslösende Pflichtverletzung in der bisherigen Gesetzgebung bestand dann, wenn Leistungsberechtigte „[…] sich weigern in der Eingliederungsvereinbarung oder in dem diese ersetzenden Verwaltungsakt nach § 15 Absatz 3 Satz 3 festgelegte Pflichten zu erfüllen […]" (§ 31 Absatz 1 Satz 1

SGB II i.d.F.v. 28.03.2021). Entscheidend war demnach die Eingliederungsvereinbarung selbst. Im Bürgergeld-Gesetz wird die Grundlage für Sanktionierung nun auf die *Aufforderungen zur Mitwirkung* verschoben, wobei Pflichtverletzung dann besteht, wenn Leistungsberechtigte sich weigern einer solchen Aufforderung gemäß den Regelungen nach § 15 nachzukommen (Deutscher Bundestag 2022a, S. 21). Mit der Aufgabe des spezifischen Rechtscharakters verändern sich durch den Kooperationsplan nicht nur die Bedingungen zur Leistungskürzung. Auch die Frage nach der Einklagbarkeit der Vereinbarungen dürfte in juristischen Aushandlungen zukünftig neu zur Disposition stehen. Insgesamt lässt sich feststellen, dass das Bürgergeld-Gesetz trotz Umbenennung kein weitreichendes *Displacement* bezüglich der Eingliederungsvereinbarung/Kooperationsplan forciert hat. Stattdessen setzt sich das *Layering* neuer Regelungen auf bestehende Grundlagen fort.

Sanktionen

Das wohl meistdiskutierteste Instrument der Grundsicherung stellt die Möglichkeit der Sanktionierung in Form von Leistungsminderungen dar. Seit der Einführung wurden die Sanktionen als zentrales Steuerungselement der individuellen Bereitschaft zur Wiedereingliederung in Arbeit fortgeschrieben und weiterentwickelt. Grundlage dafür waren bis zur Einführung des Bürgergeldes Pflichtverletzungen im Rahmen der Eingliederungsvereinbarungen, wozu im Kern Weigerungen zum Abschluss einer Vereinbarung, zur Aufnahme oder Fortführung einer zumutbaren Arbeit sowie (Anlassgabe zum) Abbruch von Eingliederungsmaßnahmen und unwirtschaftliches, leistungserhöhendes Verhalten zählten (Deutscher Bundestag 2003, S. 16 ff.). Die Sanktionen erfolgten in Minderungsstufen von 30, 60 und bis zu 100 %. Auch hier lässt sich bezüglich des graduellen Wandels ein kontinuierliches *Layering* nachzeichnen. Schon im Fortentwicklungsgesetz 2006 setzte der Gesetzgeber auf eine verstärkte Sanktionierung durch Aufsummierung der Leistungsabsenkungen, die von Beginn an das gesamte ALG 2 inklusive Mehrbedarfe, Kosten für Unterkunft und Heizung (KdU) sowie abweichende Leistungen betrafen (Deutscher Bundestag 2006, S. 25 ff.). Für unter 25-Jährige wurden weiterhin verschärfte Sanktionsmöglichkeiten mit 100 % Kürzungen und Beschränkung der Leistung auf KdU realisiert. Auch bei Sanktionen hatten Widerspruch und Klage seit dem Neuausrichtungsgesetz 2008 keine aufschiebende Wirkung mehr. Mit dem Regelbedarfsermittlungsgesetz 2010 wurde der sanktionsregelnde § 31 aufgeteilt und die Leistungsminderungen (Art, Umfang, Beginn, Dauer, Bedingungen) systematisiert. Nun konnten Pflichtverletzungen auch angenommen und unterstellt werden, sanktionierte Handlungen bereits vor dem Leistungsbezug liegen und die Kenntnis über rechtliche Konsequenzen seitens der Leistungsberechtigten auch ohne Nachweis einer Rechtsfolgenbelehrung unterstellt werden (Deutscher Bundestag 2010). Eine enorme Präzisierung der Sanktionsregelungen wurde realisiert, die bei unwirtschaftlichem Verhalten, Meldeversäumnissen oder Aufenthalten außerhalb des ortsnahen Bereichs zur Anwendung kamen. Was die Rechtmäßigkeit der Sanktionen anging, berief sich der Gesetzgeber auf das Urteil des BVerfGs von 2010, das Sanktionen als zentrales Bindeglied an der Schnittstelle der Leistungssysteme bestätigte.

Lockerungen bestimmter Sanktionsbestimmungen mit der gleichzeitigen Schichtung neuer Konditionalitäten zeigten sich ab 2016, als im 9. Änderungsgesetz etwa Verstöße gegen Anzeige- und Bescheinigungspflichten (z. B. bei Krankheit und Arbeitsunfähigkeit) von der Sanktionierung ausgenommen und das Verletztengeld zur nicht zur sanktionierenden Leistung erklärt wurden (Deutscher Bundestag 2016). Parallel wurde die Differenzierung fortgesetzt, indem nun auch die (vorsätzliche) Herbeiführung, Aufrechterhaltung und Nichtverringerung einer Hilfebedürftigkeit als Pflichtverletzung galt, wobei dem Leistungsträger weitreichende Erstattungsansprüche bezüglich Sach- und Geldleistungen zugestanden wurden. Als ein maßgeblicher Veränderungsimpuls des instrumentellen Wandels gilt das BVerfG-Urteil von 2019, das Sanktionen für teilweise verfassungswidrig erklärte. Dementsprechend konnten die Sanktionsregelungen der §§ 31 ff. zwar weiterhin angewandt werden, jedoch mit der Einschränkung, „[…] dass wegen wiederholter Pflichtverletzungen eine Minderung der Regelbedarfsleistungen nicht über 30 % des maßgebenden Regelbedarfs hinausgehen darf" (BVerfG 2019, S. 6). Folgend kam es zur Aussetzung der Sanktionen über 30 %, wobei eine rechtliche Neuregelung vorerst ausblieb. Während der Coronaviruspandemie regelten zunächst die Sozialschutzpakete die weitgehende Aussetzung, bis im 11. Änderungsgesetz 2022 ein Sanktionsmoratorium bis Jahresende festgelegt wurde. Die Übergangsregelung endete mit den neuen gesetzlichen Bestimmungen zu den Sanktionen im Bürgergeld ab 2023.

Auch hier ließ der ursprüngliche Gesetzentwurf zunächst ein (wenn auch begrenztes) einschlägiges *Displacement* erwarten. Die geplante sechsmonatige Vertrauenszeit ohne Sanktionsmöglichkeit hätte eine deutliche Abkehr vom bisherigen, unmittelbaren Kontrollprinzip der Grundsicherung bedeutet, sodass verschiedene Beobachter:innen bereits den Beginn eines Paradigmenwechsels wähnten. Sanktionen sollten demnach auch in der folgenden Kooperationszeit erst nach Rechtsfolgenbelehrung und mehrmaligem Verstoß in Minderungsstufen von 20 % und 30 % greifen (Deutscher Bundestag 2022a, S. 17 f. und 21 f.). In begrenztem Maß hätte dieser Entwurf tatsächlich Potenziale zur grundlegenden Neuorientierung der wohlfahrtsstaatlichen Gestalt in der Grundsicherung für Arbeitsuchende freisetzen können, in der an die Stelle von Kontrolle und Bestrafung (zumindest für einen gewissen Zeitraum) Vertrauen und Kooperation getreten wären, um das Verhältnis zwischen Individuum und Staat neu zu bestimmen. Mit dem Wegfall der Vertrauenszeit im verabschiedeten Gesetz verzichtete der Gesetzgeber schließlich auf diese Möglichkeit. Dabei darf jedoch nicht vergessen werden, dass auch der ursprüngliche Entwurf trotz Bezugnahme auf negative Folgewirkungen an der Grundüberzeugung zur Wirksamkeit und Gerechtigkeit von Sanktionen als Ausdruck der Leitidee „Fördern und Fordern" festhielt (ebd., S. 49 f.). Schließlich kam es im verabschiedeten Gesetz zur Umbenennung der Sanktionen in *Leistungsminderungen,* die künftig in Minderungsstufen von 10 %, 20 % und 30 % bei weiterer Pflichtverletzung innerhalb eines Jahres angewendet werden. Bei außergewöhnlicher Härte liegt ein Verzicht auf Sanktionierung im Ermessensspielraum des Leistungserbringers. Zusätzlich soll es im Regelfall zu einer persönlichen Anhörung und einem Schlichtungsverfahren kommen (Deutscher Bundestag 2022b, S. 3).

Zusammenfassend ist auch bezüglich des graduellen Wandels der Sanktionen festzuhalten, dass in den Entwicklungen der gesetzlichen Neuerungen im SGB II bis zur und auch mit der Bürgergeldreform ein *Displacement* nicht feststellbar ist und sich stattdessen Prozesse des *Layering* fortsetzen.

6　Fazit

Den graduellen institutionellen Wandel der Grundsicherung für Arbeitsuchende seit ihrer gesetzlichen Implementierung 2003 haben wir in diesem Beitrag auf der ideellen Ebene der Leitidee „Fördern und Fordern" sowie der instrumentellen Ebene der Eingliederungsvereinbarung (Kooperationsplan) und den Sanktionen (Leistungsminderungen) untersucht. Trotz des umfangreichen Reformgeschehens der letzten 20 Jahre in vielen Bereichen des SGB II und der begrenzten Erneuerung bzw. Verschiebung der Leitidee „Fördern und Fordern" kann auch nach der Einführung des Bürgergeldes im Januar 2023 nicht von einem Paradigmenwechsel gesprochen werden. Weder kam es zu einem grundsätzlichen Wandel der Gestalt und Funktion der untersuchten Instrumente, noch zu einem basalen Austausch von geltenden wohlfahrtsstaatlichen Normsetzungen der Aktivierung. In Bezug auf das langfristige Reformgeschehen konnten wir zeigen, dass das

Bürgergeld keinen plötzlichen Politikwechsel einläutet, sondern dass einige der Neuerungen auf längerfristig vorbereitete Prozesse des Deutungswandels und instrumenteller gradueller Veränderungen zurückgehen.

Damit soll nicht der Eindruck erzeugt werden, es wäre zu keinerlei relevanten Veränderungen gekommen, was sich allein schon an den klar veränderten, deutlich abgeschwächten Regelungen zu den Sanktionen zeigt. Im Gegenteil, konnten wir einige relevante Verschiebungen nachzeichnen, wie die Abschaffung des Vermittlungsvorrangs. Diese verdeutlichen, dass die Bürgergeldreformen *nicht* im Sinne eines Weniger an Konditionalität interpretiert werden sollten. Vielmehr betrachten wir sie als Fortschreibungen der Qualitäts- und Quantitätsentwicklungen der Konditionalitäten, welche die Bedingungen der Gewährung, Aufrechterhaltung und Verweigerung des Leistungsbezugs weiter ausdifferenzieren. Ein auf alle Leistungsbeziehenden bezogenes Fazit lässt sich dadurch nur schwer ziehen. Was den bisherigen inhärenten Widerspruch der „Eigenverantwortung ohne Selbstbestimmung" (Marquardsen 2011, S. 239) betrifft, lässt sich jedoch vorsichtig vermuten, dass die arbeitsmarktpolitische Befähigung der Arbeitsuchenden in Zukunft wieder stärker im Mittelpunkt stehen wird und damit auch eine größere Selbstbestimmung in Bezug auf die Mittel der Wahl und die Lebensführung insgesamt einhergeht. Dadurch erkennen wir in den neuen bzw. erweiterten Regelungen im Bürgergeld auf der operationalen Ebene ihrer Durchführung durchaus potenziell erweiterte Möglichkeitsräume für Solidarität im Wohlfahrtsstaat. Der zukünftige und langfristige Wandel wird sich hingegen erst durch weitere Analysen zum Bürgergeld zeigen lassen – auch das ist eine Einsicht historisch-institutionalistischer Zugänge. Der empirische Raum für Entwicklungspotenziale scheint hier aktuell groß. Ihn gilt es in Folgeuntersuchungen, die die Implementierungsebene mit einbeziehen, zu adressieren.

Literatur

Bäcker, Gerhard, Jutta Schmitz-Kießler, Philipp Sommer, und Lina Zink. 2023. Dauerbaustelle Sozialstaat 2022. In *IAQ-Forschung*. https://nbn-resolving.org/urn:nbn:de:hbz:465-20230215-141120-9. Abgerufen am: 11.07.2023

Bartelheimer, Peter. 2005. Moderne Dienstleistungen und Erwerbsfürsorge. Fallbearbeitung nach SGB II als Gegenstand soziologischer Forschung. *SOFI-Mitteilungen: Soziologisches Forschungsinstitut Göttingen* 33: 55–79.

Blatter, Joachim K., Frank Janning, und Claudius Wagemann. 2007. *Qualitative Politikanalyse*. Wiesbaden: VS Verlag für Sozialwissenschaften.

Bothfeld, Silke, Gronbach, Sigrid, und Kai Seibel. 2005. *Eigenverantwortung in der Arbeitsmarktpolitik: zwischen Handlungsautonomie und Zwangsmaßnahmen.* (WSI-Diskussionspapier, 134). Düsseldorf: WSI.

Bothfeld, Silke, und Sigrid Betzelt. 2011. Activation and Labour Market Reforms in Europe: Challenges to Social Citizenship – Introduction. In Activation and Labour Market Reforms in Europe. Challenges to Social *Citizenship,* Hg. Sigrid Betzelt und Silke Bothfeld, 3–14, Basingstoke: Palgrave Macmillan.

Börner, Stefanie. 2023. Der Wohlfahrtsstaat als politische Quelle sozialer Solidarität. Eine institutionentheoretische Perspektive. *Österreichische Zeitschrift für Soziologie.* https://doi.org/10.1007/s11614-023-00527-1.

Börner, Stefanie, Diana Lindner, Jörg Oberthür, und André Stiegler. 2017. Autonomiespielräume als prekäre institutionelle Funktionsvoraussetzung des Fallmanagements. In *Beratung und Vermittlung im Wohlfahrtsstaat,* Hg. Frank Sowa, und Ronald Staples, 211–235. Baden-Baden: Nomos.

BSG. 2009. Urteil vom 22.09.2009. - B 4 AS 13/09 R -.

BVerfG, Beschluss der 3. Kammer des Ersten Senats vom 07. Juli 2010 - 1 BvR 2556/09 -, Rn. 1–27.

BVerfG. 2019. Urteil des Ersten Senats vom 5. November 2019. - 1 BvL 7/16 -, Rn. 1–225.

Deutscher Bundestag. 2003. Drucksache 15/1516. Gesetzentwurf der Fraktionen SPD und BÜNDNIS 90/DIE GRÜNEN. Entwurf eines Vierten Gesetzes für moderne Dienstleistungen am Arbeitsmarkt.

Deutscher Bundestag 2006. Drucksache 16/1410. Gesetzentwurf der Fraktionen der CDU/CSU und SPD. Entwurf eines Gesetzes zur Fortentwicklung der Grundsicherung für Arbeitsuchende.

Deutscher Bundestag 2008. Drucksache 16/10810. Gesetzentwurf der Bundesregierung. Entwurf eines Gesetzes zur Neuausrichtung der arbeitsmarktpolitischen Instrumente.

Deutscher Bundestag 2010. Drucksache 17/3404. Gesetzentwurf der Fraktionen der CDU/CSU und FDP. Entwurf eines Gesetzes zur Ermittlung von Regelbedarfen und zur Änderung des Zweiten und Zwölften Buches Sozialgesetzbuch.

Deutscher Bundestag 2011. Drucksache 17/6277. Gesetzentwurf der Bundesregierung. Entwurf eines Gesetzes zur Verbesserung der Eingliederungschancen am Arbeitsmarkt.

Deutscher Bundestag 2016. Drucksache 18/8041. Gesetzentwurf der Bundesregierung. Entwurf eines Neunten Gesetzes zur Änderung des Zweiten Buches Sozialgesetzbuch – Rechtsvereinfachung.

Deutscher Bundestag 2018. Drucksache 19/4725. Gesetzentwurf der Bundesregierung. Entwurf eines Zehnten Gesetzes zur Änderung des Zweiten Buches Sozialgesetzbuch – Schaffung neuer Teilhabechancen für Langzeitarbeitslose auf dem allgemeinen und sozialen Arbeitsmarkt.

Deutscher Bundestag 2022a. Drucksache 20/3873. Gesetzentwurf der Bundesregierung. Entwurf eines Zwölften Gesetzes zur Änderung des Zweiten Buches Sozialgesetzbuch und anderer Gesetze – Einführung eines Bürgergeldes.

Deutscher Bundestag 2022b. Drucksache 20/4600. Beschlussempfehlung des Vermittlungsausschusses zu dem Zwölften Gesetz zur Änderung des Zweiten Buches Sozialgesetzbuch und anderer Gesetze – Einführung eines Bürgergeldes.

Dingeldey, Irene. 2011. *Der aktivierende Wohlfahrtsstaat. Governance der Arbeitsmarktpolitik in Dänemark, Großbritannien und Deutschland.* Frankfurt am Main: Campus.

Globisch, Claudia. 2012. Strukturwandel sozialpolitischer Steuerung? *Österreichische Zeitschrift für Soziologie* 37: 133–154.
Hall, Peter A. 1993. Policy Paradigms, Social Learning, and the State: The Case of Economic Policymaking in Britain. *Comparative Politics* 25 (3): 275-296.
Hall, Peter A. 2010. Historical Institutionalism in Rationalist and Sociological Perspective. In *Explaining institutional change. Ambiguity, agency, and power*, Hg. James Mahoney und Kathleen Ann Thelen, 204–223. Cambridge, New York: Cambridge University Press.
Hall, Peter A., und David Soskice. 2011. Varieties of Capitalism: The Institutional Foundations of Comparative Advantage. Oxford University Press.
Kuckartz, Udo, und Stefan Rädiker. 2022. *Qualitative Inhaltsanalyse. Methoden, Praxis, Computerunterstützung.* 5. Auflage. Weinheim/Basel: Beltz Juventa.
Lepsius, M. Rainer 1990. *Interessen, Ideen und Institutionen.* Opladen: Westdeutscher Verlag.
Lepsius, M. Rainer 1997. Institutionalisierung und Deinstitutionalisierung von Rationalitätskriterien. In *Institutionenwandel*, Hg. Gerhard Göhler, 57–69. Opladen: Westdeutscher Verlag.
Lessenich, Stephan 2008. *Die Neuerfindung des Sozialen. Der Sozialstaat im flexiblen Kapitalismus.* Bielefeld: transcript.
Mahoney, James, und Kathleen Thelen. 2010. A Theory of Gradual Institutional Change. In *Explaining institutional change. Ambiguity, agency, and power*, Hg. James Mahoney und Kathleen Ann Thelen, 1–37. Cambridge, New York: Cambridge University Press.
Marquardsen, Kai. 2011. Eigenverantwortung ohne Selbstbestimmung. Zum Verhältnis von „Autonomie" und Heteronomie in der aktivierenden Arbeitsmarktpolitik. *Prokla: Zeitschrift für kritische Sozialwissenschaft* 41: 231–251.
Mohr, Katrin. 2007. *Soziale Exklusion im Wohlfahrtsstaat: Arbeitslosensicherung und Sozialhilfe in Großbritannien und Deutschland.* Wiesbaden: VS Verlag.
North, Douglass. 1990. *Institutions, institutional change and economic performance.* Cambridge: Cambridge University Press.
Pierson, Paul. 2000. Increasing Returns, Path Dependence, and the Study of Politics. *The American Political Science Review* 94 (2): 251–267.
Powell, Walter W. 1991. Expanding the Scope of Institutional Analysis. In *The New Institutionalism in Organizational Analysis*, Hg. Walter W. Powell and Paul J. DiMaggio, 183–203. Chicago: University of Chicago Press.
Promberger, Markus, und Philipp Ramos Lobato. 2016. Zehn Jahre Hartz IV – eine kritische Würdigung. *WSI-Mitteilungen* 5/2016: 325–333.
Rehberg, Karl-Siegbert. 2014. *Symbolische Ordnungen. Beiträge zu einer soziologischen Theorie der Institutionen.* Baden-Baden: Nomos.
Rieger, Elmar. 1992. *Die Institutionalisierung des Wohlfahrtsstaates.* Opladen: Westdeutscher Verlag.
Senghaas, Monika, und Sarah Bernhard. 2021. Arbeitsvermittlung im Spannungsfeld von Dienstleistung und Kontrolle – Eine multimethodische Studie zu Eingliederungsvereinbarungen in der Grundsicherung für Arbeitsuchende. *Sozialer Fortschritt* 70, 9: 487–507.
Streeck, Wolfgang, und Kathleen Thelen. 2005. Introduction: Institutional Change in Advanced Political Economies. In *Beyond continuity. Institutional change in advanced political economies*, Hg. Wolfgang Streeck und Kathleen Ann Thelen, 1–39. Oxford, New York: Oxford University Press.

Zapf, Wolfgang. 1994. *Modernisierung, Wohlfahrtsentwicklung und Transformation: soziologische Aufsätze 1987 bis 1994*. Berlin: Edition Sigma.

Jun.-Prof. Dr. Stefanie Börner ist Juniorprofessorin für die Soziologie europäischer Gesellschaften am Institut für Gesellschaftswissenschaften der Otto-von-Guericke-Universität Magdeburg, wo sie das DFG-Projekt „Umkämpfte Solidarität. Solidaritätsdynamiken zwischen sozialpolitischem Tagesgeschäft und Krise" leitet. Nach ihrer Promotion an der Bremen Graduate School of Social Sciences (BIGSSS) war sie u.a. an der Friedrich-Schiller-Universität Jena und der FU Berlin als Post-Doc tätig. Zu ihren Arbeitsgebieten zählen die Soziologie des Sozialstaates, europäische Integration, EU-Sozialpolitik und Gesellschaftstheorie (insbesondere Solidarität und Autonomie).

Philipp Kahnert (Dipl.-Soz.) studierte Soziologie und Psychologie an der TU Dresden und schloss dort mit einer Arbeit zur Holocaustleugnung ab. Er ist seit 2021 wissenschaftlicher Mitarbeiter und Doktorand am Lehrstuhl für die Soziologie europäischer Gesellschaften an der Otto-von-Guericke Universität in Magdeburg. Dort arbeitet er im DFG Projekt „Umkämpfte Solidarität. Solidaritätsdynamiken zwischen sozialpolitischem Tagesgeschäft und Krise". Seine Forschungsschwerpunkte sind qualitative Wohlfahrtsstaatsanalyse, soziale Ungleichheit und Sozialpolitik, insbesondere beschäftigt er sich mit Armut, Arbeit und Grundsicherung.

Open Access Dieses Kapitel wird unter der Creative Commons Namensnennung 4.0 International Lizenz (http://creativecommons.org/licenses/by/4.0/deed.de) veröffentlicht, welche die Nutzung, Vervielfältigung, Bearbeitung, Verbreitung und Wiedergabe in jeglichem Medium und Format erlaubt, sofern Sie den/die ursprünglichen Autor(en) und die Quelle ordnungsgemäß nennen, einen Link zur Creative Commons Lizenz beifügen und angeben, ob Änderungen vorgenommen wurden.

Die in diesem Kapitel enthaltenen Bilder und sonstiges Drittmaterial unterliegen ebenfalls der genannten Creative Commons Lizenz, sofern sich aus der Abbildungslegende nichts anderes ergibt. Sofern das betreffende Material nicht unter der genannten Creative Commons Lizenz steht und die betreffende Handlung nicht nach gesetzlichen Vorschriften erlaubt ist, ist für die oben aufgeführten Weiterverwendungen des Materials die Einwilligung des jeweiligen Rechteinhabers einzuholen.

Bürgergeld und Grundeinkommen – Der weite Weg der Bürgergeldreform

Michael Opielka und Wolfgang Strengmann-Kuhn

1 Zukunftslabor und Bürgergeld

Der Begriff „Bürgergeld" wurde erstmals vom Kronberger Kreis um die liberalen Ökonomen Wolfram Engels und Joachim Mitschke in den 1970er Jahren als Synonym für die Umsetzung eines Grundeinkommens als „Negative Einkommensteuer" verwendet. Das zu Beginn des Jahres 2023 in Kraft getretene Bürgergeld-Gesetz, eine Reform der Grundsicherung für Arbeitssuchende (SGB II), hat allerdings weder mit Grundeinkommen noch mit Negativer Einkommensteuer viel zu tun. Wir gehen der Frage nach, wie es dazu kam und ob in der Zukunft möglicherweise doch noch eine Entwicklung in Richtung Grundeinkommen zu erwarten sein könnte. Außerdem werfen wir einen Blick auf den Prozess von den Parteiprogrammen der „Ampel"-Koalition über den Koalitionsvertrag bis zum Gesetz, da er Hinweise für weitere Reformschritte gibt.[1]

Wie ist diese Reform systematisch einzuordnen? Handelt es sich dabei um ein „Grundeinkommen light" oder nur um eine bessere Sozialhilfe? Welche Perspektiven für die Zukunft des Sozialstaats bildet diese Reform und welche Fragen bleiben kurzfristig noch offen? Welche weiteren Anpassungen sollte es im Zuge der Reform geben? Wie könnte oder sollte der Weg nach dem Bürgergeld-Gesetz aussehen?

M. Opielka (✉) · W. Strengmann-Kuhn
ISÖ – Institut für Sozialökologie gGmbH, Ernst-Abbe-Hochschule Jena, Jena, Deutschland
E-Mail: michael.opielka@eah-jena.de

W. Strengmann-Kuhn
E-Mail: wolfgang@strengmann-kuhn.de

[1] Dieser Beitrag basiert teilweise auf Opielka und Strengmann-Kuhn (2022). Der Text wurde grundlegend überarbeitet und erweitert.

Wir wollen diesen Fragen vor dem Hintergrund einer seit Jahrzehnten geführten wissenschaftlichen und politischen Diskussion um die Zukunft des Sozialstaats (Strengmann-Kuhn 2005; Opielka 2008) nachgehen und dabei auf veröffentlichte Befunde aus einem für diese Diskussion einschlägigen Projekt der Zukunftsforschung Bezug nehmen, auf das von der sogenannten Jamaika-Koalition in Kiel mit dem Koalitionsvertrag in 2017 initiierte „Zukunftslabor Schleswig–Holstein", dessen Ergebnisse ursprünglich im Frühjahr 2021 vorgelegt werden sollten.[2] Das Projekt sollte in einem wissenschaftlich angeleiteten öffentlichen Diskurs eine Vision für die Zukunft und Nachhaltigkeit der sozialen Sicherung entwickeln und dabei vor allem auch die Rolle eines Grundeinkommens bzw. Bürgergeldes prüfen: Durch eine Bestandsanalyse bestehender sozialer Sicherungssysteme vor dem Hintergrund der demografischen Entwicklung und der fortschreitenden Digitalisierung sowie einer Prognose zu den Auswirkungen auf die sozialen Sicherungssysteme, durch die Darstellung verschiedener alternativer Modelle sowie der Entwicklungsmöglichkeit bestehender sozialer Sicherungssysteme und durch die Aufbereitung und Auswertung der Erfahrungen auf Bundes- und EU-Ebene (Opielka 2019).

Im Kontext des Zukunftslabors wurde ein differenziertes Modell aus vier Reformszenarien entwickelt, die durch das Deutsche Institut für Wirtschaftsforschung (DIW) zu den Auswirkungen auf die Fiskal- und Arbeitsmarktpolitik simuliert werden sollten (Opielka und Peter 2020). Alle vier Reformszenarien beinhalten ein mehr oder weniger weitreichendes Grundeinkommen sowie damit systematisch korrespondierende Reformideen zur Finanzierung der Kranken- und Pflegeversicherung: 1) Bürgergeld 2) Grundeinkommen 3) Sozialversicherung (mit Grundsicherung oder Garantiesicherung) 4) Bürgerversicherung (siehe Abb. 1, detailliert Hutflesz und Opielka 2020, S. 63 ff.).[3] Im Folgenden werden wir uns auf die vier Szenarien zur Reform der Einkommenssicherung konzentrieren, die Reformoptionen für die Kranken- und Pflegeversicherung können hier nur kurz berührt werden.

Die vier Reformszenarien lassen sich mit den aus der politischen Soziologie bekannten vier Typen des Wohlfahrtsregimes in Verbindung bringen, die

---

[2] Sie hätten dadurch in die Pläne der Ampel- oder jeder anderen Regierungskoalition einbezogen werden können. Die Autoren waren als Projektleiter und Berater in das Projekt einbezogen: www.zlabsh.de. Das Schicksal des Zukunftslabors wird derzeit vor dem Landgericht Flensburg verhandelt.

[3] Die Simulation von Reformszenario 1 liegt für den Einkommensteil „Bürgergeld" in einer ersten Fassung vor (Bach et al. 2020).

Bürgergeld (mit Bürgerpauschale)	Grundeinkommen (mit steuerfinanziertem Gesundheits- und Pflegesystem)	Sozialversicherung (mit Grundsicherung bzw. Garantiesicherung)	Bürgerversicherung (mit Grundeinkommensversicherung)
Das Bürgergeld in Form einer „Negativen Einkommensteuer" dient vor allem der Unterstützung der Arbeitsmarkt- und Leistungsmotivation in den unteren Arbeitsmarktsegmenten. Die Bürgerpauschale (Kopfpauschale) für Gesundheit und Pflege dient der Förderung des Wettbewerbs zwischen gesetzlichen und privaten Kranken-/Pflegekassen.	Das Grundeinkommen in Form einer „Sozialdividende" steht jeder/m legalen Einwohner:in monatlich zu und unterliegt (analog „Primäreinkommen") der Einkommensteuer- und Sozialversicherungsbeitragspflicht. Das Gesundheits-/Pflegesystem wird vollständig aus Steuermitteln finanziert.	Beitragsfinanzierte, lebensstandardsichernde („Bismarcksche") Sozialversicherung mit „Sockelung" durch bedarfsorientierte Grundsicherung („Garantiesicherung"). Gesundheits-/Pflegeversicherung wie bisher im gegliederten System (GKV, PKV, Beihilfe).	Grundeinkommensversicherung nach dem Modell der Schweizer AHV in allen Risikolagen für Geldleistungen (Alter, Arbeitslosigkeit, Elternschaft, Krankheit, Behinderung, Kindheit, Ausbildung) und für den Risikobereich Gesundheit/Pflege.
Liberaler Wohlfahrtstaat	*Sozialistischer / Sozialdemokratischer Wohlfahrtsstaat*	*Konservativer Wohlfahrtsstaat*	*Garantistischer Wohlfahrtsstaat*

Abb. 1 Abbildung: Vier Reformszenarien zur Zukunft des Sozialstaats. (Quelle: Überarbeitet nach Opielka und Strengmann-Kuhn 2022, S. 96 (mit weiteren Nachweisen))

erstmals von Gøsta Esping-Andersen formuliert wurden: liberal, sozialdemokratisch (sozialistisch) und konservativ. Diese drei Typen wurden später durch einen vierten, garantistischen Typ ergänzt (Opielka 2008, 2017, 2024).

Das „Bürgergeld" (Szenario 1) im Sinne der „Negativen Einkommensteuer" passt in seiner Reinform zu einem liberalen Wohlfahrtsstaat. Es wurde in Deutschland vor allem innerhalb von FDP und CDU diskutiert. Das Konzept der „Negativen Einkommensteuer" hat der liberale Ökonom Milton Friedman bekannt gemacht. Es bedeutet, dass Personen mit geringen Einkommen vom Finanzamt eine Auszahlung erhalten, um das Existenzminimum abzusichern. Sie zahlen also quasi eine „negative" Steuer. Die negative Einkommensteuer verringert sich mit steigendem Einkommen bis zu einem sogenannten Break-Even-Point, ab dem die Zahlung einer „positiven" Einkommensteuer beginnt. Dadurch erhalten Menschen mit geringen Einkommen auch über dem Existenzminimum noch eine „negative Einkommensteuer". Durch einen solchen integrierten Steuer-Transfer-Tarif versprechen sich Ökonom:innen einen fließenden Übergang in den Arbeitsmarkt.

Das „Grundeinkommen" (Szenario 2) im Sinne einer „Sozialdividende" entspricht finanztechnisch der „Negativen Einkommensteuer", nur, dass hier das Existenzminimum als allgemeine „Dividende" auf den Volkswohlstand vorab an alle Bezugsberechtigten geht. Zusätzliche Einkommen werden dann versteuert. Je nach Modell kann das Grundeinkommen auch selbst versteuert werden,

Eine Sozialdividende ist also ein „Grundeinkommen" im eigentlichen Sinn, nämlich eine Zahlung an alle Bürger:innen. Ideengeschichtlich entspricht ein solches „Grundeinkommen" einer sozialistischen Reformprogrammatik (dazu und generell zur Geschichte des Grundeinkommens Opielka und Vobruba 1986).

Reformideen in Richtung eines Grundeinkommens, die die an Berufsgruppen orientierte „Sozialversicherung" (Szenario 3) fortschreiben, legen vor allem Wert darauf, dass das komplexe Nebeneinander von Sozialversicherungen für die meisten Arbeitnehmer:innen und privilegierten Systemen der Beamten- und der berufsständischen Versorgung nicht aufgeweicht wird. In diesem Szenario möchte man als Reformidee die eher diskriminierende „Sozialhilfe" (bisher auch „Hartz4") durch modernere, weniger diskriminierende Formen einer „Grundsicherung" oder „Garantiesicherung" ersetzen, die aber an der Bedarfsorientierung der Sozialhilfe festhalten. Konservativ ist dieses Szenario, weil es an der berufsständischen Architektur der Sozialpolitik mit einer Grundsicherung nur im Bedarfsfall festhält. Zusätzlich ist das Modell heute einem eher konservativen Familienmodell verhaftet. Dieses Modell entspricht dem nun realisierten „Bürgergeld", ein erstaunlicher Begriffswandel (siehe unten).

Das vierte Reformmodell „Bürgerversicherung" (Szenario 4) würde die Grundeinkommenssicherung innerhalb einer Bürgerversicherung sicherstellen, beispielsweise in Form einer „Grundeinkommensversicherung", die alle Bürgerinnen und Bürger erfasst, sodass kein Gegensatz zwischen Einkommensteuern und Sozialabgaben entsteht, allenfalls der, dass man Abgaben zur Bürgerversicherung nicht durch Abzüge mindern kann. Ein solches Modell würde man aufgrund seiner bürgerrechtlichen Orientierung als „garantistisch" bezeichnen.

Es fällt auf, dass der Begriff „Bürgergeld" im Szenariomodell des Zukunftslabors anders verwendet wird als im Koalitionsvertrag der Ampel und im Bürgergeld-Gesetz. Dahinter steht ein bemerkenswerter, historisch interessanter semantischer Wandel. Aufbauend auf den eingangs erwähnten Überlegungen des Kronberger Kreises wurde in der deutschen Diskussion der Begriff Bürgergeld so verstanden wie im Szenariomodell 1, beispielsweise mit der „Kommission Bürgergeld/Negative Einkommensteuer KoBüNE" der FDP, die 2004–5 von Andreas Pinkwart geleitet wurde (KoBüNE und Pinkwart 2005). Stärker beachtet wurde das Grundeinkommens-Modell „Solidarisches Bürgergeld" des damaligen Thüringer Ministerpräsidenten Dieter Althaus, das Mitte der 2000er Jahre vorgestellt, auf seine Finanzierbarkeit berechnet wurde (Opielka und Strengmann-Kuhn 2007) und ebenso zu einer Kommission bei einem Parteivorstand führte, diesmal der CDU. Überraschend nutzte die damalige SPD-Parteivorsitzende Andrea Nahles den bislang liberal-konservativ verorteten Begriff „Bürgergeld" im Jahr 2019 für eine parteiprogrammatische Revision der von Bundeskanzler Gerhard Schröder und dem damaligen Chef des Bundeskanzleramtes, Frank-Walter Steinmeier, in den Jahren 2003–4 initiierten „Agenda 2010" mit der folgenreichen Reform „Hartz IV". Das SPD-Bürgergeld hatte aber mit Grundeinkommen oder Negativer Einkommensteuer nichts zu tun.

Noch vor der SPD haben Bündnis 90/Die Grünen das Ziel einer Überwindung von „Hartz IV" propagiert. Vor dem Hintergrund der jahrzehntelangen Diskussion der Grünen zum Grundeinkommen (Opielka und Strengmann-Kuhn 2021) versuchte der damalige Parteivorsitzende Robert Habeck im Jahr 2018 die Kontroverse um das Grundeinkommen mit dem Vorschlag einer „Garantiesicherung" zu befrieden (Habeck 2018).[4] Dieser Vorschlag wurde anschließend von der grünen Bundestagsfraktion (Bundestagsfraktion Bündnis 90/Die Grünen 2020) konkretisiert, weiterentwickelt und schließlich von der Partei ins Wahlprogramm übernommen. Die Garantiesicherung ist dabei kein Grundeinkommen, sondern hat wie der Nahles/SPD-Vorschlag „Bürgergeld" das Ziel, *innerhalb* der strukturell zunächst unveränderten, korporatistisch gegliederten und insoweit konservativen deutschen Sozialstaatsarchitektur inkrementalistisch, step-by-step, die bedarfsorientierten Fürsorgeleistungen des Typus Sozialhilfe bürgerrechtlich zu modernisieren, gehört also nach der obigen Systematik in die Kategorie „Sozialversicherung (mit Grundsicherung)" (Szenario 3). Die FDP suchte über ihre Friedrich-Naumann-Stiftung mit einem ifo-Gutachten 2019 ein Update ihrer Bürgergeld-Konzeption, weg von der Negativsteuer hin zu einer Grundsicherung (Blömer und Peichl 2019). Dass die drei Ampel-Parteien SPD, FDP und Bündnis 90/Die Grünen zur Überraschung der politischen und wissenschaftlichen Öffentlichkeit in den Koalitionsverhandlungen im Herbst 2021 ein „Bürgergeld" lancierten, erscheint daher durchaus naheliegend, obwohl es sich nicht um ein Bürgergeld im Sinne einer Negativen Einkommensteuer handelt. Sowohl bei FDP wie Grünen ist aber in den Partei- bzw. Wahlprogrammen vorgesehen, das Bürgergeld bzw. die Garantiesicherung schrittweise in das Steuersystem zu integrieren. In ihrem Grundsatzprogramm postulieren Bündnis 90/Die Grünen sogar, sich „an der Leitidee eines Bedingungslosen Grundeinkommens" zu orientieren (Bündnis 90/Die Grünen 2020, S. 89).

---

[4] Siehe dazu auch den Kommentar von Michael Opielka zum Vorschlag von Robert Habeck: https://www.isoe.org/aktuelles/blog/grundeinkommen-light-zu-robert-habecks-garantiesicherung/. Abgerufen: 18.8.2023.

2 Das Bürgergeld der Ampel und der Weg vom Koalitionsvertrag zum Gesetz

Da zwei Parteien der Regierungskoalition ihre Reformvorschläge Bürgergeld nannten, setzte sich dieser Begriff im Koalitionsvertrag durch, es flossen aber Vorstellungen aller drei Konzepte in die Vereinbarungen zum Bürgergeld ein. So sah der Koalitionsvertrag der sogenannten „Ampel" vor, dass es (auf Wunsch der Grünen) ein Sanktionsmoratorium gab, die Anrechnung des Zuverdienstes (auf Wunsch der Liberalen) reduziert und (auf Wunsch der SPD) auf die Überprüfung von Vermögen sowie Angemessenheit der Wohnung in den ersten zwei Jahren verzichtet wird. Hervorheben lässt sich zudem, dass zwar auf Sanktionen nicht grundsätzlich verzichtet, aber der Vermittlungsvorrang abgeschafft werden soll. Kompetenzen und Entwicklungsbedarfe der Erwerbsfähigen sollen besser ermittelt und Weiterbildung wie Qualifizierung verbessert sowie durch ein Weiterbildungsgeld auch finanziell unterstützt werden. Die Jobcenter sollen mehr Gestaltungsspielraum bekommen. Darin wird das Bemühen deutlich, bei erwerbsfähigen Grundsicherungsempfänger:innen die Arbeitsförderung in nachhaltige und bessere Jobs zu stärken. Damit würden sich die Bedingungen der Grundsicherung für Arbeitssuchende (SGB II) an wesentlichen Stellen ändern.

Im verabschiedeten Bürgergeld-Gesetz tauchen allerdings nicht alle der im Koalitionsvertrag verabredeten Punkte auf, andere wurden insbesondere durch den Vermittlungsausschuss zwischen Bundesrat und Bundestag auf Druck der CDU/CSU abgeschwächt. So dauerte beispielsweise das Sanktionsmoratorium nicht wie vorgesehen 12, sondern nur 6 Monate und die Karenzzeit, in der es eine abgeschwächte Prüfung des Vermögens und der Wohnungskosten gibt, wurde von 2 Jahren auf 1 Jahr verkürzt (siehe dazu den Beitrag von Börner und Kahnert in diesem Band). Zentrale Kernelemente wie die Abschaffung des Vermittlungsvorrangs und eine bessere Förderung von Weiterbildung, die Ersetzung der Eingliederungsvereinbarung durch einen Kooperationsplan, erste Schritte für eine bessere Grenzbelastung durch eine abgeschwächte Einkommensprüfung sowie die Entfristung des „sozialen Arbeitsmarkts" (§ 16i SGB II) blieben erhalten. Darüber hinaus plant die Regierungskoalition ein zweites Reformgesetz, in dem weitere Punkte des Koalitionsvertrags umgesetzt werden sollen. Dabei geht es insbesondere um die Weiterentwicklung des Sozialen Arbeitsmarkts sowie weiterer Arbeitsmarktmaßnahmen, eine Rahmenregelung zur Angemessenheit der Kosten der Unterkunft und weitere Verbesserungen bezüglich der Grenzbelastung.

Das „Bürgergeld" der Ampel gehört also in das dem konservativen Wohlfahrtsstaats-Regime entsprechende Szenario „Sozialversicherung (mit Grundsicherung)" in der oben dargestellten Systematik. Für den weiteren Prozess sehen wir einerseits Notwendigkeiten innerhalb des Rahmens einer Grundsicherung. Es gibt aber nach unserem Dafürhalten auch das Potenzial für Weiterentwicklungen in Richtung der anderen Typen einer Grundeinkommenssicherung. Dabei sind die angesprochenen Entwicklungsmöglichkeiten nicht als Alternativen zu betrachten, vielmehr könnten sie sich auch gegenseitig ergänzen.

3 Weiterentwicklung des Bürgergelds als Grundsicherung

Für die systemimmanente, „konservative" Weiterentwicklung des Bürgergelds als Grundsicherung haben Bundesregierung und Bundestag im Bürgergeld-Gesetz eine „Evaluationsklausel" integriert (Bähr et al. 2023, S. 6). Das Institut für Arbeitsmarkt- und Berufsforschung (IAB) der Bundesagentur für Arbeit wurde mit der Evaluation beauftragt, deren Ergebnisse bis Ende 2025 vorliegen sollen. Es wird für das Evaluationsteam nicht einfach sein, angesichts der enorm widersprüchlichen Interessen im sozialpolitischen Feld diese interne Evaluation wissenschaftlich zu positionieren. Insoweit hilft der historisch-analytische Blick auf die Entwicklung der Grundsicherung zumindest seit der Einführung der sogenannten „Hartz 4"-Regelung im SGB II zwischen 2003 und 2022, der einen erheblichen institutionellen Wandel zeigt, wobei zentrale Strukturmerkmale erhalten blieben (siehe Börner und Kahnert in diesem Band). Wir werden daher die Möglichkeiten der Weiterentwicklung des Bürgergelds in diesem Spannungsverhältnis betrachten.

Niveaufrage

Alle relevanten sozialpolitischen Akteure fordern seit Jahren eine wirksame und strukturell abgesicherte Anhebung des Grundsicherungsniveaus der Regelsätze, um die Verfestigung materieller Armut zu verhindern. Hier ist nicht der Raum, um die vielfältigen Implikationen dieser Diskussion zu würdigen, vom Bemessungsmodus (Statistikmodell vs. Warenkorb) über die Bezugseinheit (Haushalt, Individuum), dem Verhältnis zu anderen Minima (Pfändungsfreigrenze, Steuerfreibetrag), der Einbettung in andere Transferleistungen (Wohngeld, Kostenfreiheit öffentlicher Dienstleistungen und so weiter) bis hin zur nachhaltigkeitspolitischen Frage, was und wieviel „der Mensch" eigentlich braucht (Brune und Strengmann-Kuhn 2024). Irene Becker hat ein durchaus plausibles Modell entwickelt, das zu einem 46 % höheren Regelsatz führt (Becker 2022).

Auch die Selbstverortung von Menschen im früheren Grundsicherungs- und jetzigen Bürgergeld-Bezug als arm oder nicht-arm ist keineswegs eindeutig (Jacobs 2023) und muss sozialpolitisch beachtet werden. Der Koalitionsvertrag hält sich in Sachen Niveau zurück. Lediglich für Kinder ist eine Anhebung der Leistungen vorgesehen. Wir gehen davon aus, dass die Niveaufrage erst in der nächsten Legislaturperiode seriös behandelt werden kann.[5] Möglicherweise erleichtern die mit dem „Bürgergeld" verbundenen Strukturreformen auch eine großzügigere Antwort auf die Niveaufrage.

Kurzfristig wirkte sich die seit dem Ukraine-Überfall durch Russland überinflationäre Verteuerung der Energiekosten, vor allem der fossilen Energien, gerade in den untersten und erheblich von Transferleistungen lebenden Einkommensgruppen dramatisch aus. Auch die überinflationäre Steigerung der (Kalt-)Mieten und Immobilienpreise führt vor allem in Ballungsräumen zu einer Strapazierung sozialstaatlicher Instrumente wie Wohngeld oder Wohnungsbauförderung für Schwellenhaushalte. Einmalzahlungen halfen den Betroffenen über erste Notlagen, reichten aber häufig schon von der Höhe nicht aus, den Kaufkraftverlust auszugleichen. Deswegen braucht es systematische Lösungen, zumal mittelfristig durch die wünschenswerte Internalisierung ökologischer Kosten mit weiteren Preissteigerungen zu rechnen ist, die Menschen mit geringen Einkommen stark belasten. Ohne sozialpolitische Flankierung könnte die Beschleunigung der Klimapolitik das Abkoppeln armutsnaher Haushalte von der Wohlstandsentwicklung gravierend zuspitzen und damit zur Delegitimierung der Klimapolitik wesentlich beitragen („Gelbwesten") (ausführlich: Opielka 2023, 2024). Das geplante Klimageld im Koalitionsvertrag kann dazu einen wichtigen Beitrag leisten, eine Konkretisierung steht allerdings aus und sollte nicht auf die lange Bank geschoben werden. Ein als jährliche (oder monatliche) Pro-Kopf-Pauschale an alle Bürger:nnen ausgezahltes Klimageld bzw. Energiegeld als Bestandteil eines in Richtung Grundeinkommen erweiterten Bürgergeldes könnte dabei auf Erfahrungen der Schweiz zurückgreifen. Dort wird es über die Krankenversicherung ausgezahlt.[6] Solange es in Deutschland keine Bürgerversicherung gibt, ist das aber nicht eins zu eins übertragbar. Eine Alternative wäre eine Auszahlung über

---

[5] Die nächste reguläre Neuberechnung zur Anhebung der Regelsätze 2026 durch das Regelbedarfsermittlungsgesetz (RBEG) steht im Jahr 2025 an.

[6] Seit 2008 erhebt in der Schweiz der Bund auf fossile Brennstoffe wie Heizöl oder Erdgas eine CO_2-Abgabe. Das Bundesamt für Umwelt (BAFU) sorgt für die Verteilung der Umweltabgaben an alle Versicherten via Krankenversicherer. Im Jahr 2024 werden 64,20 Franken aus den Erträgen der Umweltabgaben (CO_2-Abgabe und VOC-Lenkungsabgabe) zurückgezahlt: https://www.bafu.admin.ch/bafu/de/home/themen/klima/fachinformationen/verminderungsmassnahmen/co2-abgabe/rueckverteilung.html.

die Finanzämter, wenn das Bürgergeld in das Steuersystem integriert würde. Ein um ein Klimageld ergänztes Bürgergeld dürfte die Akzeptanz sowohl für den Klimaschutz wie für ein Grundeinkommen steigern.

Sozialpolitiksystematisch enthält die Niveaufrage nach der Höhe des Bürgergelds vier Dimensionen: (1) zum einen den *Regelsatz,* um den es in den Fach- wie öffentlichen Diskussionen in der Regel geht. Der Regelsatz einer Grundsicherung soll einerseits das Existenzminimum abdecken, zugleich aber auch die Teilhabe an der Gesellschaft sicherstellen. In Deutschland kommt seit 1989 das sogenannte Statistikmodell zum Einsatz, bei dem das Minimum über die realen Ausgaben armutsnaher Haushalte bestimmt wird. Auf Grundlage der Daten aus der Einkommens- und Verbrauchsstichprobe (EVS) werden bei den Alleinstehenden (Einpersonenhaushalten) die unteren (ärmsten) 15 %, bei den Paaren mit Kind (Familienhaushalte) die unteren 20 % für die Referenzgruppenbildung herangezogen, sofern sie nicht ausschließlich von existenzsichernden Leistungen nach SGB II, SGB XII oder dem Asylbewerberleistungsgesetz leben. Das soll Zirkelschlüsse vermeiden. Der Regelsatz wird also als relative, nicht als normative Armutsgrenze bestimmt. Statt 15 bzw. 20 % könnte auch ein höherer Wert herangezogen werden, was den Anteil der Bürgergeldberechtigten ausweiten würde. Darüber hinaus gibt es systematische Kritikpunkte an der Berechnung, durch die der Regelsatz und damit die Zahl der Berechtigten erhöht würden. So werden Zirkelschlüsse nicht vollständig vermieden, weil derzeit diejenigen, die Anspruch auf Leistungen hätten, aber keine beziehen (verdeckt Arme), in der Referenzgruppe verbleiben. Vor allem wird der Regelsatz politisch im Gegensatz zum unmittelbaren Ergebnis des Statistikmodells kleingerechnet, weil im Nachhinein etliche Ausgabeposten wieder gestrichen werden, was eigentlich mit der Systematik des Statistikmodells nicht vereinbar ist. (2) Zum zweiten geht es um die Wohnkosten, also in der Regel Miete und Nebenkosten. Offensichtlich können auch für eine Bestimmung von Wohnminimum bzw. -teilhabe nicht beliebig Wohnkosten übernommen werden, entsprechend komplex sind die sozialrechtlichen Regelungen der Angemessenheit des Wohnraums. (3) Drittens beinhaltet das Bürgergeld einen Anspruch auf Kranken- und Pflegeversicherung. Die von der Bundesagentur für Arbeit an die Gesetzlichen Krankenkassen gezahlten Beträge werden nicht transparent gemacht, wir gehen derzeit von etwa 110 EUR monatlich pro Erwachsenem aus, wobei die tatsächlichen Kosten bei über 310 Euro liegen.[7] Würden die Zahlungen aufgrund von Kostensteigerungen angehoben,

---

[7] Die Intransparenz auf Kosten der Gesetzlichen Krankenkassen erstaunt, so scheinen die Pauschalen des Bundes an den Gesundheitsfonds in 2018 bei etwa 98 EUR pro Person gelegen zu haben, der kostendeckende Betrag hätte sich jedoch auf etwa 290 EUR monatlich belaufen

würde entsprechend das Niveau des Bürgergeldes steigen, auch wenn diese Beiträge den meisten an der Diskussion Beteiligten nicht präsent sind. (4) Schließlich gehören viertens auch zahlreiche Vergünstigungen für Bürgergeldberechtigte bei öffentlichen Dienstleistungsgebern zur faktischen Höhe des Bürgergelds: vergünstigter ÖPNV, günstigere oder gar freie Eintritte in Museen oder Bädern, reduzierte oder entfallende Beiträge für öffentliche Musik- und Kunstschulen, aber auch für Kindertagesstätten, freie Schulen und so weiter. Die Komplexität dieser vier Dimensionen beeinflusst im Übrigen auch die sogenannte „Armutsfalle", also den Übergang zwischen Bürgergeldbezug und Erwerbsarbeit.

Sanktionen

In der Diskussion um einen Umbau der Sozialpolitik in Richtung „Aktivierung" und „workfare" standen in den letzten Jahrzehnten die sogenannten Sanktionen in den Grundsicherungssystemen im Zentrum (siehe Börner und Kahnert sowie insbesondere Beetz und von Harbou in diesem Band). Die Ampelkoalition hat sich darauf geeinigt die Sanktionen zu modifizieren. So wurden aus obrigkeitsstaatlichen „Sanktionen" demokratiekompatible „Leistungsminderungen" (§ 31 f., SGB II), was auch der Argumentation des Bundesverfassungsgerichts entspricht, das in seinem Urteil vom 05.11.2019 (1 BvL 7/16) unterstreicht, dass es bei Leistungsminderungen nicht um Repression gehen darf, sondern um ein Mittel die Bedürftigkeit zu überwinden. Weil dies bei Kürzungen über 30 % nicht nachgewiesen werden könne, seien diese verfassungswidrig. Geringere Kürzungen können hingegen mit dem Grundgesetz vereinbar sein, wenn sie diesem Zweck dienen. Der Gesetzgeber könne aber auch auf Sanktionen ganz verzichten. Im Bürgergeld sind nun Minderungsstufen von 10 bis 30 % vorgesehen. Die im Gesetzentwurf vorgesehene „Vertrauenszeit" und weitere Regelungen aus dem Geist der Großzügigkeit ließen sich im Bundesrat und Vermittlungsausschuss gegen CDU und CSU nicht durchsetzen, die in Sanktionen noch immer ein probates Mittel der Verhaltenssteuerung der Armutspopulation und Warnhinweise an den Rest der Bevölkerung erkennen wollen.

(Deutscher Bundestag 2018, S. 4, 13). Ähnlich berichtet die FAZ v. 25.5.2024 über ein IGES-Gutachten zu den GKV-Ausgaben für Alg 2-Beziehende in 2022: „Der Bund habe monatlich 108,45 Euro gezahlt, die tatsächlichen Kosten hätten aber 311,45 Euro betragen."

Diese sozialpolitische Kontroverse soll durch die Evaluation der gelockerten Sanktionen im Bürgergeld-Gesetz wissenschaftlich gelöst werden. Das Sanktionsregime sollte vor allem das Verhältnis von Fallmanagement und Bürgergeld-Beziehenden in Richtung „Augenhöhe" entwickeln: „Hierzu wurde die bisherige Eingliederungsvereinbarung durch den sogenannten Kooperationsplan abgelöst und die Möglichkeit von Leistungsminderungen entschärft." (Bähr et al. 2023, S. 6).

Durch diese Entschärfung wird die faktische Bedeutung der Leistungsminderungen zusätzlich verringert. Dahinter steht eine grundsätzliche, teils emotionale, Auseinandersetzung über das Wesen einer Mindestsicherung. So steckt in einem Grundeinkommen die Idee der Garantie des Existenzminimums als Bürgerrecht, unabhängig von einer Gegenleistung. Auf der anderen Seite waren Aktivierung und Workfare nie nur eine funktionale Politik zur praktischen Problemlösung der Arbeitsmarktintegration, sondern stets zentrales Element eines neokonservativen Werteprogramms, das in den letzten Jahren durch das Aufkommen des Rechtspopulismus eine noch breitere Resonanzbasis fand. Es geht dabei um die Unterscheidung „würdiger" von „unwürdiger" Armut. Die Kategorie der „Unwürdigen" wird schon immer von Alleinerziehenden („welfare mothers") und von People of Colour bevölkert, die entweder aus rassistischen oder ethnischen Gründen als Gegenbild der herrschenden, meist weißen und männlichen Normalität verstanden werden. Von daher wird auch eine wissenschaftlich gut begründete Evaluation reduzierter bis minimierter Sanktionen immer mit einem Hintergrundrauschen kulturellen Unbehagens rechnen müssen.

Für die immanente Weiterentwicklung des Bürgergeldes bedeuten diese Gesichtspunkte zur Sanktionspraxis, dass sie einerseits inkrementalistisch in Richtung Grundeinkommen läuft und zugleich von zentralen Akteuren das Gegenteil beteuert wird. Mit hoher Wahrscheinlichkeit würde das Thema Sanktionen den politikkulturellen Kämpfen entzogen, wenn Sanktionen – oder „Leistungsminderungen" – alle Bürgerinnen und Bürger gleichbehandeln, also nicht gezielt auf Arme und Armutsnahe fokussieren, wenn also die Sozialpolitik universalistischer ausgerichtet würde. „Universalistisch" können im Übrigen alle vier diskutierten Reformszenarien sein, sowohl das liberale, das sozialistisch/sozialdemokratische, selbst konservative – das Universalismus meist über die Ausweitung von Leistungen für Familien und Alte adressiert – und das garantistische.

An dieser Stelle soll ein komplexes Hemmnis für eine Entwicklung in Richtung Universalismus betrachtet werden, nämlich das Thema „Bedarfsorientierung", dessen Hintergrundnormativ „Bedarfsgerechtigkeit" die Diskussion um Workfare und Aktivierung prägt. Nur die „wirklich Bedürftigen" sollen durch die Sozialpolitik gefördert werden. Der Selektionsmechanismus für Bedürftigkeit sind Sanktionen, denn mit Sanktionen wird Bedürftigkeit als Problem der Schwächeren erst sichtbar, ganz im Unterschied zum Bedürftigkeitsdiskurs beispielsweise in der Krankenversicherung, wo Bedürftigkeit, nämlich Krankheit, nicht mit Sanktionen verbunden wird. In einer kleinen Studie des „Zentrum für neue Sozialpolitik" wurde das Problem gut adressiert: 66 % der Befragten plädierten allgemein für Bedürftigkeitsprüfungen. Wird jedoch durch die Politik die „Bedarfsgerechtigkeit" sichergestellt, im Wesentlichen eine progressive Umverteilungswirkung, schrumpft der Anteil der Prüfungsfreunde auf 26 % (Rüppel et al. 2023). Das entspricht durchaus dem deutschen steuerpolitischen Normativ, nach wirtschaftlicher „Leistungsfähigkeit" zu besteuern, also nicht einfach eine flat tax für alle. Dem bisweilen vorgestellten Dualismus zwischen einer am Bedarfsprinzip orientierten Sozialpolitik und einer am Leistungsprinzip orientierten Steuerpolitik wurde aber verschiedentlich widersprochen, einerseits durch die Sozialversicherungen, die beiden Prinzipien folgen, anderseits, in dem die Grenzen zwischen Sozialpolitik und Steuerpolitik gerade in jüngerer Zeit systematisch perforiert werden (Grundrentenzuschlag, Kindergrundsicherung). Das mit der Digitalisierung einhergehende „Once-only-Prinzip", dass nämlich Daten nur einmal erhoben werden sollen, unterstützt diese Verschränkung von Sozial- und Steuerpolitik. Damit sind wir wieder beim Universalismus.

Der armutspolitisch grundierte und damit schon historisch diskriminierend, nämlich ausschließend, exkludierend verstandene Begriff der Sanktionen würde, so die Annahme, in einem universalistischen System seinen punitiven, bestrafenden Charakter verlieren. Einfacher formuliert: Straßenverkehrsordnung und Steuerrecht gelten für alle Bürgerinnen und Bürger gleich. Je mehr das Bürgergeld das Feld der Armutspolitik verlässt und zur allgemeinen Bürgerpolitik wird, umso weniger können politisch restriktive Kräfte hier skandalisierend wirken. Das heißt nicht, dass die Anspruchsberechtigten einer Grundeinkommensleistung im rechtsfreien Raum handeln. Sie haben nur einen Anspruch wie alle anderen, kein Almosen, kein Armen-Sonderrecht. Praktisch ist dies heute im Kindergeld realisiert, einer universellen Sozialleistung. Dies bedeutet auch: „Sanktionsfreiheit" im emphatischen, bürgerrechtlichen Sinn ist letztlich nur in einem universalistischen Sozialsystem möglich.

Abschließend soll zum Thema Sanktionen der Bogen noch einmal weit gespannt werden. Unter der Signatur „Targeting versus Universalism", also der Spannung zwischen Zielgerichtetheit und Universalismus, findet seit langem auch in der internationalen Sozialpolitikforschung eine intensive Diskussion statt, die durch den Report der Weltbank *Revisiting Targeting in Social Assistance* (Grosh et al. 2022) aktualisiert wurde. Die Zeitschrift *Global Social Policy* hat darauf diesem Spannungsverhältnis ein lesenswertes Schwerpunktheft gewidmet (Cook et al. 2022). Neben der armuts- und disziplinierungspolitischen Dimension beinhaltet eine zielgerichtete, „bedarfsorientierte" Sozialpolitik durchaus bürgerrechtlich unproblematische bis begrüßenswerte Dimensionen, wie wir dies am Beispiel der Gesundheitsdienste und generell der sozialen Dienstleistungen bereits ansprachen Nicht jede und jeder braucht aus Gleichheitsgründen eine Blinddarmentfernung. Es existieren auch bei Geldleistungen besondere Bedarfe, beispielsweise bei Wohnkosten oder bei Beeinträchtigungen (Behinderungen). „Targeting" kann und muss daher mit Universalismus verknüpft werden. Die Spannung lässt sich auflösen, wenn im Sozialsystem nicht anders sanktioniert wird wie im Steuersystem, Strafen oder Leistungsminderungen also keinen punitiven, diskriminierenden Charakter tragen, sondern Regeln sind, die für alle Bürger:innen gelten.

Mehr Universalismus wagen – Bürgergeld für alle Bürgerinnen und Bürger

In Deutschland gibt es nicht eine Grundsicherung für alle, sondern sie ist nach unterschiedlichen Bevölkerungsgruppen aufgeteilt. Das hat sich durch das Bürgergeld nicht geändert. Dass es nicht für alle gedacht ist, zeigt schon der Titel des Sozialgesetzbuchs (SGB) Zweites Buch (II) in der Fassung vom 16.12.2022, nämlich „Bürgergeld, Grundsicherung für Arbeitsuchende". „Grundsicherung für Arbeitsuchende" ist dabei eigentlich nicht zutreffend, denn das Bürgergeld ist für Menschen, die erwerbsfähig und im erwerbsfähigen Alter sind. Dazu zählen insbesondere auch fast eine Million Erwerbstätige, sowie Menschen, die aktuell nicht arbeitsuchend sind, weil sie zum Beispiel kleine Kinder erziehen oder sich in Weiterbildungsmaßnahmen befinden. Damit ersetzt das Bürgergeld bisher nur das bisherige „Arbeitslosengeld II", im Volksmund „Hartz 4" genannt. Es ersetzt nicht die Sozialhilfe und die Grundsicherung im Alter und bei Erwerbsminderung des SGB XII, es ist auch kein „Teilhabegeld" für Menschen mit Beeinträchtigung, wie es mit dem Bundesteilhabegesetz so dringend gefordert wurde. Es gilt nicht für Asylbewerber:innen, sie sind noch keine Bürger:innen Deutschlands, sie wollen es vielfach noch werden. EU-Bürger:innen erhalten es, wenn sie erwerbstätig sind, aber nicht, wenn sie zur Arbeitsuche nach Deutschland gekommen sind. Es gilt auch nicht für Studierende, denn sie sind nicht „arbeitsuchend". Für sie gibt es Leistungen nach dem Bundesausbildungsförderungsgesetz (BAföG), wobei der

Ausschluss auch dann gilt, wenn sie gar keinen Anspruch auf BAföG-Leistungen (mehr) haben. Zu einem wirklichen Bürgergeld ist der Weg also noch weit.

Um das Politikpotenzial des Bürgergeldes in Richtung Universalismus auszuloten, wollen wir ein wenig ausholen und die Rolle des Bürgerstatus in der deutschen Sozialpolitik betrachten. Die deutsche sozialpolitische Tradition ist am Bürgerstatus eigentlich nicht interessiert, wenn man in die meisten Standardwerke der Sozialpolitikforschung blickt.[8] Deutsche Tradition ist dort der Bismarcksche Sozialstaat, der Arbeitnehmersozialstaat, der sich an der abhängigen Erwerbsarbeit orientiert und die Arbeitnehmer:innen entlang von Lebensrisiken wie Krankheit, Arbeitslosigkeit, Unfällen, Pflegebedürftigkeit und Alter absichert.

Die so oft beschworene deutsche Tradition des lohnarbeitszentrierten Sozialstaats mit seinem „Normalarbeitsverhältnis" – Vollzeit, lebenslang, männlich – basierte auf der Privatisierung der sogenannten Reproduktion und der überwiegend weiblichen unbezahlten Sorgearbeit. Dabei unterschieden sich allerdings Ost und West, die DDR und die BRD, nicht unerheblich. Das Normalarbeitsverhältnis wurde in der DDR zumindest bis in die 1970er Jahre zunehmend auch eines der Frauen.[9] Das änderte sich schon vor der Deutschen Einheit und weiter bis heute in eine partielle Re-Patriarchalisierung der Arbeit, trotz Kita-Anspruch und Ausbau von Ganztagsschulen. Osten und Westen konvergieren, ob das den „wirklichen" Bedarfen der Beteiligten entspricht oder nur einem patriarchalen Skript, ist nicht leicht zu entscheiden. Frauen übernehmen jedenfalls überwiegend die Familienarbeit und arbeiten dann überwiegend, in 2020 zu 65,5 %, in Teilzeit, erwerbstätige Väter nur zu 7,1 %.[10] „Normal" ist wieder der Mann, die Sozialpolitik orientiert sich an ihm, wie die Diskussion um die Rente mit 63 zeigt, die mehrheitlich von Männern in Anspruch genommen wird,[11] der Ausgleich der Sorgearbeit durch Elterngeld, Kindererziehungszeit und Pflegezeit wiederum zahlt weit überwiegend bei Frauen ein (Blank und Blum 2017). Eine erste These wäre also, dass durch einen Blickwechsel vom Arbeitnehmer zum Bürger, von der Arbeitnehmerin zur Bürgerin mehr Geschlechtergleichheit entsteht.

---

[8] So heißt es in der 6. Auflage des 1000seitigen Werkes von Gerhard Bäcker u. a.: „Unverändert bleibt die Sozialversicherung ein grundlegendes, auf die abhängig Beschäftigten konzentriertes System. Der Übergang zu einer universellen Versicherung, die sich allein am Bürgerstatus orientiert, ist nicht in Sicht." (Bäcker et al. 2020, S. 41 f.) Das ist die einzige Stelle, an der das Wort „Bürgerstatus" vorkommt.

[9] Zumindest in der Breite, Führungspositionen waren weiterhin meist männlich besetzt (Opielka 2008, S. 99 ff.).

[10] https://www.destatis.de/DE/Presse/Pressemitteilungen/2022/03/PD22_N012_12.html. Abgerufen: 18.8.2023.

[11] https://www.demografie-portal.de/DE/Fakten/rentenzugang.html. Abgerufen: 18.8.2023.

Der lohnarbeitszentrierte Sozialstaat, der Verzicht auf eine universalistische, am Bürgerstatus orientierte Sozialpolitik, barg aber stets noch weitere Risiken des Ausschlusses, der Exklusion. Denn auch Menschen mit Behinderung bzw. Beeinträchtigung oder chronischer Krankheit, Menschen mit Migrationsgeschichte, Menschen in Rentennähe und Rentner:innen überhaupt, aber auch kleine Selbständige, Langzeiterwerbslose und generell Personen am Rande des Arbeitsmarktes sind von Ungleichheit und Armutsrisiken betroffen. Die zweite These wäre also, dass eine Sozialpolitik, die sich am Bürgerstatus orientiert, insgesamt zu mehr Gleichheit und Inklusion beiträgt.

Das politische Problem des Universalismus ist allerdings, dass es der Partikularismus politisch einfacher hat, denn Gruppeninteressen lassen sich kollektiv bündeln und lobbyistisch vertreten. Allgemeininteressen haben es erstaunlicherweise schwerer. Zwar reklamieren Populisten schon immer, die Interessen „des Volkes" zu vertreten, doch in der Regel trägt populistische Politik schon deshalb wenig zu Universalismus und Gemeinwohl bei, weil sich Populisten stets „gegen" irgendetwas erheben und dazu Normative wie Klasse oder Rasse nutzen, die zwangsläufig bestimmte Gruppen ausschließen („Klassenfeinde", rassisch oder ethnisch „Minderwertige" usf.). Wie schwer es Gemeinwohl und Universalismus haben, zeigt sich dramatisch am Problem von Klimakrise und Nachhaltigkeit. Es betrifft alle und wird doch politisch und denunziatorisch immer wieder als grüner Lobbyismus partikularisiert. Nachhaltigkeit und Sozialpolitik müssen folglich unbedingt zusammengeführt werden (Schoyen et al. 2022; Opielka 2023). Wir wollen uns hier auf das Thema Bürgergeld begrenzen und das Thema Universalismus als Problem von Inklusion und Stakeholdergruppen reflektieren.

Sozialpolitik soll, folgen wir Talcott Parsons und Niklas Luhmann, vor allem zur Inklusion beitragen. Die selektive, exkludierende, partikularistische und allgemein gouvernementale Orientierung und Funktion des Wohlfahrtsstaates ist vielfach analysiert und kritisiert worden. Dagegen setzten zahlreiche Sozialpolitikforschende, hervorzuheben sind Thomas H. Marshall oder Gøsta Esping-Andersen, die inklusive, inkludierende, universalistische und dekommodifizierende Orientierung und Wirkung des Wohlfahrtsstaates (Opielka 2008). In diesem rhetorischen Dualismus scheint eine Problemstellung auf, die als Zeichen über der Weiterentwicklung des Bürgergeldes steht: Inwieweit würde der Bürgerstatus als zentrales Zugangsprinzip sozialstaatlicher Ansprüche sowohl normativ wie institutionell Kategorisierungsprozesse überwinden? Wird das Bürgergeld hierfür hilfreich sein, gerade für am Arbeitsmarkt eher benachteiligte Gruppen?

Es lohnt sich dabei, drei Stakeholdergruppen des Bürgergeldes zu unterscheiden. Die erste Gruppe sind die *Klient:innen,* neoliberal gerne „Kunden" genannt. Ihnen soll das Bürgergeld dienen, ihr Armutsrisiko minimieren, ihre Teilhabe sichern. Allerdings zeigt sich, wenn man genauer hinschaut, dass das Bürgergeld weder für alle Bürgerinnen und Bürger gedacht ist, noch, dass es selbst diejenigen regelmäßig erreicht, für die es gedacht ist.

Selbst diejenigen, die als Erwerbsfähige oder Angehörige einen Anspruch auf Bürgergeld haben, beziehen es in vielen Fällen nicht. Die Zahl der Leistungsempfänger:innen beträgt in 2023 etwa 5,6 Mio. Die Nichtinanspruchnahmequote ist erheblich, wenn auch noch recht dunkel. Für eine Anhörung des Bundestags zur Bürgergeldreform im November 2022 macht sich das ifo-Institut, eigentlich ein Hort der Neoklassik, sportlich die dramatischen Quoten zu eigen: „Mikrosimulationsstudien zufolge nimmt rund die Hälfte der Leistungsberechtigten die (verschiedenen) Grundsicherungsleistungen nicht in Anspruch."[12] Einfach hochgerechnet, hätten damit mehr als 11 Mio. Menschen in Deutschland einen Anspruch auf Bürgergeld. So viele werden es wohl nicht sein, zumal ein Gutteil nur geringe Ansprüche besitzen dürfte und die Nicht-Beantragung einem ökonomischen Kalkül sparsamer Zeitverwendung folgt.[13] Die vorliegenden qualitativen Studien, beispielsweise von Mareike Sielaff und Felix Wilke (siehe ihr Beitrag in diesem Band), machen nachdenklich.[14]

Damit kommt die zweite Stakeholdergruppe ins Spiel, die Mitarbeitenden im Feld der Sozialen Arbeit. Das Bürgergeld sollte, so die Absicht im Koalitionsvertrag der Ampel, die es auf den Weg brachte, unbürokratisch und digital beantragt werden können. Aber so einfach ist das nicht, wie erste Studien zeigen, vor allem die Studie von Petra Kaps und Frank Oschmiansky am Beispiel der Bundesagentur für Arbeit (Kaps und Oschmiansky 2023; siehe auch Funke und Christ in diesem Band). Vielen potenziellen Leistungsempfänger:innen fehlt die digitale Kompetenz, die „digital literacy", auch darum sind sie nicht selten prekär am Arbeitsmarkt. Bedauerlicherweise halten sich gerade in der Sozialen Arbeit die Vorbehalte gegen Digitalisierung besonders kräftig. Wie aber sollen hilflose Helfer helfen? Auch die sozialrechtliche und administrative Beratungskompetenz in Bezug auf die Inanspruchnahme des Bürgergelds verdient Verbesserung. Insoweit

---

[12] Deutscher Bundestag – Ausschuss für Arbeit und Soziales, Schriftliche Stellungnahme ifo Institut – Leibniz-Institut für Wirtschaftsforschung an der Universität München e. V., Ausschussdrucksache 20(11)233 v. 03.11.2022, S. 5. Die AutorInnen, Maximilian Blömer u. a., beziehen sich dabei auf die vielzierte Studie des IAB (Bruckmeier u. a. 2013).

[13] „The distributions of benefit entitlements for the non-take-up and underreporting households yield a large share of households with small claims and median claims of 415 and 563 euros, respectively." (Bruckmeier et al. 2021, S. 1579).

[14] https://www.sw.eah-jena.de/institute-projekte/forschung/die-nichtinanspruchnahme-von-grundsicherungsleistungen/. Abgerufen: 18.8.2023.

ist bemerkenswert, dass ein über viele Jahre nur im subkulturellen Feld zirkulierender Beratungsführer zur Inanspruchnahme von „Hartz 4" mit der Reform zum Bürgergeld in seiner 32. Auflage nun im etablierten Nomos-Verlag vorliegt (Thomé 2023).

Schließlich die dritte Stakeholdergruppe, die Politik im weiteren Sinn. Kommunalpolitik, Länder, Bund, Europa, dabei die Parlamente wie die Exekutive, die sozialpolitischen Verbände wie Gewerkschaften und Arbeitgeber, die Parteien und ihre Stiftungen, die Soziale Arbeit als Lobbyfeld, die Armutsbetroffenen und ihre Lobbyisten, die Wohlfahrtsverbände, die Sozialpolitikwissenschaft in ihren zahlreichen Disziplinen, die großen Anstalten wie Bundesagentur für Arbeit, Krankenkassen, Pflegekassen, Rentenversicherungen, Sozialgerichte bis zum Bundessozialgericht, hunderttausende von Menschen in abertausenden von Institutionen machen das Feld der Sozialpolitik aus und damit den Rahmen des Bürgergeldes. Die einen bremsen die Abkehr vom lohnarbeitszentrierten Sozialstaat, die anderen begrüßen sie und sehen im Bürgergeld einen schmalen Vorboten des Grundeinkommens. Rainer Schlegel, Präsident des Bundessozialgerichts, machte sich in einem wegweisenden Aufsatz in der führenden deutschen juristischen Zeitschrift Gedanken über eine „Zeitenwende auch im Sozialstaat", in deren Zentrum die Universalisierung der Sozialen Sicherung steht, also Bürgerversicherungen für das Alter und Steuerfinanzierung für Gesundheit und Pflege (Schlegel 2023). Wir stehen mit unseren Überlegungen zur Weiterentwicklung in Richtung Universalisierung des Sozialstaats und des Bürgergelds also nicht allein auf weiter Flur.

4 Weiterentwicklungen in Richtung Grundeinkommen

Im abschließenden Teil unseres Beitrags beschäftigen wir uns mit gezielten Weiterentwicklungen des Bürgergelds in Richtung Grundeinkommen. Auch sie bewegen sich nicht im luftleeren Raum. Im weiter oben bereits vorgestellten „Zukunftslabor Schleswig–Holstein" ging es genau um die Frage, ob und wie die soziale Sicherung in Richtung Grundeinkommen und Universalisierung entwickelt werden kann und soll (Opielka und Peter 2020; Opielka 2023, S. 141 ff.).

Anrechnung von Erwerbseinkommen

Die Ampelkoalition erhofft sich durch niedrigere Anrechnungsraten für Erwerbseinkommen mit der Bürgergeld-Reform eine Reduzierung der sogenannten „Armutsfalle" und eine Dynamisierung der Arbeitsmärkte. Sie hat das Ziel, dass Erwerbsarbeit auch im unteren Einkommenssegment nicht prohibitiv belastet werden soll. Die Bundesregierung hat zu dieser Frage einen Forschungsauftrag vergeben, um Vorschläge zur Reduzierung der Grenzbelastung auch im Zusammenspiel mit anderen Sozialleistungen vorzulegen, die als Grundlage des zweiten Bürgergeld-Gesetzes dienen sollen. Das Ergebnis liegt inzwischen vor (Peichl et al. 2023). Eine deutliche Erhöhung der Leistungen sowie die Senkung der Transferentzugsraten würden die Zahl der Berechtigten deutlich erhöhen und je nach Variante hohe fiskalische Kosten auslösen. Außerdem gibt es unterschiedliche Effekte für das Arbeitsangebot: Einerseits ergeben sich durch die geringere Grenzbelastung gerade für bisher Erwerbslose oder geringfügig Beschäftigte positive Arbeitsangebotseffekte, andererseits kann die Leistungsausweitung negative Arbeitsanreize auslösen, die wiederum durch die Mindestlohnerhöhung und generell steigende Löhne zumindest abgeschwächt werden könnten. Neben den fiskalischen Wirkungen und den komplexen Arbeitsangebotswirkungen sollte aber auch berücksichtigt werden, dass durch eine Verringerung der Transferentzugsraten zunehmend Erwerbstätige Anspruch auf Bürgergeld erhalten würden. Eine Abwicklung über die Jobcenter erscheint für diese Gruppe nicht angebracht. Außerdem zahlt diese Gruppe in der Regel Einkommensteuern. Die Konsequenz könnte eine stärkere Integration von Steuer- und Transfersystem sein, also eine Entwicklung in Richtung Negative Einkommensteuer und damit dem „Bürgergeld" in der Zukunftslabor-Systematik. Das ist nicht unmöglich und wurde in vielen Varianten vorgedacht (Blömer und Peichl 2018; Buhlmann et al. 2020). Je mehr das Bürgergeld den Charakter eines universellen Grundeinkommens erhält, umso eher wird diese Entwicklung von Zweifeln an dessen Wohlfahrtseffekten begleitet werden. So simulieren Diego Daruich und Raquel Fernández bei einem großzügigen Grundeinkommen eine deutliche Reduzierung des Arbeitsangebots und in der Folge negative Kapitalmarkteffekte sowie geringere elterliche Investitionen in ihre Kinder (Daruich und Fernández 2023). Diese Befürchtungen wollte das erwähnte Zukunftslabor durch kluge sozialpolitische Ausgestaltungen entkräften. Am Bürgergeld wird sich einiges davon schon jetzt studieren lassen.

Grundrente und Bürgerversicherung

Würde das Ampel-Bürgergeld in Richtung Bürgerversicherung, beispielsweise in Form einer „Grundeinkommensversicherung" (Opielka 2008) entwickelt, kämen die großen programmatischen Linien von SPD und Bündnis 90/Die Grünen stärker zur Geltung. Die sogenannte „Grundrente" der letzten Großen Koalition, faktisch ein „Grundrentenzuschlag"[15], hat die Grundsicherung für Rentner:innen der Gesetzlichen Rentenversicherung (GRV) für lange gesetzlich Versicherte zunehmend, allerdings nicht vollständig ersetzt. Nicht oder nicht ausreichend lang Versicherte sind aber auch weiterhin auf Grundsicherung im Alter angewiesen. Insoweit sollte auch bei der Bürgergeld-Reform der Blick auf die Statik der Alterssicherungssysteme gelegt werden, sowohl in Bezug auf die Grundsicherung im SGB XII als auch die Weiterentwicklung der GRV zu einer Bürgerversicherung, die idealerweise allen Versicherten eine Grundrente garantiert. Für das Ziel Bürgerversicherung spricht empirisch, dass in den letzten Jahrzehnten und durch die Corona-Pandemie erneut beschleunigt der Anteil der Zuschüsse aus dem Bundeshaushalt an die Sozialversicherung gewaltig stieg (Schlegel 2023).[16] Die enormen Steuerleistungen an die Sozialversicherungen zeigen: Sie wandeln sich zunehmend in Bürgerversicherungen, doch sie halten am Mythos der Erwerbsbezogenheit fest. Eine Bürgergeld-Reform, die auch die Finanzierung und Konstruktion der Sozialversicherungen mit in den Blick nimmt, könnte mit solchen Mythen und damit Illusionen aufräumen.

Von der Kindergrundsicherung zu einem partiellen Grundeinkommen (auch) für Erwachsene

Die Einführung einer Kindergrundsicherung gehört zu weiteren Schwerpunkten des Ampel-Koalitionsvertrages. Sie hängt für alle Haushalte mit Kindern mit der Bürgergeld-Reform zusammen. Wir sehen eine Brücke in Richtung Grundeinkommen über den sogenannten „Garantiebetrag", der laut Koalitionsvertrag „perspektivisch so hoch" liegen soll, wie die maximale Steuerersparnis durch die

---

[15] So nennt es unterdessen auch die DRV: https://www.deutsche-rentenversicherung.de/DRV/DE/Rente/Grundrente/grundrente_node.html. Abgerufen: 18.8.2023.
[16] So beträgt im Jahr 2022 der Bundeszuschuss an die GRV 108 Mrd. EUR (BMF 2021, S. 24), an den Gesundheitsfonds der GKV 21,5 Mrd und an die Pflegeversicherung 1 Mrd. EUR (ebd., S. 27 f.). Die Bundeszuschüsse an die Sozialversicherungen belaufen sich damit auf annähernd 30 % des Bundeshaushaltes. Hinzu kommen die Pensionskosten für Beamte allein für den Bund mit 9,4 Mrd. EUR in 2022 (ebd., S. 23).

Kinderfreibeträge, also derzeit (2023) 354 EUR.[17] Das erinnert an die geltende Regelung zum Kindergeld als Vorauszahlung auf die Steuerersparnis durch den Kinderfreibetrag: faktisch ist das Kindergeld dadurch in das Einkommensteuersystem als partielles Grundeinkommen für Kinder integriert, es umfasst je nach Alter heute zwischen 58 und 76 % des Regelsatzes für Kinder. Dieser Betrag soll perspektivisch beim „Garantiebetrag" der Kindergrundsicherung deutlich höher sein. Außerdem soll dieser „Garantiebetrag" für volljährige Kinder, anders als das heutige Kindergeld, direkt an diese und nicht mehr an die Eltern ausgezahlt werden, hätte also für diese Personengruppe, bei der es sich insbesondere um Studierende handelt, den Charakter eines partiellen Grundeinkommens. Dieses im Koalitionsvertrag verankerte perspektivische Ziel würde bedeuten, dass die Kinderfreibeträge durch den Garantiebetrag ersetzt werden. Eine solche Lösung ist auch für Nicht-mehr-Kinder denkbar. Alexander Spermann schlug mit dem „Basisgeld" ein partielles Grundeinkommen in Höhe des Regelsatzes vor, das in ähnlicher Weise den Grundfreibetrag in der Einkommensteuer ersetzt (Spermann 2019). Der Steuertarif könne dann so angepasst werden, dass sich für die meisten Steuerzahlenden am verfügbaren Nettoeinkommen nichts verändern würde, es würden aber im Vorhinein alle ein Basisgeld erhalten. Die Kindergrundsicherung könnte die sozialpolitische Entwicklung in der Zukunftslabor-Systematik damit in Richtung „Grundeinkommen" führen.

Diese Überlegungen werden in einem neuen ifo-Gutachten zur Umwandlung von Freibeträgen in Steuergutschriften mit Verteilungsrechnungen unterlegt (Blömer et al. 2024). Das Gutachten stellt Steuergutschriften ausdrücklich in die inkrementalistische Linie Richtung Grundeinkommen: Umverteilung zugunsten von niedrigen Einkommen, aber bei Aufkommensneutralität notwendigerweise höhere Grundsteuersätze, was wiederum Erwerbsanreize reduziert und Zusatzlasten der Besteuerung erhöht. Dieser Trade-off ist unvermeidlich.

Das hoch komplexe Thema „Kindergrundsicherung" birgt für die Weiterentwicklung des Bürgergeldes in Richtung Grundeinkommen auch über den „Garantiebetrag" und die Idee eines Teil-Grundeinkommens hinaus zahlreiche Implikationen. Wir wollen abschließend zwei herausgreifen. Zunächst wollen wir auf die *armutspolitische* Bedeutung schauen oder, positiver formuliert, auch im Sinne des ersten Ziels der Sustainable Development Goals der Vereinten Nationen: „Keine Armut". Das eint auf den ersten Blick das Bürgergeld, die

---

[17] Die Kinderfreibeträge bestehen aus dem sächlichen Existenzminimum in Höhe von 6024 EUR und dem sogenannten BEA-Freibetrag für Betreuungs-, Erziehungs- und Ausbildungsbedarf in Höhe von 2928 EUR. Beim Spitzensteuersatz von 45 % plus Solidaritätszuschlag ergibt sich dann eine Ersparnis von 354 EUR. Zur Problematik des U-förmigen Verlaufs der aktuellen Kindergrundsicherung siehe Breuer (2018).

Kindergrundsicherung und die Forderungen nach einem Grundeinkommen. Wir haben weiter oben das Problem der Höhe des Bürgergeldes unter verschiedenen Gesichtspunkten beleuchtet. Die Diskussion um die Kindergrundsicherung zeigt, wie schwierig hier sozialpolitische Lösungen zu finden sind. In der Armutsforschung, die wesentlich die sogenannten Armuts- und Reichtumsberichte der Bundesregierung prägt, wird fast durchweg das soziokulturelle Existenzminimum mit der 60 %-Grenze des verfügbaren Medianeinkommens ineinsgesetzt. Dies sei, so heißt es in einer Stellungnahme von Armutsforschenden zur Kindergrundsicherung in der „etablierten Sozialberichterstattung" Konsens, wenn man weniger hat, „dann lebt man in Armut". Allenfalls sei die Schwelle „eher höher anzusetzen" (Arbeitskreis Armutsforschung 2023, S. 2). Die Bertelsmann Stiftung wiederum nimmt in einem ebenfalls sehr engagierten Policy Brief immerhin zur Kenntnis, es gebe neben dem genannten Konzept der „Einkommensarmutsgefährdung" noch eine „sozialstaatliche Armutsdefinition", nämlich das jetzt im Bürgergeld definierte soziokulturelle Existenzminimum (Funcke und Menne 2023, S. 5), das je nach Bedarfsgemeinschaft um etwa 15 bis 20 % unter der ersten Armutsgrenze liegt.

Die Pointe ist nun, dass beides nicht zu reichen scheint. So heißt es bei den Armutsforschenden: „Sinnvoll ist (…) die Ausrichtung an dem Ziel eines ‚guten Aufwachsens' und damit der Orientierung an der gesellschaftlichen Mitte" (Arbeitskreis Armutsforschung 2023, S. 7). Die Bertelsmann Stiftung sieht die „Neubestimmung der kindlichen Existenzsicherung" ebenso: „Diese muss sich an einer gesellschaftlichen Mitte orientieren – denn Kinder können sich nicht selbst aus Armut befreien und haben ein Recht auf gutes Aufwachsen und Teilhabe" (Funcke und Menne 2023, S. 10). Fiskalische Kosten „von 20 bis 37 Mrd. Euro" erscheinen realistisch, aber auch „gut investiert" (ebd., S. 8).[18] Eine Orientierung an der Mitte heißt dabei wohl nicht, dass damit ein Durchschnitt abgesichert werden soll. Vielmehr geht es gerade bei Kindern im Sinne des Ziels der Chancengleichheit darum, dass der Abstand zur Mitte nicht zu groß sein sollte. Wie groß dieser Abstand zur Mitte ist, bleibt letztlich eine normative politische Entscheidung. Je näher dieser Wert am Durchschnitt ist, desto stärker ist allerdings

---

[18] In einer Expertise für die Diakonie Deutschland argumentiert das DIW ähnlich wie die Bertelsmann Stiftung, bringt darüber hinaus die Dimension der Folgekosten nicht oder zu wenig bekämpfter Kinderarmut in die Diskussion. Die Folgekosten werden für die Bereich Gesundheit, Bildung und soziale Teilhabe geschätzt (DIW ECON 2023). In dieser Perspektive ist die Kindergrundsicherung Sozialinvestition.

die sozialpolitische Konsequenz, dass durch die Kinder auch die Eltern in Richtung „Mitte" geschoben würden. Kinder aufzuziehen würde damit zu einem sozialstaatlichen Sicherungspfad in Richtung Durchschnitt.[19]

Während die armutspolitische Konvergenz von Bürgergeld und Kindergrundsicherung sicherlich noch vieler Diskussionen bedarf, dürfte die *sozialpolitische* bzw. ordnungspolitische Bedeutung der Konvergenz weniger umstritten, aber doch auch äußerst weitreichend sein. Dies zeigt die ausführliche Stellungnahme des Deutschen Vereins für öffentliche und private Fürsorge, der Dachorganisation der gemeinnützigen und der öffentlichen Wohlfahrtspflege, zur Kindergrundsicherung auf eindrucksvolle Weise. Hier wird kenntnisreich auf Strukturprobleme hingewiesen: „Die bislang starke steuerrechtliche Prägung des Kindergeldes als zentraler familienpolitischer Leistung, die durch den Garantiebetrag abgelöst werden soll, mag dann andere Lösungen suggerieren als der bedarfsabhängige, stark sozialrechtlich geprägte Zusatzbetrag. Insoweit gibt es auch Vorschläge, die Anspruchsinhaberschaft für Garantiebetrag sowie Zusatzbetrag unterschiedlich festzulegen" (Deutscher Verein 2023, S. 357). Das wäre natürlich ganz unpraktisch und keine einheitliche Leistung für Kinder. Zugleich zeigen diese und weitere systematische Fragen, wie komplex eine Grundeinkommenssicherung aussieht, die sich – wie bei Kindern und Jugendlichen im schulpflichtigen Alter nun einmal Konsens – nicht an einer vorgängigen Subsidiarität von Erwerbsarbeit, also einer faktischen Arbeitspflicht orientiert. Probleme von „Care-Leavern", also bisher in Einrichtungen lebenden Kindern, aber auch das Problem der Unterhaltsverpflichtung in Scheidungsfamilien, der Teilpauschalierung von Wohnkosten oder die Frage der Exportpflicht von Sozialleistungen nach EU-Recht stellen sich nicht nur für die Kindergrundsicherung. Sie würden sich auch für ein Bürgergeld stellen, das sich immer mehr in Richtung Grundeinkommen entwickelt.

Die Diskussion um die Kindergrundsicherung kann hier die Entwicklung des Bürgergeldes insoweit voranbringen, als sozialpolitisch Konservative gegenüber universalistischen Regeln eher skeptisch sind, nicht jedoch gegenüber einem familienpolitischen Universalismus – lassen wir den rechtspopulistischen bis rechtsextremen Konservatismus einmal außer Betracht, der sich nur auf deutsche Familien mit blonden Haaren beschränken will. Die quantitative Relevanz der Kindergrundsicherung, ihr Beitrag zur Integration und Modernisierung von

---

[19] In diese Richtung zielt womöglich der Aufruf „Für ein Kindergrundeinkommen!", den verschiedene katholische Jugendverbände mit dem Netzwerk Grundeinkommen und attac im Juli 2023 veröffentlichten: https://www.bdkj.de/aktuelles/artikel/kindergrundeinkommen Interessant ist in diesem Zusammenhang, dass sich der BDKJ im Mai 2023 eindeutig für ein „bedingungsloses Grundeinkommen" ausspricht: https://www.bdkj.de/hauptversammlung2023. Beide abgerufen: 18.8.2023.

Sozial- und Steuerverwaltung könnte die Dynamik des Bürgergeldes in Richtung Grundeinkommen unterstützen.

5 Ergebnis

Vor dem Hintergrund einer Systematik der Zukunftsperspektiven des Sozialstaats, wie sie zuletzt im „Zukunftslabor Schleswig–Holstein" unsererseits vorgeschlagen wurde, erscheint das „Bürgergeld" im Koalitionsvertrag der Ampelregierung auf den ersten Blick konservativ und bestandswahrend und weit entfernt von den mutigen Grundeinkommensexperimenten wie zuletzt in Finnland (Merrill et al. 2022). Unsere Diskussion zeigt jedoch, dass die Synthese der unterschiedlichen Herkunftslinien das Potenzial zu einer inkrementalistischen und nachhaltigen Reform der Sozialpolitik in Richtung Bürgerversicherung und Grundeinkommen birgt. Die Ängste der politischen Eliten sind hierbei weitaus größer als die Erwartungen der Bürgerinnen und Bürger, genau in diese Richtung hin zu gestalten. Die angedeutete Integration mit anderen Sozialleistungen (Wohngeld, Kindergrundsicherung) und vor allem ein einfacherer und digitaler Zugang zu den Leistungen dürften die bisher hohe Nichtinanspruchnahme der Grundsicherung verringern und das Bürgergeld in Richtung Grundeinkommen für alle Sozialbürgerinnen und -bürger bewegen.

Literatur

Arbeitskreis Armutsforschung. 2023. Kinderarmut in Deutschland – Möglichkeiten der Gegensteuerung mit der Kindergrundsicherung. Ms. Erscheint u.a. hier: https://www.diakonie-hessen.de/verband/arbeitsfelder/exagd/armutspolitik/arbeitskreis-armutsforsch ung/. Abgerufen: 18.8.2023.

Bach, Stefan et al. 2020. Mikrosimulationsanalysen zu den Reformszenarien (Bürgergeld). Erste Ergebnisse zur Implementation. Ms. Berlin: DIW.

Bäcker, Gerhard et al. 2020. *Sozialpolitik und soziale Lage in Deutschland. Ein Handbuch.* 6. Aufl., Wiesbaden: Springer VS.

Bähr, Sebastian u.a. 2023. *Bürgergeld-Reform: Evaluationsprogramm des IAB.* IAB-Forschungsbericht 6/2023. Nürnberg: IAB.

Becker, Irene. 2022. Sicherung des Existenzminimums mit Regelleistungen. In: *Grundsicherung weiterdenken,* Hg. Florian Blank u.a., 61–84. Bielefeld: transcript.

Blank, Florian und Sonja Blum. 2017. *Kindererziehungszeiten in der Alterssicherung. Ein Vergleich sechs europäischer Länder.* Working Paper Nr. 209. Düsseldorf: WSI – Hans-Böckler-Stiftung.

Blömer, Maximilien und Andreas Peichl. 2018. *Ein Garantieeinkommen für alle.* ifo Forschungsbericht 97. München: ifo-Institut.

Blömer, Maximilien und Andreas Peichl. 2019. *Anreize für Erwerbstätige zum Austritt AlgII - Liberales Bürgergeld.* ifo Forschungsbericht 98. München: ifo-Institut.

Blömer, Maximilian et al. 2024. *Die Wirkung von Freibeträgen und die Umwandlung in Steuergutschriften im deutschen Steuerund Transfersystem.* ifo-Forschungsbericht 143. München: ifo-Institut.

Breuer, Christian. 2018. Ein Grundeinkommen für Kinder. *Wirtschaftsdienst* 98 (7):481-488.

Bruckmeier, Kerstin et al. 2013. *Simulationsrechnungen zum Ausmaß der Nicht-Inanspruchnahme von Leistungen der Grundsicherung.* Forschungsbericht 5/2013. Nürnberg: IAB.

Bruckmeier, Kerstin et al. 2021. Misreporting of program take-up in survey data and its consequences formeasuring non-take-up: new evidence from linked administrative and survey data. *Empirical Economics* 61:1567–1616. https://doi.org/https://doi.org/10.1007/s00181-020-01921-4. Abgerufen: 18.8.2023.

Brune, Jens Peter und Wolfgang Strengmann-Kuhn (Hg.). 2024. *Menschenwürde und Existenzminimum.* Basel: Schwabe.

Buhlmann, Florian et al. 2020. *Einführung einer Garantiesicherung, Endbericht. Gutachten des ZEW im Auftrag der Bundestagsfraktion von Bündnis 90/Die Grünen.* Mannheim: ZEW.

Bundestagsfraktion Bündnis 90/Die Grünen. 2020. Hartz IV überwinden – Garantiesicherung einführen. Fraktionsbeschluss vom 20.12.2020. https://www.sozialpolitik-aktuell. de/files/sozialpolitik-aktuell/_Politikfelder/Sozialstaat/Dokumente/2020_12_Gruenen_ beschluss-garantiesicherung.pdf. Abgerufen: 18.8.2023

BMF. 2021. *Finanzbericht 2022.* Berlin: BMF.

Bündnis 90/Die Grünen. 2020. *„...zu achten und zu schützen..." Veränderung schafft Halt. Grundsatzprogramm.* Berlin.

Cook, Sara/Agartan, Tuba und Alexandra Kaasch. 2022. Forum introduction: Revisiting targeting and universalism. *Global Social Policy* 22(3):426–433.

Daruich, Diego und Raquel Fernández. 2023. Universal Basic Income: A Dynamic Assessment. *American Economic Review (forthcoming).* https://www.aeaweb.org/articles?id=https://doi.org/10.1257/aer.20221099

Deutscher Bundestag. 2018. *GKV-Beiträge für Arbeitslosengeld II-Bezieher.* WD 6 - 3000 - 016/18.

Deutscher Verein. 2023. Empfehlungen des Deutschen Vereins zur Ausgestaltung einer Kindergrundsicherung. *NDV – Nachrichtendienst des Deutschen Vereins für öffentliche und private Fürsorge* 103(8):354–368.

DIW ECON. 2023. *Folgen (k)einer Kindergrundsicherung: Folgekosten von Kinderarmut.* Kurzexpertise für die Diakonie Deutschland. Berlin: DIW.

Funcke, Antje und Sarah Menne. 2023. *Kinderarmut und Kindergrundsicherung. Daten und Fakten.* Policy Brief. Gütersloh: Bertelsmann Stiftung.

Grosh. Margaret et al. (eds.). 2022. *Revisiting Targeting in Social Assistance: A New Look at Old Dilemmas.* Washington: World Bank.

Habeck, Robert. 2018. Anreiz statt Sanktionen, bedarfsgerecht und bedingungslos. Wie wir die Beschlusslagen der Partei umsetzen und ein Garantiesystem aufbauen. Ein Debattenbeitrag von Robert Habeck zum Grundsatzprogramm. https://www.gruene.de/artikel/anreiz-statt-sanktionen-bedarfsgerecht-und-bedingungslos. Abgerufen: 18.8.2023.

Hutflesz, Timo und Michael Opielka. 2020. *Online-Delphi in der Zukunftsforschung zur Sozialpolitik*. ISÖ-Text 2020–3. Norderstedt: BoD.

Jacobs, Herbert. 2023. *Sind Menschen in der Grundsicherung arm? Eine Analyse ihrer sozialen (Selbst-)Verortung*. Berlin/Freiburg: Deutscher Verein/Lambertus.

Kaps, Petra und Frank Oschmiansky. 2023. Digitalisierung in der Bundesagentur für Arbeit. *WSI-Mitteilungen* (76) 2:93-102.

KoBüNE - Kommission Bürgergeld Negative Einkommensteuer und Andreas Pinkwart. 2005. *Das Liberale Bürgergeld: aktivierend, transparent und gerecht*. Berlin: FDP.

Merrill, Roberto et al. (Hg.). 2022. *Basic Income Experiments. A Critical Examination of Their Goals, Contexts, and Methods*. Cham: Palgrave Macmillan.

Opielka, Michael. 2008. *Sozialpolitik. Grundlagen und vergleichende Perspektiven*. 2. Aufl., Reinbek: Rowohlt.

Opielka, Michael. 2017. *Welche Zukunft hat der Sozialstaat? Eine Prognose*. Berlin/Freiburg: Deutscher Verein/Lambertus.

Opielka, Michael (Hg.). 2019. *Zukunftslabor Schleswig-Holstein. Demographie und Digitalisierung #ZLabSH*. ISÖ-Text 2019–1. Norderstedt: BoD.

Opielka Michael. 2023. *Soziales Klima. Der Konflikt um die Nachhaltigkeit des Sozialen*. Weinheim/Basel: Beltz Juventa.

Opielka, Michael und Sophie Peter. 2020. *Zukunftslabor Schleswig-Holstein. Zukunftsszenarien und Reformszenarien*. ISÖ-Text 2020–1, Norderstedt: BoD.

Opielka, Michael und Wolfgang Strengmann-Kuhn. 2007. Das solidarische Bürgergeld. Finanz- und sozialpolitische Analyse mit Empfehlungen zur Operationalisierung. Studie im Auftrag der Konrad-Adenauer-Stiftung (unter Mitarbeit von Bruno Kaltenborn). In: *Das Solidarische Bürgergeld. Analysen einer Reformidee*, Hg. Michael Borchard, 13–141. Stuttgart: Lucius & Lucius.

Opielka, Michael und Wolfgang Strengmann-Kuhn. 2021. The Green discussion on basic income in Germany – its development and current status, In: *European Green Perspectives on Basic Income, Vol. II*, Hg. Green European Foundation, 58–63, Luxembourg/Brussels: GEF.

Opielka, Michael und Wolfgang Strengmann-Kuhn. 2022. Bürgergeld und die Zukunft des Sozialstaats. *Wirtschaftsdienst* 102 (2):95-99.

Opielka, Michael und Georg Vobruba (Hg.). 1986. *Das garantierte Grundeinkommen. Entwicklung und Perspektiven einer Forderung*. Frankfurt: Fischer.

Opielka. Michael. 2024. Nachhaltige Sozialpolitik. Zum Zusammenhang von Wohlfahrtsregime und Nachhaltigkeitsregime. Sozialer Fortschritt 73(6/7):481–500.

Peichl, Andreas et al. 2023. *Zur Reform der Transferentzugsraten und Verbesserung der Erwerbsanreize*. Forschungsbericht 629. Berlin: BMAS.

Rüppel, Moritz et al. 2023. *Soziale Hilfen in Krisenzeiten – Hohes Zustimmungspotenzial für Verzicht auf Bedürftigkeitsprüfungen*. Briefing 04. Berlin: Zentrum für neue Sozialpolitik.

Schlegel, Rainer. 2023. Zeitenwende auch im Sozialstaat? *Neue Juristische Wochenschrift (NJW)* 76 (29):2093-2100.

Schoyen, Mi Ah et al. (Hg.). 2022. *Towards Sustainable Welfare States in Europe. Social Policy and Climate Change.* Cheltenham, UK/Northampton, MA: Edward Elgar.
Spermann, Alexander. 2019. Basisgeld plus Steuergutschriften statt Hartz IV. *Wirtschaftsdienst* 99 (3):181-188.
Strengmann-Kuhn, Wolfgang (Hg.). 2005. *Das Prinzip Bürgerversicherung. Die Zukunft im Sozialstaat.* Wiesbaden: Springer VS.
Thomé, Harald (Hg.). 2023. *Leitfaden SGB II | SGB XII. Bürgergeld und Sozialhilfe von A bis Z.* 32. Aufl. Baden-Baden: Nomos.

Prof. Dr. Michael Opielka lehrt seit 2000 als Professor für Sozialpolitik am Fachbereich Sozialwesen der Ernst-Abbe-Hochschule in Jena. Er ist Wissenschaftlicher Leiter des ISÖ - Institut für Sozialökologie gGmbH in Siegburg. 2012 bis 2016 leitete er zudem als Wissenschaftlicher Direktor das IZT - Institut für Zukunftsstudien und Technologiebewertung gGmbH in Berlin. Er promovierte (1996, HU Berlin) und habilitierte (2008, Univ. Hamburg) in Soziologie. Visiting Scholar an der UC Los Angeles (1990-1) und Berkeley (1990-1, 2004-5), Gastprofessur für Soziale Nachhaltigkeit an der Universität Leipzig (2015). Seine Forschungsschwerpunkte sind Soziale Nachhaltigkeit, Sozialpolitik, Kultursoziologie und sozialwissenschaftliche Technikforschung.

Dr. habil. Wolfgang Strengmann-Kuhn ist Senior Fellow im ISÖ - Institut für Sozialökologie gGmbH sowie Bundestagsabgeordneter und Obmann der Bundestagsfraktion Bündnis 90/Die Grünen im Ausschuss für Arbeit und Soziales. Er ist Volkswirt und hat an der Goethe-Universität Frankfurt am Main 2001 promoviert und 2006 habilitiert. Vor seinem Einzug in den Bundestag 2008 war er Vertretungsprofessor für Labour Economics an der Goethe-Universität Frankfurt am Main. Forschungsschwerpunkte: Empirische Armutsforschung, Grundsicherung, Grundeinkommen, Soziale Sicherung, Arbeitsmarkt und Gendereconomics.

Open Access Dieses Kapitel wird unter der Creative Commons Namensnennung 4.0 International Lizenz (http://creativecommons.org/licenses/by/4.0/deed.de) veröffentlicht, welche die Nutzung, Vervielfältigung, Bearbeitung, Verbreitung und Wiedergabe in jeglichem Medium und Format erlaubt, sofern Sie den/die ursprünglichen Autor(en) und die Quelle ordnungsgemäß nennen, einen Link zur Creative Commons Lizenz beifügen und angeben, ob Änderungen vorgenommen wurden.

Die in diesem Kapitel enthaltenen Bilder und sonstiges Drittmaterial unterliegen ebenfalls der genannten Creative Commons Lizenz, sofern sich aus der Abbildungslegende nichts anderes ergibt. Sofern das betreffende Material nicht unter der genannten Creative Commons Lizenz steht und die betreffende Handlung nicht nach gesetzlichen Vorschriften erlaubt ist, ist für die oben aufgeführten Weiterverwendungen des Materials die Einwilligung des jeweiligen Rechteinhabers einzuholen.

Das Problem mit der Arbeit. Zur Kritik der erwerbszentrierten Sozialpolitik

Mike Laufenberg

Zusammenfassung

Anders als die Kritik von Konservativen, Rechtspopulisten und Arbeitgeberverbänden suggeriert, hat die Bürgergeldreform mit dem System von Hartz IV nicht grundsätzlich gebrochen. Das Bürgergeld bleibt als soziale Mindestsicherung vielmehr einem Erwerbszentrismus verhaftet, der in diesem Text einer systematischen Kritik unterzogen wird. In vier Schritten wird der herrschaftsförmige, ungleichheitsgenerierende, reduktionistische und polit-ökonomisch widersprüchliche Charakter der Lohnarbeitszentrierung in der Sozialpolitik dargelegt und in Hinsicht auf das Bürgergeld reflektiert. Das Bürgergeld und die politische Kontroverse, die sich an ihm entzündet, erscheinen in diesem Licht als symptomatisch für die fortbestehenden Hürden für eine emanzipatorische und zeitgemäße Sozialpolitik.

Anders als die Kritik von Konservativen, Rechtspopulisten und Arbeitgeberverbänden suggeriert, hat die Bürgergeldreform mit dem System von Hartz IV nicht grundsätzlich gebrochen. Das Bürgergeld bleibt als soziale Mindestsicherung vielmehr einem Erwerbszentrismus verhaftet, der in diesem Text einer systematischen Kritik unterzogen wird. In vier Schritten wird der herrschaftsförmige, ungleichheitsgenerierende, reduktionistische und polit-ökonomisch widersprüchliche Charakter der Lohnarbeitszentrierung in der Sozialpolitik dargelegt und

M. Laufenberg (✉)
Friedrich-Schiller-Universität, Jena, Deutschland
E-Mail: mike.laufenberg@uni-jena.de

in Hinsicht auf das Bürgergeld reflektiert. Das Bürgergeld und die politische Kontroverse, die sich an ihm entzündet, erscheinen in diesem Licht als symptomatisch für die fortbestehenden Hürden für eine emanzipatorische und zeitgemäße Sozialpolitik.

1 Das Bürgergeld als Ende der Arbeitsgesellschaft (wie wir sie kennen)?

In *The Problem with Work* (2011) stellt Kathi Weeks fest, dass sich die politische Öffentlichkeit zwar oft mit den Problemen bestimmter Branchen und Typen von Arbeit befasst, aber weitaus seltener grundsätzliche Zweifel an der gesellschaftlichen Organisation und Stellung von Arbeit angemeldet würden: „We tend to focus more on the problems with this or that job, or on their absence, than on work as a requirement, work as a system, work as a way of life" (Weeks 2011, S. 3). Diese Beobachtung lässt sich analog für Diskussionen über die Probleme und Zukunft des Sozialstaats anführen. Der Fokus des öffentlichen Diskurses liegt zumeist auf einzelnen sozial- und arbeitsmarktpolitischen Instrumenten oder auf der Höhe bestimmter Lohnersatz- und Transferleistungen. Die herrschenden Organisations- und Legitimationsweisen sozialer Absicherung, darunter die strukturelle Erwerbszentriertheit staatlicher Leistungsformen, werden in ihren Grundfesten hingegen selten radikaler infrage gestellt. Wo dies – wie im Falle der Forderungen nach einem bedingungslosen Grundeinkommen – passiert, tritt massiver Widerstand auf den Plan.

Die Grundsicherungsreform der Ampelregierung, mit der im Januar 2023 das Arbeitslosengeld II durch das Bürgergeld abgelöst wurde, ist ein Paradebeispiel für dieses Phänomen. Im Fokus der öffentlichen Kontroverse um das Bürgergeld standen von Beginn an vor allem die Lockerung von Sanktionen sowie die Aufweichung des Vermittlungsvorrangs in den ersten Monaten des Leistungsbezuges. So sieht das Bürgergeld gegenüber Hartz IV für diesen Zeitraum eine Umstellung vom *Work-first-* zum *Train-first*-Prinzip vor: Die nachhaltige Aktivierung von Erwerbslosen durch individuelles Coaching, Umschulungs- und Weiterbildungsangebote soll an die Stelle des Prinzips schnellstmöglicher Vermittlung in Arbeitsverhältnisse rücken. Letzteres hat sich in der Praxis häufig als wenig nachhaltig im Sinne der Förderung einer kontinuierlichen Integration in armutsfeste Erwerbsverhältnisse erwiesen. Durch die Einschränkung des Vermittlungsvorrangs stellt das Bürgergeld den mit Hartz IV aufgehobenen Berufs- und Qualifikationsschutz von Arbeitsuchenden zwar noch längst nicht wieder her, schafft aber ein Moratorium, in dem individuellen Interessen an längerfristigen, subjektiv sinnvolleren und nachhaltigen Erwerbsperspektiven mehr Rechnung getragen wird als im Hartz-IV-System.

Unlängst nach Bekanntwerden der Reformpläne wurde die geplante Lockerung von Sanktionen durch CDU/CSU, AfD und die Arbeitgeberverbände massiv attackiert. Arbeitgeberpräsident Rainer Dulger erklärte, das Bürgergeld sei vor dem Hintergrund des Personalmangels „eine arbeitsmarktpolitisch fatale Wegmarke", mit der „keine Brücken ins Arbeitsleben, sondern in das Sozialtransfersystem geschlagen" würden.[1] Zudem zeuge ein Verzicht auf Sanktionen nicht von „Fairness und Respekt gegenüber den arbeitenden Menschen in diesem Land". Ähnlich fundamentale Kritik kam aus der CDU. Laut Generalsekretär Carsten Linnemann falle das Bürgergeld hinter das Leitbild von Fordern und Fördern zurück, wonach erwerbsfähige Leistungsbezieher:innen eine „Bringschuld" hätten, die Arbeit, die ihnen „angeboten" werde, anzunehmen.[2] Wie der Arbeitgeberpräsident konstruiert auch Linnemann einen Interessengegensatz von Bezieher:innen von Bürgergeld und Erwerbstätigen: „Ist es tatsächlich sozial, Menschen, die arbeiten könnten, mit Sozialleistungen auszuhalten, während andere Menschen täglich schuften müssen, um diese Leistungen überhaupt zu ermöglichen?" (Linnemann 2023) Ähnliche Töne gegen eine Lockerung der Sanktionen schlug auch die Alternative für Deutschland (AfD) an; sie fordert für den Fall ausbleibender Erfolge bei der Erwerbsarbeitsvermittlung die obligatorische Übernahme einer „Bürgerarbeit", um einen Anspruch auf fortgesetzte Leistungsgewährung geltend machen zu können.[3]

Die Behauptung, das Bürgergeld kehre vom sozial- und arbeitsmarktpolitischen Leitbild des Forderns und Förderns ab, zielt jedoch an der Realität der Grundsicherungsreform völlig vorbei. So setzt das Bürgergeld die Erwerbszentriertheit von Hartz IV mit kleineren Anpassungen ungebrochen fort. Nicht-Erwerbsarbeit wird allenfalls als temporäre Phase und Ausnahmesituation betrachtet, im Kern geht es weiterhin um die (Wieder-)Eingliederung der erwerbsfähigen Leistungsempfänger:innen in den Arbeitsmarkt, d. h. um die Rekommodifizierung von Arbeitskraft. Das Bürgergeld weist also in seiner jetzigen Form keinen Ausweg aus der dominanten wohlfahrtkapitalistischen Moralökonomie, in der das Recht auf soziale Absicherung an arbeits- und leistungsethische Normen

---

[1] https://arbeitgeber.de/buergergeld-schlaegt-keine-bruecken-ins-arbeitsleben-sondern-ins-sozialtransfersystem/. Abgerufen am 30. August 2023.
[2] https://www.zeit.de/politik/deutschland/2023-07/buergergeld-cdu-carsten-linnemann-sozialreform?utm_referrer=https%3A%2F%2Fwww.google.com. Abgerufen am 30. August 2023.
[3] https://www.bundestag.de/dokumente/textarchiv/2022/kw45-pa-arbeit-soziales-buergergeld-918188. Abgerufen am 30. August 2023.

gekoppelt wird – statt als universelles soziales Freiheitsrecht gewährt zu werden, das jedem Individuum qua Menschsein zusteht (zum Unterschied von freiheits- und leistungsbezogener Normativität in wohlfahrtsstaatlicher Politik: Heider und Opielka 2010). Damit bleibt das Bürgergeld als soziale Mindestsicherungsform dem Verständnis einer Arbeitsgesellschaft verhaftet, für die, wie ich in diesem Beitrag argumentieren möchte, die sozio-ökonomischen Voraussetzungen immer weniger bestehen.

Ausgehend von diesen Beobachtungen und der im letzten Abschnitt formulierten These rekonstruiert der vorliegende Text zentrale Probleme der erwerbszentrierten Sozialpolitik im Kontext zeitgenössischer Transformationen von Ökonomie und Gesellschaft (Kap. 2). Mit dem Ziel einer systematischen Kritik wird in vier Schritten der herrschaftsförmige, ungleichheitsgenerierende, reduktionistische und polit-ökonomisch widersprüchliche Charakter der Lohnarbeitszentrierung dargelegt.

2 Probleme der Erwerbszentriertheit in der Sozialpolitik

Im Zuge des 20. Jahrhunderts ist Erwerbszentriertheit zur zweiten Natur wohlfahrtskapitalistischer Gesellschaften und ihrer Subjekte geworden. Vom Schulalter an wird die gesamte Lebensführung zentral auf Erwerbsarbeit ausgerichtet. Mit der Ablösung des androzentrischen Familienlohnmodells durch das, auf eine Erhöhung der Erwerbsarbeitsquote von Frauen abzielende, arbeitsmarktpolitische Leitbild des Adult Worker Modells wird Erwerbszentriertheit in den frühindustrialisierten Gesellschaften seit den 1980er Jahren normativ und sozialpolitisch auf alle erwerbsfähigen Individuen ausgedehnt (Leitner et al. 2004). Dass jemand arbeiten muss, um seinen Lebensunterhalt zu verdienen, gilt in diesen Gesellschaften heute als selbstverständlich und geradezu natürlich, wird also von der großen Mehrheit der Bevölkerung kaum als gesellschaftliche Konvention infrage gestellt (Weeks 2011, S. 3). Erwerbszentriertheit ist mit anderen Worten ein hegemonialer sozialer Integrations- und Teilhabemechanismus frühindustrialisierter Gegenwartsgesellschaften.

So alt wie die Erwerbszentriertheit ist allerdings auch die Kritik an ihr. Es lassen sich vier verschiedene Modi der Kritik unterscheiden, die jeweils unterschiedliche Probleme und Aporien erwerbsarbeitszentrierter Gesellschaften und ihrer sozialen Sicherungssysteme herausarbeiten: die herrschaftskritische, die ungleichheitssoziologische, die feministisch-antireduktionistische und die polit-ökonomische Kritikvariante.

Erwerbszentrierung produziert Zwang und Unfreiheit (herrschaftskritische Perspektive)

Herrschaftskritische Ansätze in der Tradition der kritischen Theorie von Karl Marx verstehen Lohnarbeit als eine der kapitalistischen Gesellschaft eigentümliche Form der Arbeit, die durch ein Verhältnis der Unfreiheit konstituiert wird. So unterliegt Erwerbsarbeit in kapitalistischen Gesellschaften nicht der freien Wahl, sondern sie manifestiert sich im Lebensalltag der Menschen als *Erwerbszwang*. Anders als in den Alltagsökonomien des globalen Südens, die vielerorts durch einen hohen Grad an Subsistenzwirtschaft und Informalität gekennzeichnet sind (was freilich andere Formen des Zwangs mit sich bringt), mündete die Scheidung der Menschen von den Mitteln zur Herstellung und Reproduktion ihrer Lebensgrundlagen im globalen Norden in eine allgemeine Abhängigkeit von formellen Lohnarbeitsverhältnissen (Marx 1972, S. 183). Die Menschen sind gezwungen, einen großen Teil ihrer Lebenszeit für die Erwirtschaftung eines Lohns aufzuwenden, um davon Miete zu zahlen, Lebensmittel zu kaufen, mobil zu sein, vorzusorgen usw..

Erwerbsarbeitsverhältnisse sind hierbei im Kapitalismus herrschaftsförmig organisiert: Mit dem Verkauf der eigenen Arbeitskraft willigen Subjekte vertraglich ein, sich für die festgesetzte Arbeitszeit der Direktion von anderen Personen oder Organisationen zu unterstellen. Insofern sie weisungsgebunden sind, müssen Erwerbsarbeitende die ihnen zugewiesenen Aufgaben (auf eine bestimmte Weise) erfüllen – unabhängig davon, ob ihnen das zusagt oder widerstrebt, und ob sie ihre Arbeit als freudvoll und sinnstiftend erleben, oder für gesellschaftlich nützlich erachten. Es handelt sich beim Lohnarbeitsverhältnis herrschaftskritisch gewendet also um eine „durch Zwang gestützte Macht von Menschen über Menschen" (Mader 2022, S. 11). Der Zwang ergibt sich strukturell aus der eingeschränkten Mitsprache über die Rahmenbedingungen des Arbeitsverhältnisses und aus der eingeschränkten Verfügbarkeit von Alternativen im Sinne von Exit-Optionen, die es Erwerbsarbeitenden erlauben würden, das Arbeitsverhältnis zu verlassen (ebd., S. 27). Das Ausmaß von Mitsprache- und Exitoptionen – und damit die Grade von Freiheit und Unfreiheit – hängen wiederum von der Handlungsmacht der Erwerbsarbeitenden innerhalb der Organisation und auf dem Arbeitsmarkt ab. Diese Handlungsmacht ist in kapitalistischen Gesellschaften wesentlich durch die Klassenlage bestimmt, deren Wirkung durch weitere Differenzachsen (Geschlecht, Staatsbürgerschaftsstatus, Ethnizität/"race", Alter, Gesundheit, Sexualität, Religion) verstärkt oder auch abgemildert werden kann.

Unter der Prämisse der Erwerbsabhängigkeit erfahren Individuen aber nicht nur im Verhältnis zum Markt, sondern auch zum Staat eine Einschränkung ihrer Autonomie und Handlungsmacht. Die Unfreiheit des Lohnarbeitsverhältnisses setzt sich in die freiheitseinschränkenden Maßnahmen fort, mit denen der Sozialstaat seine Leistungserbringung an die Erfüllung der Mitwirkungspflicht von als erwerbsfähig geltenden Subjekten knüpft, in den Arbeitsmarkt reintegriert zu werden (siehe Kap. 1). Erwerbszentriertheit in der Sozialpolitik stellt damit auch ein demokratietheoretisches Problem dar. Denn demokratietheoretisch hat der Wohlfahrtsstaat die Funktion, Menschen unabhängig von ihrem Status und ihrem Einkommen gesellschaftliche Teilhabe und politische Partizipation zu ermöglichen (Marshall 1992). Durch die Kodifizierung von erkämpften sozialen Grundrechten (u. a. auf Bildung und auf menschenwürdige Arbeitsverhältnisse) sollen Bürger:innen in die Lage versetzt werden, über wesentliche Fragen des Gemeinwesens mitzuentscheiden, einschließlich solcher Fragen, die die Gestaltung des Wohlfahrtsstaats betreffen (Laruffa 2022). Die Erwerbszentriertheit der sozialstaatlichen Leistungsformen untergräbt, wie im Fall der Implementierung des Erwerbszwangs in der Grundsicherung besonders deutlich wird, diese demokratische Funktion. Der Sozialstaat schränkt hier nicht nur die Autonomie von Bürger:innen ein, ein Arbeitsverhältnis frei zu wählen; er höhlt zudem aktiv das Recht auf Mitsprache und Mitentscheidung über die wesentlichen Rahmenbedingungen und Instrumente der Sozial- und Arbeitsmarktpolitik aus.

Die Bürgergeldreform hat hier gegenüber dem Hartz-IV-System keine grundsätzlichen Änderungen mit sich gebracht; wie schon das ALG II ist das Bürgergeld – im Unterschied zu einer sozialrechtlich verbürgten Lohnersatzleistung oder einem bedingungslosen/-armen Grundeinkommen – keine garantierte lebensstandard- und teilhabesichernde Sozialversicherung oder Transferleistung. Vielmehr handelt es sich beim Bürgergeld weiterhin um eine durch das Paradigma der aktivierenden Sozialpolitik bestimmte (und in diesem Sinne arbeitsmarkt- und wirtschaftspolitisch überformte) staatliche Fürsorge- und Lohnergänzungsleistung, die vorrangig der Eingliederung von Individuen in die unteren, niedrig entlohnten Arbeitsmarktsegmente dient (Opielka und Strengmann-Kuhn 2022, S. 96).

Insofern es keine „‚Wahlfreiheit' zwischen Erwerbsarbeit und Leistungsbezug" erlaubt (Butterwegge 2022, S. 395), beschneidet auch das Bürgergeld weiterhin strukturell die Autonomie von als erwerbsfähig geltenden Bürger:innen. Der Erwerbszwang ist hierbei, analog zur oben skizzierten Beziehung von erwerbsfähigen Individuen zum (Arbeits-)Markt, auch in Beziehung zum Sozialstaat klassenspezifisch ausgeprägt: Erwerbsfähige mit höherer formaler Qualifikation haben mehr Handlungsmacht, um beispielsweise unattraktive und nicht passförmige Jobvermittlungsangebote abzulehnen; und solche mit Vermögen und Kapital sind für ihre Existenzsicherung nicht auf Leistungen der Grundsicherung angewiesen, sodass sie im Vergleich mit unvermögenden Gesellschaftsgruppen die Option haben, sich dem Machtverhältnis, welches Erwerbszwang aufrechterhält, zu entziehen.

Erwerbszentrierung re-/produziert soziale Ungleichheiten (ungleichheitssoziologische Perspektive)

Die ungleichheitssoziologische Kritikvariante problematisiert, dass Erwerbszentriertheit diejenigen benachteiligt, prekarisiert und von Teilhabe ausschließt, die nicht arbeiten können oder – z. B. wegen ausländer- und asylrechtlicher Bestimmungen – dürfen, und die keine oder nur schlecht bezahlte Arbeit finden. Es handele sich daher bei der Erwerbsarbeit um keinen gerechten Mechanismus der Einkommensverteilung in einer Gesellschaft. Das sozialdemokratisch geprägte populäre Verständnis des Wohlfahrtsstaats begreift Sozialpolitik als Korrektiv von Marktmechanismen, die ohne staatliche Interventionen aus den gesellschaftlichen Fugen gerieten (Polanyi 1978; Esping-Andersen 1985). Individuen sollen sozial vor den Lebensrisiken der Marktgesellschaft wie Einkommensverlusten bei Erwerbslosigkeit oder Erwerbsunfähigkeit abgesichert werden. Indem der Sozialstaat durch seine Leistungsformen die Marktabhängigkeit und damit den Erwerbszwang für Arbeitskräfte abmildere, betreibe er deren Dekommodifizierung. Der neoliberale Umbau des Wohlfahrtsstaates, der Mitte der 1970er einzusetzen begann, wird nach dieser Logik als Abkehr vom wohlfahrtsstaatlichen Expansionskurs betrachtet, weil er die Dekommodifizierung zurückbaut und verstärkt auf Rekommodifizierung setzt (Kürzung der Arbeitslosengeldbezugszeit, Ausbau negativer Sanktionen, Erhöhung des Renteneintrittsalters etc.). Wichtig für die in diesem Text diskutierte Problematik ist jedoch: Solange sozialpolitische Leistungen erwerbszentriert organisiert sind, haben sie nur einen stark eingeschränkt dekommodifizierenden Charakter und schreiben die Marktabhängigkeit von Individuen damit indirekt fort. Im Falle des deutschen Wohlfahrtsstaates trifft das bis auf sehr wenige Ausnahmen (z. B. Kindergeld) auf so gut wie alle Leistungsformen zu.

Ungleichheitssoziologische Kritiken zeigen vor diesem Hintergrund auf, wie durch die sozialpolitische Erwerbszentriertheit soziale Ungleichheiten reproduziert und neue hervorgebracht werden (Lessenich 2016, S. 6). So bemessen sich Transfers und Leistungsformen des sozialen Sicherungssystems in Deutschland in der Regel am Erwerbseinkommen bzw. dem (früheren) Status im Erwerbsleben.

Arbeitslosengeld und Rente sind nach dem Prinzip der Beitragsäquivalenz gestaltet, womit höhere Beitragszahlungen auch zu höheren Leistungen führen. Auch neuere, als Lohnersatzzahlungen konzipierte, sozialstaatliche Leistungsformen wie das 2007 eingeführte Elterngeld orientieren sich an der Einkommenshöhe. Im Vergleich zum bis 2006 einkommensunabhängig ausgezahlten Erziehungsgeld sorgt die Implementierung eines erwerbszentrierten Verteilungsmechanismus für eine Umverteilung öffentlicher Ressourcen zugunsten der mittleren und höheren Einkommensklassen: Wer mehr verdient, erhält auch mehr Elterngeld. Besonders schlecht gestellt sind Eltern, die bei Geburt des Kindes Einkommensersatz- oder Sozialleistungen wie das Bürgergeld beziehen, da das Elterngeld als Einkommen auf den Regelbedarf angerechnet wird (zur Kritik am Elterngeld und der familienpolitischen Reproduktion sozialer Ungleichheiten vgl. Hajek 2020; Haller 2018; Henninger et al. 2008).

Das Elterngeld ist nicht die einzige Leistungsform, mit der sich in den letzten Jahren die Erwerbszentrierung in der Sozialpolitik sogar noch verschärft hat – und damit auch die sozialstaatlich betriebene Verfestigung sozialer Ungleichheiten. Auch die vergangenen Rentenreformen zeugen von einer verstärkten Erwerbszentriertheit, da Ansprüche auf die Alterssicherung in Phasen der Ausbildung und der Erwerbslosigkeit signifikant abgewertet wurden. Das Bürgergeld hat hier im Vergleich zum ALGII keine Verbesserung mit sich gebracht. Zwar wird die Bezugszeit wie schon beim ALGII auf die Wartezeit für Rentenansprüche angerechnet; da das Jobcenter keine Rentenbeiträge zahlt, erhöhen sich während der Erwerbslosigkeit jedoch nicht die Entgeltpunkte. Dass der Erwerb von Rentenversicherungsansprüchen durch die vergangenen Reformen noch stärker auf die formelle Erwerbsarbeitsphase reduziert wurde, ist aus ungleichheitssoziologischer Sicht brisant. So hat sich diese Phase im selben Zeitraum strukturell in einer Weise verändert, dass armutsfeste Renten für einen wachsenden Bevölkerungsanteil unerreichbar werden: Sie hat sich durchschnittlich verkürzt (u. a. durch längere Ausbildungszeiten und den Ausbau von Teilzeitbeschäftigung); und sie hat sich flexibilisiert und prekarisiert, wodurch Unterbrechungen und Brüche in der sozialversicherungspflichtigen Erwerbsphase zugenommen haben. Bereits in den letzten Jahren ist der Anteil von Rentner:innen, die zur Einkommenssicherung im Alter ihre Rentenbezüge mit Leistungen der Grundsicherung und/oder einem Grundrentenzuschuss aufstocken müssen, kontinuierlich gestiegen. Die seit der Rentenreform 2001 bis heute schrittweise betriebene massive Senkung des Standardrentenniveaus wird durch diese Instrumente jedoch nicht annähernd kompensiert, sodass die Altersarmutsgefährdung für Geringverdienerhaushalte, die über keine weiteren Einkommensquellen wie privat erworbene Ansprüche auf Vorsorge verfügen, nur unzureichend bekämpft wird (Leitner 2022).[4]

Soziale Ungleichheiten, die aus der gesellschaftlichen Arbeitsteilung und aus den kapitalistischen Eigentumsverhältnissen resultieren, verlängern sich auf diese Weise in das Nacherwerbsleben bzw. in das soziale Sicherungssystem hinein. Das gilt auch für geschlechtsbasierte Ungleichheiten, insofern dass Frauen aufgrund des durchschnittlich geringeren Einkommens (Gender Pay Gap) und der mit der überproportionalen Übernahme von Sorgeverpflichtungen einhergehenden kürzeren (Lebens-)Erwerbsarbeitszeiten (Gender Care Gap) in der Arbeitslosigkeit oder im Rentenbezug (Gender Pension Gap) im Durchschnitt deutlich niedrigere Sozialversicherungsbezüge als Männern zustehen (Bergmann et al. 2019).

Erwerbszentrierung macht das ‚Ganze der Arbeit' unsichtbar (feministisch-antireduktionistische Perspektive)

Die im Rahmen der feministischen politischen Ökonomie entwickelte antireduktionistische Kritikperspektive lehnt das vorherrschende Verständnis von Arbeit ab, das diese auf Erwerbsarbeit reduziert. Denn viele Tätigkeiten nehmen gar nicht die Form von Erwerbsarbeit an, sind aber für Gesellschaft und Individuen unerlässliche, notwendige Aktivitäten für die Produktion und Reproduktion des materiellen Lebens. Die feministische Ökonomin Adelheid Biesecker (2000) spricht hier vom „Ganzen der Arbeit", das neben der Erwerbsarbeit auch Versorgungs-, Gemeinwesen- und Eigenarbeit umfasst. Haus- und Sorgearbeit, soziales und politisches Engagement

---

[4] So „entspricht die Grundsicherung nicht dem Niveau der relativen Armutsgefährdungsgrenze von 60 % des Medianeinkommens" (Leitner 2022, S. 106); umso schwerer wiegt, dass die Rentenbezüge auf die Grundsicherung angerechnet werden, wodurch ausgerechnet die Geringverdienerhaushalte nicht von Rentenerhöhungen profitieren. Der 2020 eingeführte Grundrentenzuschlag ermöglicht laut der DRV schätzungsweise 1, 3 Mio. Menschen eine Erhöhung ihrer Rentenbezüge. Für einen Teil der armutsgefährdeten Rentner:innen wird damit Altersarmut abgewendet – sofern es sich um ein Instrument der Einkommenssicherung auf einem allenfalls existenzsichernden Niveau handelt, erwarten gerade die einkommensschwachen Klassen mit dem Übergang zum Nacherwerbsleben aber deutliche Lebensstandardeinbußen. Zudem bleibt die Grundrente aufgrund voraussetzungsreicher Anforderungen sozial und geschlechtsspezifisch selektiv: „Diejenigen mit weniger als 33 Versicherungsjahren und/oder Teilzeitverdiensten unterhalb von 30 % des allgemeinen Durchschnittseinkommens gehen leer aus und sind, wenn sie keine anderen Einkommensquellen im Alter haben, weiterhin armutsgefährdet bzw. auf die Grundsicherung des SGB XII angewiesen." (ebd., S. 106 f.).

und Eigenarbeiten (z. B. Gärtnern, Handwerken, Selbstproduktion) haben jeweils einen Eigenwert für Individuen, Gesellschaft und Gemeinschaft. Erwerbszentrierte Logiken machen diesen Eigenwert unsichtbar oder degradieren ihn, indem nicht-erwerbsförmige Arbeit vorrangig in ihrem Verhältnis zur Erwerbsarbeit in den Blick gerät. Beispielsweise wird Sorgearbeit im Haushalt sozial- und arbeitspolitisch vor allem im Rahmen eines Vereinbarkeitskonflikts von (familiärem) Privatleben und Erwerbsarbeit thematisiert und politisch gestaltet.

Aus antireduktionistischer Perspektive reproduziert die erwerbszentrierte Sozial- und Arbeitspolitik den Ungerechtigkeits- und Ausbeutungscharakter des kapitalistischen Lohnsystems. Denn wenn zutrifft, dass Individuen und Gesellschaft die Grundlagen ihrer materiellen Lebensbedingungen nicht nur erwerbsförmig, sondern auf unterschiedliche Weise, innerhalb und außerhalb von formeller Erwerbsarbeit, produzieren, dann kann das Lohnsystem in dem Maße kein gerechtes System der Sozialleistungsbemessung sein, wie es auch schon kein gerechtes System der Einkommensverteilung ist. Es berücksichtigt vorrangig die bezahlte Arbeit zur Messung von Leistung und Wert. Das große Ausmaß an anderen Formen von lebendiger Arbeit, wie unbezahlte Sorgearbeit, gesellschaftliche Kooperationsformen, soziale Beziehungsarbeit oder freiwilliges Engagement, werden hingegen nicht berücksichtigt, oder – wie bei der Ehrenamtspauschale und der rentenrechtlichen Anerkennung von Erziehungszeiten – sozialpolitisch im Verhältnis zum Lohn abgewertet. Wie materialistisch-feministische Theoretikerinnen unterschiedlicher Provenienz seit den 1970er Jahren überzeugend dargelegt haben, werden jedoch auch diese nicht-lohnförmigen Arbeiten direkt oder indirekt innerhalb von kapitalistischen Akkumulationsprozessen verwertet, insofern sie die sozialen und gesellschaftlichen Rahmenbedingungen reproduzieren, in die Ökonomien notwendig eingebettet sind (Vogel 2022).

Aus der anti-reduktionistischen Kritikperspektive stellt sich die Erwerbszentrierung als eine Strategie der Verschleierung dar. Feministische Kapitalismusanalysen erweitern hier eines der zentralen arbeits- und werttheoretischen Argumente von Marx: Der Lohn diene nicht nur dazu, die von den Lohnarbeitenden für die Produktion von Mehrwert aufgewendete Mehrarbeit zu verbergen, wie Marx sagt, sondern er verschleiere darüber hinaus den Beitrag nicht-entlohnter Arbeit zum kapitalistischen Verwertungsprozess (Weeks 2011, S. 122). Der Erwerbszentrismus stabilisiert ideologisch den Dualismus aus Lohn- und Nichtlohnarbeit, der in erster Linie den Interessen derjenigen nützt, die von der Nichtentlohnung bzw. generellen ökonomischen Abwertung eines Großteils der gesellschaftlichen Arbeit profitieren. Nur so kann diese Arbeit kostengünstig angeeignet bzw. in ihrer Funktion für die Reproduktion der kapitalistischen Ökonomie als verfügbare Ressource vorausgesetzt werden.[5]

Die Kritik am Reduktionismus des Erwerbszentrismus mündet häufig in Forderungen nach einem „erweiterten" (Biesecker 2000) bzw. „transversalen" Arbeitsbegriff (Haubner und Pongratz 2021), der der Hybridität und wechselseitigen Abhängigkeit von verschiedenen Arbeitsformen in einer Ökonomie Rechnung trägt (für einen Überblick: Littig und Spitzer 2011). Analytisch und politisch hat eine solche Erweiterung des Arbeitsbegriffs viele Vorteile. Wenn sie (anders als es derzeit der Fall ist) in das Feld der Sozialpolitik eingeführt würde, so verspräche dies verschiedene normative Probleme der Erwerbszentriertheit zu lösen, indem auch unbezahlte Arbeit sozialpolitisch gewürdigt würde. Zugleich bestünde die Gefahr, dass Forderungen nach einer Aufwertung von nicht-lohnförmigen Tätigkeiten die produktivistische Arbeits- und Leistungsethik, welche dem Erwerbszentrismus der sozialen Sicherungssysteme zugrunde liegt, nicht nur nicht überwinden, sondern auf weitere Lebensbereiche auszuweiten helfen. So bliebe womöglich auch eine Sozialpolitik, die der Vielfalt und Interdependenz von verschiedenen Arbeitsformen Rechnung trägt, prinzipiell der Idee einer leistungsgekoppelten Legitimation von sozialen Rechten verhaftet. Ebenso vorstellbar ist jedoch, dass die Erweiterung des Arbeitsbegriffs ein Zwischenschritt darstellt, um die Arbeits- und Leistungszentriertheit in der Sozialpolitik ganz zu überwinden, d. h. einer Entkopplung von Einkommen und Arbeit entgegen zu arbeiten. Das Ganze der Arbeit sichtbar zu machen, zielt nämlich letztlich darauf ab, den gesellschaftlichen und kooperativen Charakter von Arbeit hervorzukehren. Dies legt überhaupt erst die Grundlage für eine Kritik der gesellschaftlichen Arbeitsteilung unter kapitalistischen Bedingungen, welche Arbeit zum Zweck der Aneignung von Mehrarbeit als individualisierte Leistung isoliert und messbar macht.

Ein allen Individuen zustehendes teilhabe- und existenzsicherndes Grundeinkommen, das als Sozialdividende ausgezahlt wird, würde das Ganze der Arbeit am angemessensten abbilden. Es könnte im Sinne eines Anteils am „gesellschaftlichen Lohn" definiert werden, welcher der kollektiven Dimension von Arbeit entspräche, „die sich über die Gesamtheit der gesellschaftlichen Zeit erstreckt und einer gigantischen Menge von nicht anerkannter und nicht entlohnter Arbeit Raum gibt" (Vercellone 2010, S. 102). Das Bürgergeld stellt in seiner jetzigen erwerbsarbeitszentrierten Form keinen Schritt in diese Richtung dar, es wären

---

[5] Die Senkung der Kosten für die soziale Reproduktion von Individuen und Gesellschaft bildet eine Voraussetzung dafür, den Anstieg von Löhnen abzuwenden und damit die Senkung der Mehrwertproduktion zu verhindern.

aber durchaus reformpolitische Szenarien denkbar, wie es in diese Richtung entwickelt bzw. in ein nicht an arbeits- und leistungsethische Normen gekoppeltes neuartiges soziales Sicherungssystem integriert werden könnte (Opielka und Strengmann-Kuhn 2022).

Erwerbszentrierung steht im Widerspruch zum Strukturwandel der Arbeit (polit-ökonomische Perspektive)

Seit der Finanz- und Wirtschaftskrise 2007/8 hat die periodisch wiederkehrende Diskussion über eine Krise und möglicherweise gar ein Ende der Erwerbsarbeitsgesellschaft erneut Konjunktur. Damit ist nicht gemeint, dass sich kapitalistische Gesellschaften bereits auf dem Weg in eine postkapitalistische Zukunft befänden, in der Erwerbsarbeit der Vergangenheit angehören wird. Vielmehr werden im Diskurs der Posterwerbsgesellschaft verschiedene Entwicklungen und Krisendynamiken thematisiert, die das Festhalten an Erwerbsarbeit als zentralem Vergesellschaftungsmodus für soziale Sicherheit und Teilhabe als hochgradig widersprüchlich erscheinen lassen. Besonders relevant für polit-ökonomische Kritikperspektiven auf den Erwerbszentrismus ist vor diesem Hintergrund der Strukturwandel der Arbeit im Zeichen eines stagnierenden Wachstums der Weltwirtschaft.

Die fortschreitende Automatisierung von Produktionsabläufen macht bestimmte Arbeit zunehmend überflüssig. Warnungen vor technologiebedingter Erwerbslosigkeit sind in aktuellen Debatten über die Ausweitung von Robotik, Digitalisierung und Künstlicher Intelligenz in der Arbeitswelt entsprechend omnipräsent. Für Deutschland etwa prognostiziert eine aktuelle OECD-Studie ein technologieinduziertes Wegfallen von fast jedem fünften Arbeitsplatz bis 2035.[6] Wie der Wirtschaftshistoriker Aaron Benanav (2021) unlängst aufgezeigt hat, verkennt der vorherrschende Automatisierungsdiskurs allerdings die eigentliche Ursache von Beschäftigungsabbau im digitalen Zeitalter: der unter anderem von Robert Brenner (2006) analysierte lange Konjunkturabschwung industrieller Produktion als Wachstumsmotor des globalen Kapitalismus. „Mit dem Wachstum der Wirtschaft verlangsamt sich auch das der Beschäftigung, und ebendies – nicht der technologische Wandel – hat die Nachfrage nach Arbeit weltweit gedämpft" (Benanav 2021, S. 9). Die Automatisierung von Arbeit führt

---

[6] https://www.oecd.org/employment/Employment-Outlook-2019-Highlight-DE.pdf. Abgerufen am 30. August 2023.

in bestimmten Branchen zwar tatsächlich zu einem starken Abbau an Arbeitsplätzen, insbesondere im verarbeitenden Gewerbe, im Verwaltungsbereich sowie in den überproportional feminisierten und rassifizierten Niedriglohnbranchen des Dienstleistungssektors (z. B. Callcenter und Supermärkte), die einen hohen Grad an routinisierter Arbeit aufweisen. Doch hat technologischer Fortschritt in der Geschichte des Kapitalismus schon immer zum Wegfall von Arbeitsplätzen und zum Verschwinden ganzer Berufszweige geführt. Die Besonderheit der gegenwärtigen weltwirtschaftlichen Lage ist jedoch durch die Simultaneität von zwei Entwicklungen charakterisiert, die sich von früheren Zyklen der kapitalistischen Produktionsweise unterscheiden: Während die wenigen wirtschaftlichen Wachstumsbranchen des Gegenwartskapitalismus aufgrund ihres Digitalisierungs- und Automatisierungsgrades nicht mit einer analogen Steigerung von Arbeitsplätzen einhergehen („jobless growth"), führt das global insgesamt sinkende Produktivitätswachstum der Industrie zu einer insgesamt sinkenden Nachfrage nach Arbeit, sodass der Beschäftigungsabbau an der einen Stelle nicht durch eine Ausweitung der Beschäftigung an anderer Stelle kompensiert wird. Dieser Trend wird sich aller Voraussicht nach weiter verstärken, zumal das globale Überangebot an Arbeitskräften auch Druck auf den Wert der Arbeit und damit die Löhne in den reichen frühindustrialisierten Ländern ausübt (ebd.). Die Internationale Arbeitsorganisation (ILO) hat jüngst aufgezeigt, dass der global zu verzeichnende Beschäftigungsrückgang im Zeichen der Konjunkturkrise den Zwang zur Annahme qualitativ schlechter Arbeitsplätze befördert (ILO 2023).[7]

Einerseits hat der Kapitalismus durch seine Produktivkraftentwicklung also selbst die Voraussetzungen für eine Erosion der Erwerbsarbeitsnorm geschaffen. Andererseits mündet die technisch möglich gemachte Befreiung von (bestimmten Formen von) Arbeit unter kapitalistischen Bedingungen nicht bereits in das gute Leben, sondern tendiert dazu, Menschen aufgrund ihrer Abhängigkeit von marktvermittelten Einkommensquellen ins Elend zu stoßen (Zelik 2020, S. 170). Wohlfahrtsstaaten, die wie in Deutschland an der strukturellen Erwerbszentrierung ihrer Leistungsformen festhalten, erweisen sich hier nicht nur als zahnlos, um steigender Armut und sozialer Polarisierung entgegenzuwirken, sondern sie reproduzieren und verstärken hierfür wie im Falle des Bürgergeldes noch die

---

[7] Parallel dazu entsteht ein Fachkräftemangel in bestimmten Sektoren des Arbeitsmarktes, der von dessen fortschreitender Polarisierung zeugt: Durch die Restrukturierung kapitalistischer Akkumulation im Kontext von Digitalisierung und Dekarbonisierung wachsen niedrig qualifizierte, prekarisierte und stark abgewertete Arbeit sowie Arbeit für die hoch qualifizierten höheren Einkommensgruppen jeweils an, während insbesondere die Jobs im mittleren Einkommensspektrum, etwa von Facharbeiter:innen und Verwaltungsangestellten, d. h. der unteren und mittleren Mittelschicht wegrationalisiert werden.

Bedingungen: Zum einen, weil Menschen, denen ihr Erwerbseinkommen nicht bzw. kaum zum Leben reicht, in Phasen der Erwerbslosigkeit, im Nacherwerbsleben und zunehmend auch zur Aufstockung niedriger Einkommen von Leistungen der sozialen Grundsicherung abhängen, welche nicht armutsfest gestaltet sind (Der Paritätische 2023). Zum anderen, weil die Möglichkeit von Sanktionen in der sozialen Grundsicherung dem Staat die Mittel an die Hand gibt, um Erwerbslose in genau die prekarisierten Niedriglohnsektoren des Arbeitsmarktes einzugliedern, die kein auskömmliches Erwerbseinkommen mehr erlauben.[8]

3 Hürden für eine nicht-erwerbszenrierte Sozialpolitik: Das Bürgergeld als Symptom

In Kap. 2 wurden in mehreren Schritten die Widersprüchlichkeit und der Reduktionismus der Erwerbszentrierung in wohlfahrtskapitalistischen Gegenwartsgesellschaften aufgezeigt: Sie bildet ein festes Element der Verteilungs- und Sozialpolitik, kann dabei jedoch die dafür vorgesehene Rolle, soziale Absicherung und Teilhabe auf einem lebensstandardsichernden Niveau zu garantieren, für eine wachsende Anzahl von Menschen immer weniger erfüllen. Dass der Sozialstaat die gesellschaftliche Norm der Erwerbszentriertheit wesentlich produziert und aufrechterhält, muss im Zusammenhang mit der grundsätzlichen wechselseitigen Abhängigkeit von Politik und Ökonomie gesehen werden, die sich in den frühindustrialisierten kapitalistischen Gesellschaften historisch herausgebildet hat. So schafft der Staat erst die sozial- und arbeitsmarktpolitischen Voraussetzungen, unter denen sich die kapitalistische Ökonomie reproduzieren kann (Offe 1984). Umgekehrt ist er in seiner historisch gewordenen Form abhängig von ökonomischem Wachstum und einem damit einhergehenden stabilen Arbeitsmarkt, da er öffentliche Leistungen und soziale Infrastrukturen aus Steuern, Umlagen und Abgaben finanziert. Er besorgt die Verwandlung von Individuen in Erwerbstätige – d. h. die Kommodifizierung von Arbeitskraft zum Zwecke ihrer marktförmigen Verwertung – daher immer simultan sowohl im Hinblick auf das Ziel einer verbesserten Akkumulation des Kapitals als auch im Interesse des Eigenerhalts (Lessenich 2016, S. 4).

---

[8] Etwa jede:r fünfte:r ALGII-Empfänger:in hat 2021 Leistungen der Grundsicherung zur Aufstockung eines niedrigen Erwerbseinkommens in Anspruch genommen. Auf diese Weise wird der Ausbau flexibilisierter und geringfügiger Beschäftigungsverhältnisse im Niedriglohnbereich sozialstaatlich subventioniert und letztlich erst ermöglicht.

Das historische Beispiel des sozialdemokratischen Staates demonstriert, dass Sozial- und Arbeitsmarktpolitik auch dort, wo sie der Reproduktion der kapitalistischen Ökonomie dienen, zeitgleich Räume für nicht-kapitalistische Logiken auszuweiten helfen können (hier: Stärkung von Arbeitsrechten; demokratische Regulierung von Unternehmens- und Investorenhandeln; kollektive Absicherung gegen die Lebensrisiken der Marktgesellschaft wie Einkommensverlusten bei Erwerbslosigkeit oder Erwerbsunfähigkeit) (Wright 2017, S. 16). Der Neoliberalismus hat sich erfolgreich gegen die Ausweitung dieser Räume gestemmt, indem er den Sozialstaat auf einen Kostenfaktor reduzierte, an dem Einsparungen vorzunehmen seien, um die nationale Wettbewerbsfähigkeit zu erhalten. Heute stehen kapitalistische Gesellschaften mit den sozial-ökonomischen Folgen der Klimakrise und dem Übergang in eine postfossile Produktionsweise vor Herausforderungen, die selbst marktliberale Ökonom:innen und Politiker:innen nicht mehr daran zweifeln lassen, dass staatliche Interventionen, einschließlich Investitionen in öffentliche Infrastrukturen und Güter, notwendig ausgebaut werden müssen. Es handelt sich daher um ein historisches Gelegenheitsfenster für die Entwicklung und Durchsetzung neuer wohlfahrtsstaatlicher Institutionen, die auch Auswege aus der Erwerbszentrierung weisen können.

Die Nutzung der emanzipatorischen Potenziale dieses Zeitfensters wird aktuell, wie das Einleitungskapitel zu diesem Beitrag anhand der Bürgergelddebatte in Deutschland skizziert hat, jedoch durch einen Machtblock konterkariert, bei dem die bürgerliche Klasse eine Allianz mit zunehmend autoritär gestimmten Fraktionen aus Kleinbürgertum und abgestiegener Arbeiter:innenklasse bildet (Demirović 2018). Die Bildung dieses Machtblocks reagiert auf die oben dargelegte Wachstumskrise des Kapitalismus und auf die damit einhergehende Destabilisierung seiner Legitimationsgrundlagen in Zeiten sich verschärfender sozialer Polarisierungen. Auf der Ebene politischer Repräsentation wird das emphatische Festhalten am sozialpolitischen Erwerbszentrismus auf einen Kompromiss gestützt: Einerseits wird die allgemeine Wachstumsabhängigkeit des Sozialstaats weiter beteuert, die die Erhöhung von Sozialausgaben an Dynamiken des Marktes knüpft. Andererseits wird der Ausbau wohlfahrtsstaatlicher Politik nicht per se abgelehnt, sondern folgt dem Paradigma eines „dualistischen Wohlfahrtstaates", in dem kategorisch zwischen verdienten („deserving") und unverdienten („undeserving") Adressat:innen unterschieden wird (Chueri 2022).

In der europäischen Migrationspolitik ist dieser sozialpolitische Dualismus ohnehin fest etabliert, insofern Leistungsansprüche an Staatsbürgerschaft geknüpft werden. Er bestimmt aber die Debatten über die soziale Grundsicherung insgesamt, wie die Konflikte um die Sanktionsfrage beim Bürgergeld demonstrieren. Die wohlfahrtspopulistische Unterscheidung in Leistungsträger:innen und

Fürsorgeabhängige – in diejenigen, die „schuften", und jene, die „durch Sozialleistungen ausgehalten" werden (Linnemann 2023) – vollzieht im Kern eine Spaltung der Adressat:innen von Sozialpolitik in zwei Gruppen. Wo die erste Gruppe der dauerhaft in den Arbeitsmarkt eingegliederten Arbeitskräfte einen repressionsfreien sozialen Protektionismus genießen sollen, wird die zweite Gruppe zur Zielscheibe einer autoritären Sozialpolitik erklärt (Chueri 2022). Angesichts eines sich in den reichen Industriegesellschaften weiter polarisierenden Arbeitsmarktes soll auf diese Weise die kontinuierliche Verfügbarkeit von Arbeitskräften auch in den prekären Niedriglohnsektoren sichergestellt werden.

Dieses dualistische Wohlfahrtsparadigma findet seinen Widerhall in Meinungsumfragen, nach denen drei Viertel der Bevölkerung in Deutschland (und über 90 % der CDU-Anhänger:innen) strengere Sanktionen beim Bürgergeld gutheißen.[9] Der Kompromiss aus partiellem Ausbau des Sozialstaats bei gleichzeitig verstärkter Hierarchisierung und Spaltung seiner Adressat:innen kann sich demnach auf eine breite Masse in der Bevölkerung stützen. Indem sie Ressentiments, Unzufriedenheiten und Entsolidarisierungsprozesse im Kleinbürgertum und der Arbeiter:innenklasse mobilisiert und für sich nutzt, findet die Politik des dualistischen Wohlfahrtsstaates auch bei solchen gesellschaftlichen Gruppen Rückhalt, die von der Fortsetzung des Erwerbszentrismus und von Einsparungen bei Leistungen der Grundsicherung weniger profitieren. Die bürgerliche Klasse ist wiederum Nutznießerin einer gesellschaftlichen Deutungsweise, die nicht strukturell verursachte Unsicherheiten und Ungleichheiten, sondern ‚die Anderen' als ursächlich für die Probleme des Sozialstaats identifiziert; Forderungen der gesellschaftlichen Linken nach umfassenden Umverteilungspolitiken können damit effektiv abgewiegelt werden.

Eine emanzipatorische Sozialpolitik, die – wie einst der sozialdemokratische Staat mit seiner Implementierung sozialistischer Elemente in den bürgerlichen Wohlfahrtskapitalismus – darum bemüht ist, innerhalb der gegenwärtigen wohlfahrtsstaatlichen Konstellation die Räume für nicht-kapitalistische Logiken auszuweiten, steht heute vor mehreren großen Fragen: Wie müssten neue wohlfahrtsstaatliche Institutionen aussehen, die a) Autonomie und Handlungsmacht der Lohnabhängigen angesichts des freiheitseinschränkenden

---

[9] https://www.zeit.de/politik/deutschland/2022-11/buergergeld-sanktionen-zdf-politbarometer-mehrheit. Abgerufen am 30. August 2023. Daran, dass die soziale Absicherung existenzieller Bedarfe kein bedingungsloses universales Grundrecht darstellt, sondern an „institutionalisierte Verhaltensverpflichtungen (keine selbstverschuldete Armut, aktive Mitwirkung)" geknüpft werden kann (Sachweh et al. 2006, S. 505), die der Staat sanktionsbewehrt erzwingen darf, hat zuletzt auch das Bundesverfassungsgericht keine grundsätzlichen Zweifel gelassen.

Erwerbszwangs vergrößern; b) soziale Ungleichheiten als Begleiterscheinung kapitalistischer Produktions- und Eigentumsverhältnisse durch Umverteilungsmechanismen abbauen sowie die ungleichheitsverstärkenden Effekte der sozialpolitischen Erwerbszentrierung beheben; c) das ‚Ganze der Arbeit' und damit das ‚Ganze der Ökonomie' berücksichtigen; d) in Zeiten einer Entkopplung von Wirtschaftswachstum und Arbeitsplatzgenerierung gangbare Alternativen zur erwerbszentrierten Ausgestaltung und Finanzierung sozialer Leistungen entwickeln. Und e): Wie und von wem lassen sich wohlfahrtsstaatliche Institutionen, die in diesem Sinne autonomiefördernder, egalitärer und gerechter ausgestaltet wären, innerhalb der skizzierten gesellschaftlichen Kräfteverhältnisse durch- und umsetzen?

Diese großen Fragen müssen heute im Zusammenhang mit einer zentralen Erkenntnis beantwortet werden: Die ökonomischen, ökologischen und sozialen Voraussetzungen für eine Neuauflage des keynesianischen nationalen Wohlfahrtsstaates, der seinerzeit ein hohes Maß an sozialer und materieller Absicherung für wachsende Bevölkerungsmehrheiten erzielte, haben heute keinen Bestand mehr. Kapitalismusendogene und ökologische Grenzen des Wachstums machen zu Beginn des 21. Jahrhunderts eine Abkehr von wachstumsabhängigen Wohlfahrtsmodellen notwendig; die Grundzüge der keynesianischen Sozial- und Arbeitsmarktpolitik, nämlich Wirtschaftswachstum und Arbeitsplatzschaffung an die Ankurbelung von Massenkonsum zu knüpfen, kann im Sinne der sozialökologischen Nachhaltigkeit nicht als zukunftsfähig gelten (zu einer kritischen Erörterung solcher Fragen: Opielka 2017).

Das zum 1. Januar 2023 eingeführte Bürgergeld stellt in all diesen Punkten keinen Schritt hin zu einer emanzipatorischeren, nachhaltigeren und zeitgemäßen Sozialpolitik dar. Hierfür wären grundlegendere Strukturänderungen am sozialen Sicherungssystem notwendig gewesen, die über die Erhöhung von Regelbedarfen, Freibeträgen und Zuverdienstgrenzen hinausreichen. Trotz gradueller Entlastungen, die solche Anpassungen und die sanktionsfreie „Vertrauenszeit" für die Leistungsbezieher:innen zweifellos bewirken, so auch Christoph Butterwegge, bleibt durch die Bürgergeldreform „der materielle Kern von Hartz IV" insgesamt unangetastet (Butterwegge 2022, S. 396). Das Bürgergeld löst insofern auch nicht die maßgeblichen Probleme, die mit Hartz IV für die Leistungsbezieher:innen verbunden waren: Es hält mit der Aufhebung des Berufs- und Qualifikationsschutzes und damit einhergehenden strikten Zumutbarkeitsregelungen mit Ausnahme der ersten Monate einen hohen Zwang aufrecht, qualitativ schlechte und ungewollte Jobs anzunehmen, und flankiert damit sozial- und arbeitsmarktpolitisch die Niedriglohnsegmente des Arbeitsmarkts; graduelle Anpassungen wie die verbesserten Zuverdienstmöglichkeiten könnten diesen Effekt sogar noch verstärken,

„denn es fällt Unternehmern dadurch leichter als bei Hartz IV, Leistungsbezieher/innen im Rahmen eines Kombilohns für wenig Geld anzuheuern" (ebd.). Das Bürgergeld schützt wie schon Hartz IV nicht effektiv vor (Alters-)Armut und reproduziert bzw. verfestigt eine polarisierte Sozialstruktur. Es macht mit seiner Erwerbszentriertheit zudem das Ganze der Arbeit unsichtbar bzw. wertet nicht-entlohnte Tätigkeiten, wie im Falle der vollständigen Anrechnung des Elterngeldes, sogar nachdrücklich gegenüber (den zum Teil anrechnungsfrei bleibenden) Erwerbseinkommen ab.

Alles in allem wurde mit der Bürgergeldreform also die Chance vertan, die Weichen für eine nicht nur armutsvorbeugende, sondern insgesamt gerechtere und nachhaltigere soziale Existenzsicherung zu legen, die die Freiheitsräume von Individuen würdigt und ihre Autonomie gegenüber den aus den kapitalistischen Produktionsverhältnissen resultierenden Markt- und Verwertungszwängen stärkt und ausweitet. Letzteres müsste jedoch die Voraussetzung für einen Sozialstaat sein, der dafür sorgt, dass die zeitgenössischen Krisen kapitalistischer Akkumulations- und Arbeitsverhältnisse nicht auf Kosten derjenigen gesellschaftlichen Klassen und Gruppen bearbeitet werden, die ohnehin zu den Prekärsten und Vulnerabelsten zählen.

Literatur

Benanav, Aaron. 2021. *Automatisierung und die Zukunft der Arbeit*. Berlin: Suhrkamp.
Bergmann, Nadia, Scheele, Alexandra, und Sorger, Claudia. 2019. Variations of the same? A sectoral analysis of the gender pay gap in Germany and Austria. In: *Gender, Work & Organization* 26(5): 666–687.
Biesecker, Adelheid. 2000. *Kooperative Vielfalt und das Ganze der Arbeit: Überlegungen zu einem erweiterten Arbeitsbegriff*. WZB Discussion Paper, Nr. P 00–504, Berlin.
Brenner, Robert. 2006. *The Economics of Global Turbulence: The Advanced Capitalist Economies from Long Boom to Long Downturn, 1945-2005*. London: Verso.
Butterwegge, Christoph. 2022. Bürgergeld statt Hartz IV. In: *Gesellschaft. Wirtschaft. Politik* 71(4):393–398.
Chueri, Juliana. 2022. An emerging populist welfare paradigm? How populist radical right-wing parties are reshaping the welfare state. In: *Scandinavian Political Studies* 45: 383–409.
Demirović, Alex. 2018. Autoritärer Populismus als neoliberale Krisenbewältigungsstrategie. In: *PROKLA* 48(190):27–42.
Der Paritätische. 2023. Regelbedarfe 2023: Fortschreibung der Paritätischen Regelbedarfsforderung. Online: www.der-paritaetische.de/fileadmin/user_upload/Seiten/Presse/docs/Kurzexpertise_PariForschungsstelle_Regelbedarfsermittlung2023.pdf. Abgerufen am 30. August 2023.

Esping-Andersen, Gøsta. 1985. *The Three Worlds of Welfare Capitalism*. Cambridge: Polity Press.

Hajek, Katharina. 2020. *Familie und Biopolitik*. Frankfurt a.M.: Campus.

Haller, Lisa Yashodhara. 2018. *Elternschaft im Kapitalismus*. Frankfurt a.M.: Campus.

Haubner, Tine, und Hans J. Pongratz. 2021. Die ganze Arbeit! Für eine transversale Arbeitssoziologie. *AIS-Studien* 14(2):8–26.

Heider, Jan, und Michael Opielka. 2010. Autonomie und Grundeinkommen. *Kritische Justiz* 2(43):171–179.

Henninger, Annette, Christine Wimbauer, und Rosine Dombrowski. 2008. Geschlechtergleichheit oder „Exklusive Emanzipation"? Ungleichheitssoziologische Implikationen der aktuellen familienpolitischen Reformen. *Berliner Journal für Soziologie* 18 (1): 99–128.

ILO. 2023. *World Employment and Social Outlook: Trends 2023*. Geneva.

Laruffa, Francesco. 2022. Toward a post-neoliberal social citizenship? *Constellations* 29(3):375–392.

Leitner, Sigrid. 2022. Sozialpolitische Entwicklungen: Renten- und Pflegepolitik. In *Soziale Arbeit mit alten Menschen*, Hg. Christian Bleck, und Anne van Rießen, 99–114. Wiesbaden: Springer VS.

Leitner, Sigrid, Ilona Ostner, und Margit Schratzenstaller. 2004. Wohlfahrtstaat und Geschlechterverhältnis im Umbruch. Was kommt nach dem Ernährermodell? Wiesbaden: Springer VS.

Lessenich, Stephan. 2016. Kritische Theorie des Wohlfahrtsstaats. In *Handbuch Kritische Theorie*, Hg. Uwe Bittlingmayer, Alex Demirovic, und Tatjana Freytag, 1–17. Wiesbaden: Springer Reference Sozialwissenschaften.

Linnemann, Carsten. 2023. Zuerst kommt die Eigenverantwortung. Carsten Linnemann im Gespräch mit Volker Petersen. Online: https://www.n-tv.de/politik/Zuerst-kommt-die-Eigenverantwortung-article23970710.html. Abgerufen am 04. März 2024.

Littig, Beate, und Markus Spitzer. 2011. *Arbeit neu: Erweiterte Arbeitskonzepte im Vergleich*. HBS Arbeitspapier 229.

Mader, D. Isabell. 2022. *Herrschaft und Handlungsfähigkeit: Elemente einer kritischen Sozialtheorie*. Frankfurt a. M.: Campus.

Marshall, Thomas H. 1992. *Bürgerrechte und soziale Klassen*. Frankfurt a. M.: Campus.

Marx, Karl. 1972. Das Kapital. Bd. 1. In MEW 23. Berlin: Dietz Verlag.

Offe, Claus. 1984. Zu einigen Widersprüchen des modernen Sozialstaates. In *„Arbeitsgesellschaft": Strukturprobleme und Zukunftsperspektiven*, Hg. Claus Offe, 323–339. Frankfurt a. M./New York: Campus.

Opielka, Michael. 2017. Der Wohlfahrtsstaat in der Postwachstumsgesellschaft. In Ende des Wachstums – Arbeit ohne Ende? Arbeiten in einer Postwachstumsgesellschaft, Hg. Hans Diefenbacher et al., 131–161. Marburg: Metropolis.

Opielka, Michael, und Wolfgang Strengmann-Kuhn. 2022. Bürgergeld und die Zukunft des Sozialstaats. In: *Wirtschaftsdienst* 102(2):95–99.

Polanyi, Karl. 1978. *The Great Transformation*. Frankfurt a.M.: Suhrkamp.

Sachweh, Patrick, Carsten G. Ullrich, und Bernhard Christoph. 2006. Die Gesellschaftliche Akzeptanz der Sozialhilfe. Eine Untersuchung aus moralökonomischer Perspektive. In *Kölner Zeitschrift für Soziologie und Sozialpsychologie* 58:489–509.

Vercellone, Carlo. 2010. Die Krise des Wertgesetzes. Der Profit wird zur Rente. Bemerkungen zur systemischen Krise des kognitiven Kapitalismus In: *Die Krise denken. Finanzmärkte, soziale Kämpfe und neue politische Szenarien*, Hg. Sandro Mezzadra, und Andrea Fumagalli, 85–113. Münster: Unrast-Verlag.

Vogel, Lise. 2022. *Marxismus und Frauenunterdrückung. Auf dem Weg zu einer umfassenden Theorie*. Münster: Unrast-Verlag.

Weeks, Kathie. 2011. *The Problem with Work. Feminism, Marxism, Antiwork Politics, and Postwork Imaginaries*. Durham: Duke University Press.

Wright, Erik Olin. 2017. *Reale Utopien*. Frankfurt a.M.: Suhrkamp.

Zelik, Raul. 2020. *Wir Untoten des Kapitals. Über politische Monster und einen grünen Sozialismus*. Frankfurt a. M.: Suhrkamp.

Dr. Mike Laufenberg ist seit 2019 wissenschaftlicher Mitarbeiter am Institut für Soziologie der Friedrich-Schiller-Universität Jena. Seine Forschungsschwerpunkte sind Wohlfahrtsstaats- und Careforschung, soziale Ungleichheiten, Geschlechter- und Queerforschung, Wandel von Arbeit, Familie und Alltag.

Open Access Dieses Kapitel wird unter der Creative Commons Namensnennung 4.0 International Lizenz (http://creativecommons.org/licenses/by/4.0/deed.de) veröffentlicht, welche die Nutzung, Vervielfältigung, Bearbeitung, Verbreitung und Wiedergabe in jeglichem Medium und Format erlaubt, sofern Sie den/die ursprünglichen Autor(en) und die Quelle ordnungsgemäß nennen, einen Link zur Creative Commons Lizenz beifügen und angeben, ob Änderungen vorgenommen wurden.

Die in diesem Kapitel enthaltenen Bilder und sonstiges Drittmaterial unterliegen ebenfalls der genannten Creative Commons Lizenz, sofern sich aus der Abbildungslegende nichts anderes ergibt. Sofern das betreffende Material nicht unter der genannten Creative Commons Lizenz steht und die betreffende Handlung nicht nach gesetzlichen Vorschriften erlaubt ist, ist für die oben aufgeführten Weiterverwendungen des Materials die Einwilligung des jeweiligen Rechteinhabers einzuholen.

Von den „Sanktionen" des Arbeitslosengeldes II zu „Leistungsminderungen" des Bürgergeldes

Claudia Beetz und Frederik von Harbou

Zusammenfassung

Der Beitrag zeichnet die Entwicklung von SGB II-Sanktionen zu Leistungsminderungen aus juristischer Sicht nach. Dazu werden die Sanktionsnormen aus dem alten „Hartz IV"-System dargestellt, die bis Ende 2022 galten, um so die Entscheidung des Bundesverfassungsgerichts vom 5. November 2019 zu der teilweisen Verfassungswidrigkeit der damaligen Regelungen zu erläutern. Anschließend skizzieren die Autor:innen die Datenlage zu Sanktionierungen unter Berücksichtigung des Zwecks solcher Leistungsminderungen, um schließlich die Neuregelungen durch das Bürgergeld-Gesetz vorzustellen und verfassungsrechtlich zu bewerten.

1 Einleitung

Mit dem Bürgergeld-Gesetz vom 16. Dezember 2022[1] wurde die Grundsicherung für Arbeitsuchende auf mehreren Ebenen reformiert. Hierzu zählte zunächst eine Veränderung der Terminologie – die Begriffe „Arbeitslosengeld II" und „Sozialgeld" wurden durch den wohl eingängigeren und attraktiveren (so Spitzlei

---

C. Beetz (✉) · F. von Harbou
Ernst-Abbe-Hochschule Jena, Jena, Deutschland
E-Mail: claudia.beetz@eah-jena.de

F. von Harbou
E-Mail: frederik.vonharbou@eah-jena.de

[1] Zwölftes Gesetz zur Änderung des Zweiten Buch Sozialgesetzbuch und anderer Gesetze – Einführung eines Bürgergeldes, Bundesgesetzblatt (BGBl.) I 2022, S. 2328.

2023, S. 174) Begriff des „Bürgergeldes" ersetzt (dazu auch: Herbe und Pahlsherm 2023, S. 25). Eine ausdrückliche Begründung der Begriffswahl erfolgte in dem Gesetzentwurf der Bundesregierung[2] nicht (kritisch dazu: Welti 2022, S. 174 ff.). Verbunden mit der Änderung der Terminologie war eine Änderung der Leistungsausrichtung (Herbe und Pahlsherm 2023, S. 31 f.). Der Regierungsentwurf benennt als Ziele, „mehr Respekt, mehr Chancen auf neue Perspektiven und mehr soziale Sicherheit in einer modernen Arbeitswelt zu verankern und unnötige bürokratische Belastungen abzubauen".[3]

Hierzu, so der Gesetzentwurf weiter, solle vor allem die Abkehr vom sogenannten Vermittlungsvorrang um jeden Preis, d. h. auch in niedrigqualifizierte Tätigkeiten, zu Gunsten eines stärker auf (Nach-)Qualifizierung bauenden Ansatzes führen: „Die Einführung des Bürgergeldes begründet eine bedeutende sozialpolitische Reform: Menschen im Leistungsbezug sollen sich stärker auf Qualifizierung, Weiterbildung und Arbeitsuche konzentrieren können, die Potenziale der Menschen und die Unterstützung für eine dauerhafte Arbeitsmarktintegration sollen stärker im Fokus stehen."[4]

Ziel der Leistung bleibt dabei weiterhin die Unterstützung zur Arbeitsmarktintegration. Es ging dem Gesetzgeber nicht darum, eine Art bedingungsloses Grundeinkommen zu schaffen, für das in früheren Konzepten ebenfalls der Begriff des Bürgergeldes gebraucht wurde (dazu Opielka und Strengmann-Kuhn in diesem Band; Welti 2022, S. 174; Spitzei 2023, S. 121).

Insofern konsequent hat sich der Gesetzgeber mit dem Bürgergeld-Gesetz auch nicht vollständig von den als „Sanktionen" bekannten und nunmehr in „Leistungsminderungen" umetikettierten Verringerungen von Leistungen bei Pflichtverletzungen oder Meldeversäumnissen verabschiedet. Die gleichwohl weitreichenden Änderungen des Systems der Leistungskürzungen fanden ihren Grund neben der neuen Akzentsetzung des Bürgergeld-Gesetzes vor allem in der Umsetzung der Anforderungen des Sanktionsurteils des Bundesverfassungsgerichts (BVerfG) vom 5. November 2019 (Aktz.: 1 BvL 7/16 – BVerfGE[5] 152, S. 68). Dieses mitberücksichtigend, zeichnet der vorliegende Beitrag die Entwicklung von Sanktionen zu Leistungsminderungen seit den sog. Hartz-Reformen bis zur Einführung des Bürgergeldes nach und bewertet die Neuregelung hinsichtlich ihrer

---

[2] Bundestags-Drucksache (BT-Drs.) 20/3873.
[3] BT-Drs. 20/3873, S. 2.
[4] BT-Drs. 20/3873, S. 3.
[5] Alle Entscheidungen des BVerfG sind nach der Fundstelle in der amtlichen Sammlung (BVerfGE) zitiert, zu finden unter: https://www.bundesverfassungsgericht.de/DE/Entscheidungen/Entscheidungen/Amtliche%20Sammlung%20BVerfGE.html (25.9.2023).

Vereinbarkeit mit dem Grundrecht auf Gewährleistung eines menschenwürdigen Existenzminimums aus Art. 1 Abs. 1 und Art. 20 Abs. 1 Grundgesetz (GG).

2 Sanktionen im Hartz IV-Regime

Leistungskürzungen bei vermeintlich pflichtwidrigem Verhalten von Leistungsbezieher:innen werden häufig in direkten Zusammenhang gesetzt mit den sog. Hartz-Reformen, insbesondere „Hartz IV",[6] dem Kernstück der „Agenda 2010" der Bundesregierung unter Gerhard Schröder zur Liberalisierung des Arbeitsmarkts und Reform des Sozialstaats. Tatsächlich sollten die Sanktionsregelungen unter dem SGB II in alter Fassung (a.F.) maßgeblich der Umsetzung des Grundsatzes des „Förderns und Forderns" dienen, wie auch aus der Gesetzesbegründung der Erstfassung von 2003 hervorgeht.[7]

Übersehen wird häufig, dass auch das der Hartz IV-Reform und der Einführung des Arbeitslosengelds II (Alg II) vorangegangene System der Grundsicherung, bestehend aus Sozialhilfe und sogenannter Arbeitslosenhilfe, Sanktionstatbestände enthielt und der Gesetzgeber Leistungsbezieher:innen oft mit drastischen Formulierungen zu Eigenbemühungen anhielt (zur historischen Entwicklung: Luik 2021, S. 177 ff.). In der zentralen Sanktionsnorm (§ 25) des Bundessozialhilfegesetz (BSHG) hieß es noch bis zur Ablösung des Gesetzes durch das SGB II im Jahr 2005: „Wer sich weigert, zumutbare Arbeit zu leisten, (…) hat keinen Anspruch auf Hilfe zum Lebensunterhalt." In der Ursprungsfassung des BSHG von 1961 (und noch bis 1974) fand sich die Norm gar unter der Überschrift „Folgen bei Arbeitsscheu und unwirtschaftlichem Verhalten" (umfassend hierzu: Brütt 2011, S. 223 ff.). Hieraus wird ersichtlich, dass Grundsicherung in Deutschland seit jeher – und damit *avant la lettre* – unter dem *Workfare*-Gedanken stand, d. h. existenzsichernde Transferleistungen vom Verhalten der Leistungsbezieher:innen abhängig gemacht wurden. Mit den Sanktionsregelungen im SGB II in der Fassung zwischen 2005 und 2022 wurden die Kürzungsnormen des früheren Systems (§ 25 BSHG und die Sperrzeitregelung des § 159 SGB III) dann kombiniert (Hohner 2017, S. 36).

Das Sanktionsrecht des Hartz IV-Regimes fand sich ursprünglich in den §§ 31 und 32 SGB II; seit 2011 (und wie heute) dann zusätzlich auch in den §§ 31a und

---

[6] Eigentlich Viertes Gesetz für moderne Dienstleistungen am Arbeitsmarkt vom 24.12.2003, BGBl. I S. 2954.
[7] Vgl. auch BT-Drs. 15/1516, S. 60.

31b SGB II.[8] Während sich im Normtext der §§ 31–32 SGB II selbst auch in der damaligen Fassung nicht der Begriff „Sanktion", sondern jener der „Minderung" fand, war doch der betreffende Unterabschnitt mit „Sanktionen" überschrieben. Auch nach der damaligen Systematik wurde zwischen Meldeversäumnissen (§ 32 SGB II) und anderen Pflichtverletzungen (§ 31 SGB II) unterschieden. §§ 31a und 31b SGB II regelten damals wie heute Rechtsfolgen bzw. Beginn und Dauer der Minderungen.

Als Pflichtverletzung galten nach § 31 Abs. 1 SGB II a.F. insbesondere Verstöße gegen die damalige Eingliederungsvereinbarung (die mit dem Bürgergeld-Gesetz durch den Kooperationsplan ersetzt wurde). Wie auch heute verletzten Leistungsbezieher:innen ihre Pflichten, wenn sie sich weigerten, eine zumutbare Arbeit, Ausbildung, oder ein gefördertes Arbeitsverhältnis aufzunehmen, fortzuführen oder wenn sie deren Anbahnung verhinderten. Dasselbe galt, wenn sie eine zumutbare Maßnahme zur Eingliederung in Arbeit nicht antraten, abbrachen oder Anlass für den Abbruch gaben. Anders als heute wurde auch der Nichtantritt usw. einer Arbeitsgelegenheit („Ein-Euro-Job") explizit als Sanktionsgrund genannt; dies bleibt allerdings auch heute weiter miterfasst (über § 31 Abs. 1 Nr. 3 SGB II).[9] Weitere Voraussetzung für eine Sanktion war freilich die vorherige schriftliche Rechtsfolgenbelehrung der Leistungsempfänger:innen oder deren Kenntnis, und dass diese für ihr zu sanktionierendes Verhalten keinen wichtigen Grund darlegen und nachweisen konnten. Weitere, wenig praxisrelevante, Minderungstatbestände (z. B. beharrlich unwirtschaftliches Verhalten) finden sich auch heute unverändert in § 31 Abs. 2 SGB II.

Bei Vorliegen einer dieser Pflichtverletzungen war nach der Rechtsfolgenregelung des § 31a SGB II a.F. das damalige Alg II zwingend (d. h. ohne Ermessensspielraum der Jobcenter) in einer ersten Stufe um 30 % des für die erwerbsfähige leistungsberechtigte Person maßgebenden Regelbedarfs zu mindern. Bei einer wiederholten Pflichtverletzung innerhalb eines Jahres minderte sich das Alg II in der zweiten Stufe um 60 % des Regelbedarfs und jede weitere Pflichtverletzung führte in der dritten Stufe zum vollständigen Entfall der Leistungen (d. h. einschließlich der Kosten für Unterkunft und Heizung). Die Dauer der jeweiligen Minderung betrug nach § 31b SGB II a.F. starr drei Monate – unabhängig davon, ob die betroffene Person in der Zwischenzeit ihre Pflichten erfüllte oder dies zumindest versuchte. Allein auf der dritten Stufe konnte das Jobcenter

---

[8] Eingefügt mit dem Gesetz zur Ermittlung von Regelbedarfen und zur Änderung des Zweiten und Zwölften Buches Sozialgesetzbuch, vom 24.3.2011, BGBl I, 2011, S. 453.
[9] BT-Drs. 20/3873, S. 92.

in diesem Fall nach Ermessen die Sanktion auf die zweite Stufe senken (§ 31a Abs. 1 S. 6 SGB II a.F.).

Gewisse Abfederungsmöglichkeiten sah § 31a Abs. 3 SGB II a.F. für Minderungen von mehr als 30 % des Regelbedarfs vor. Auf Antrag konnten die Jobcenter hier nach Ermessen Sachleistungen oder geldwerte Leistungen erbringen. Im Fall des Zusammenlebens der Sanktionierten mit minderjährigen Kindern war dies zwingende Rechtsfolge.

Eine besondere Verschärfung gab es für unter 25-jährige Leistungsbezieher:innen. Für diese waren gem. § 31a Abs. 2 SGB II a.F. bei erster Pflichtverletzung nur noch die Kosten für Unterkunft und Heizung zu tragen, bereits in der zweiten Stufe kam es zur vollständigen Streichung des Alg II. Auch hier war bei nachträglichem Wohlverhalten ein Wechsel von der zweiten auf die erste Stufe im Ermessenswege möglich. Ebenfalls nach Ermessen konnten Leistungsminderungen für diese Personengruppe auf sechs Wochen begrenzt werden (§ 31b Abs. 1 S. 4 SGB II a.F.).

Grundsätzlich zu unterscheiden waren Pflichtverletzungen nach § 31 SGB II auch nach altem Recht von den viel häufiger sanktionierten Meldeversäumnissen nach § 32 SGB II. Die auch mit dem Bürgergeld-Gesetz weitgehend unverändert gebliebene Regelung sah für Fälle, in denen sich Leistungsbezieher:innen trotz Belehrung oder Kenntnis und ohne wichtigen Grund nicht beim Jobcenter meldeten oder auch zu ärztlichen oder psychologischen Untersuchungsterminen nicht erschienen, eine Kürzung des Alg II um 10 % des maßgeblichen Regelbedarfs vor. Anders als nach heutiger Rechtslage betrug auch hier der Minderungszeitraum drei Monate (statt heute ein Monat); eine Addition mit anderen Sanktionen war explizit vorgesehen (§ 32 Abs. 2 SGB II a.F.).

3 Das Sanktionsurteil des Bundesverfassungsgerichts von 2019

Verfassungsrechtliche Bedenken an einzelnen Elementen oder sogar der Gesamtheit des ursprünglichen Sanktions-Regimes wurden bereits früher formuliert (vgl. aus der umfangreichen Literatur bereits Kramer 2004, S. 178 ff.; ferner Nešković und Erdem 2012, S. 326 ff.; Richers und Köpp 2010, S. 997 ff.; umfassend: Hohner 2017, S. 137 ff.; für die Verfassungsmäßigkeit der Regelungen vgl. Berlit 2013, S. 195 ff.; Lauterbach 2011, S. 584 ff.). Es handelte sich hierbei seit jeher um einen der nicht nur sozialpolitisch, sondern auch verfassungsrechtlich umstrittensten Teile des Hartz IV-Systems. Starker Kritik ausgesetzt waren u. a. die Regelungen für unter 25-Jährige, die vielfach für gleichheitswidrig und somit für unvereinbar mit Art. 3 Abs. 1 GG gehalten wurden (z. B. Davilla 2010, S. 557 ff.). Andere hielten jede Minderung für verfassungswidrig, insofern sie zu einer Kürzung des verfassungsrechtlich zu gewährleistenden Existenzminimums führte. Schließlich, so diese Ansicht, erstrecke sich das Abwägungsverbot des absoluten Menschenwürdeschutzes auch auf das Grundrecht auf ein menschenwürdiges Existenzminimum, das seine normative Grundlage in der Verbindung von Art. 1 Abs. 1 GG mit dem Sozialstaatsprinzip aus Art. 20 Abs. 1 GG hat (Hohner 2017, S. 145 ff.). Eine vermittelnde Ansicht wollte hier zwischen einem sanktionsfesten Kernbereich des Würdeschutzes, der unkürzbaren Gewährleistung des physischen Existenzminimums (Unterkunft, Nahrung, medizinische Grundversorgung usw.) und einem sanktionsoffenen Randbereich, den kürzbaren Leistungen zur Teilhabe am sozialen, kulturellen und politischen Leben, differenzieren (Richers und Köpp 2010, S. 1001).

Die Kritik an den Sanktionsregelungen wurde auch in Teilen der Justiz aufgegriffen, so insbesondere vom Sozialgericht Gotha, das nach einer für unzulässig erklärten Richtervorlage 2015, im Folgejahr erneut dem BVerfG die Frage nach der Verfassungsmäßigkeit weiter Teile der damaligen Sanktionsregelungen (nämlich §§ 31 Abs. 1, 31a und 31b SGB II) vorlegte (SG Gotha, Beschluss vom 02.08.2016 – S 15 AS 5157/14). Hierdurch hatte sich das BVerfG erstmals eingehend mit dem Normgefüge zu befassen – was es in seinem Sanktionsurteil vom 5. November 2019 auch tat (BVerfGE 152, S. 68–151).

Dabei stellte das BVerfG unter Anknüpfung an seine Rechtsprechung aus 2010 zur Verfassungswidrigkeit der damaligen Alg II-Regelsätze (Urteil vom 09.02.20210 – 1 BvL 1/09, 1 BvL 3/09, 1 BvL 4/09 – BVerfGE 125, S. 175, 223) zunächst klar, dass die Regelungen des SGB II an einem *einheitlichen* Grundrecht auf Sicherung einer menschenwürdigen Existenz zu messen seien – und erteilte damit einer Aufspaltung in einen Kernbereich der physischen- und einen Randbereich der soziokulturellen Existenzsicherung eine Absage (BVerfGE 152, S. 68, 113 f.). Der Gesetzgeber verfüge allerdings über einen Gestaltungsspielraum hinsichtlich Art und Höhe der Leistungen. Es sei daher nicht zu beanstanden, wenn er sich für den Nachranggrundsatz entscheide, also nur subsidiär leiste, wenn Menschen ihre Existenz nicht selbst sichern können (BVerfGE 152, S. 68, 114–116). Insofern könne der Gesetzgeber Leistungsbezieher:innen auch dazu anhalten, an der Überwindung ihrer Hilfebedürftigkeit, etwa durch die Aufnahme einer Erwerbsarbeit, selbst aktiv mitzuwirken; auch dürften diese Mitwirkungspflichten grundsätzlich durchsetzbar ausgestaltet werden (BVerfGE 152, S. 68, 116–118). Vor diesem Hintergrund hielt das BVerfG die in § 31 Abs. 1 SGB II a.F. geregelten sanktionsbewehrten Mitwirkungspflichten selbst für „geeignet, das legitime Ziel der Rückkehr in Erwerbsarbeit zu erreichen" und für grundsätzlich verfassungsgemäß (BVerfGE 152, S. 68, 121–123).

Allerdings erklärte das BVerfG auch, dass sich aus dem Grundrecht auf Gewährleistung des Existenzminimums besonders hohe Anforderungen an die Verhältnismäßigkeit der Rechtsfolgenregelung von Sanktionen ergeben, die es in der damaligen Fassung des SGB II als nicht erfüllt ansah. Dabei hielt es auch fest, dass je länger eine Minderungsregel in Kraft sei, desto weniger dürfe sich der Gesetzgeber auf schlichte Vermutungen zu ihrer Wirksamkeit verlassen, sondern müsse (empirisch) fundierte Einschätzungen hierzu einholen (BVerfGE 152, S. 68, 118–119). Vor allem aber müssten die Belastungen durch Leistungsminderungen stets im rechten Verhältnis zur Erreichung des Ziels der Überwindung der Bedürftigkeit stehen und zumutbar sein. Außerdem müsse es den Betroffenen tatsächlich möglich sein, Minderungen abzuwenden und auch existenzsichernde Leistungen wiederzuerlangen (BVerfGE 152, S. 68, 119).

Vor diesem Hintergrund erklärte das BVerfG die damaligen Sanktionsregeln insofern für verfassungswidrig, als § 31a Abs. 1 SGB II a.F. Kürzungen von mehr als 30 % des Regelbedarfs ermöglichten. Auch bei Kürzungen bis 30 % des Regelbedarfs müsse aber – anders als im damaligen Gesetz vorgesehen – die Möglichkeit bestehen, bei außergewöhnlichen Härten von Sanktionen abzusehen. Außerdem dürfte eine Sanktion nicht mit der starren Dauer von drei Monaten verhängt werden, sondern sie müsse enden, wenn der oder die Betroffene die geforderte Handlung nachhole (BVerfGE 152, S. 68, 128 ff.).

Über 30 % hinausgehende Kürzungen des damaligen Alg II erachtete das BVerfG für unverhältnismäßig. Hier bezog sich das Gericht auch auf Studien, die zeigten, dass Kürzungen der Regelbedarfsleistungen um 60 % gar nicht handlungsmotivierend wirkten (BVerfGE 152, S. 68, 144). Noch gravierender sei die Lage bei vollständigem Wegfall der Leistungen auf der dritten Sanktionsstufe, da hier auch der Verlust der Wohnung drohe: „Tatsächlich ginge mit dem Verlust der Wohnung gerade der Ausgangspunkt dafür verloren, durch Erwerbsarbeit wieder selbst für sich sorgen zu können. (…) Dann nimmt die Sanktion den Betroffenen sogar ihre Chance, wieder auf eigenen Füßen zu stehen." Eine sog. Totalsanktion sei insofern kontraproduktiv, im schlimmsten Fall drohe der Beratungsabbruch und ein Abrutschen in die Kriminalität (BVerfGE 152, S. 68, 146 f.). Sanktionen, so das BVerfG, dürften niemals repressiv eingesetzt werden, um vermeintliches Fehlverhalten zu bestrafen, sondern müssen immer der Überwindung der Hilfebedürftigkeit dienen (BVerfGE 152, S. 68, 118. Kritisch zu dieser Unterscheidung, da sie wesentlich den Aspekt der Stigmatisierung ausblende: Davy 2023, S. 478).

Das BVerfG erklärte somit weite Teil der damaligen §§ 31a, 31b SGB II für verfassungswidrig. Die Sanktionsregelungen waren aber weiterhin bis zu einer Neuregelung durch den Gesetzgeber unter den genannten Einschränkungen anwendbar (BVerfGE 152, S. 68, 150 f.). Über die damalige besonders scharfe und hoch umstrittene Regelung für unter 25-Jährige (§ 31a Abs. 2 SGB II a.F.) sowie über die Regelung zu Meldeversäumnissen (§ 32 SGB II a.F.) hatte das BVerfG nicht zu entscheiden, da sie nicht Gegenstand des ursprünglichen Verfahrens vor dem Sozialgericht Gotha und damit auch nicht der Vorlagefragen waren.

Die Entscheidung des BVerfG führte zu keiner kurzfristigen Anpassung des Normtextes des SGB II durch den Gesetzgeber. Vielmehr wendeten die Jobcenter die Regelungen der § 31 ff. SGB II a.F. nur noch mit den Einschränkungen aus dem Urteil des BVerfG an. Im Koalitionsvertrag von 2021 versprachen die Koalitionspartner eine Neuregelung der Normen im Zuge der Bürgergeldeinführung. Bis dahin sollte ein einjähriges Sanktionsmoratorium eingeführt werden („Mehr Fortschritt wagen", Koalitionsvertrag 2021–2025 zwischen SPD, BÜNDNIS 90 / DIE GRÜNEN und FDP, 2021, S. 76.). Das Moratorium trat allerdings erst zum 1. Juli 2022 in Kraft[10] und büßte mit Einführung des Bürgergeldes zu Anfang 2023 bereits wieder seine Geltung ein.

4 Sanktionszwecke und empirische Wirksamkeit

Nach ihrer gesetzgeberischen Zweckbestimmung sollten Sanktionen, wie oben dargestellt, der Umsetzung des Grundsatzes des „Förderns und Forderns" im SGB II dienen. In der Begründung der Ursprungsfassung des SGB II von 2003 („Hartz IV"), mit der das Alg II eingeführt wurde, heißt es: „Dem Grundsatz des Förderns und Forderns entsprechend soll der erwerbsfähige Hilfebedürftige verpflichtet werden, konkrete Schritte zur Behebung seiner Hilfebedürftigkeit zu unternehmen. Diese Regelung konkretisiert den […] Grundsatz des Forderns, demzufolge der erwerbsfähige Hilfebedürftige alle Möglichkeiten zur Beendigung oder Verringerung seiner Hilfebedürftigkeit und der Hilfebedürftigkeit der mit ihm in Bedarfsgemeinschaft lebenden Angehörigen durch Einsatz seiner Arbeitskraft auszuschöpfen hat."[11]

Ob zu der wirksamen Durchsetzung dieser als Hilfe zur Selbsthilfe, aber auch als Schutz der Solidargemeinschaft (dazu Eichenhofer 2021, S. 194) verstandenen Obliegenheit die Möglichkeit von Leistungskürzungen erforderlich ist, ist

---

[10] Elftes Gesetz zur Änderung des Zweiten Buches Sozialgesetzbuch, vom 19.6.2022, BGBl I, 921.
[11] BT-Drs. 15/1516, S. 60.

auch in der juristischen Literatur umstritten (zur Übersicht: Beaucamp 2023, S. 165 f.). Mit dem Bürgergeld-Gesetz wollte der Gesetzgeber nach der Gesetzesbegründung zunächst den Eingliederungsprozess als wesentlichen Bestandteil des SGB II weiterentwickeln, wodurch eine vertrauensvolle Zusammenarbeit „auf Augenhöhe" zwischen Jobcentern und Bürger:innen erleichtert und eine Vertrauenskultur gestärkt werden solle.[12] Die Aufnahme einer Erwerbsarbeit steht damit weiter im Vordergrund, auch wenn nicht mehr eine schnelle Arbeitsaufnahme um jeden Preis erstrebt wird (Welti 2022, S. 175).

Der Leistungsgewährung liegt also weiterhin das Paradigma der eigenverantwortlichen Selbsthilfe durch Inanspruchnahme und Verwendung der eigenen Möglichkeiten und Ressourcen – soweit dies objektiv und subjektiv zumutbar und verhältnismäßig ist – zugrunde, also auch der zumutbare Einsatz der eigenen Arbeitskraft (Herbe und Pahlsherm 2023, S. 17). Die Anknüpfung an die Mitwirkung der leistungsberechtigten Personen ist dem Sozialrecht immanent und passt sich daher auch in dessen System der Mitwirkungsanforderungen als Verkörperung der Eigenverantwortung und damit Hilfe zur Selbsthilfe ein (Eichenhofer 2021, S. 191). Hierbei solle die Teilhabe am Arbeitsleben unter (menschen-) würdigen Bedingungen die Entfaltung der Persönlichkeit und Erfahrung von Achtung und Selbstachtung ermöglichen (Luik 2021, S, 183 f.), aber auch als ein Signal für die Arbeitsmoral der Gesamtgesellschaft betrachtet werden (Richers und Köpp 2010, S. 1001). Sanktionen würden – wie in der Gesetzesbegründung zum Bürgergeld-Gesetz ausgeführt – insoweit dem Gerechtigkeitsempfinden der überwiegenden Bevölkerung, der Leistungsberechtigten und der Mitarbeitenden in den Jobcentern entsprechen.[13]

In der Begründung des Bürgergeld-Gesetzes stützt sich die Bundesregierung zunächst darauf, dass die Erfahrungen während der Kontaktbeschränkungen in der COVID-19-Pandemie bestätigt haben, dass die große Mehrheit der leistungsberechtigten Menschen aktiv mitwirke und dieser Personenkreis kaum eine Rolle bei Sanktionen spiele. Es gebe jedoch einen Teil der Leistungsberechtigten, die fehlende Durchsetzungsmöglichkeiten der Jobcenter genutzt hätten, um sich den Integrations- und Vermittlungsbemühungen zu entziehen.[14] Statistiken der tatsächlichen Sanktionsquoten, die durch die Bundesagentur für Arbeit regelmäßig veröffentlicht werden (Bundesagentur für Arbeit 2023), bestätigen, dass lediglich ein geringer Teil der erwerbsfähigen Leistungsberechtigten in der Praxis sanktioniert wird. Wie in Abbildung 1 dargestellt, betrug in den Vor-Corona-Jahren

---

[12] BT-Drs. 20/3873, S. 47.
[13] Mit weiteren Nachweisen: BT-Drs. 20/3873, S. 50
[14] BT-Drs. 20/3873, S. 49.

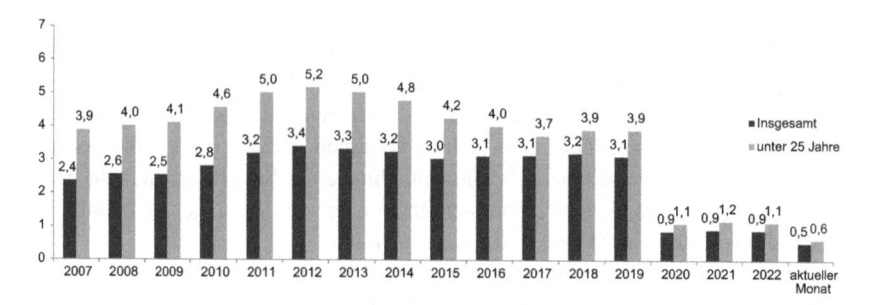

Abb. 1 Leistungsminderungsquote für erwerbsfähige Leistungsberechtigte (ELB) mit mindestens einer Leistungsminderung insgesamt und unter 25 Jahre. (Quelle: Bundesagentur für Arbeit 2023, Tab. 3)

2011 bis 2019[15] die Quote der Personen mit mindestens einer Sanktion lediglich zwischen 3,0 und 3,4 %. Bei den unter 25-Jährigen war sie geringfügig höher, sie schwankte zwischen 3,7 % im Jahr 2017 und ihrem Höchstwert im Jahr 2012 mit 5,2 % (Abb. 1). Insgesamt handelte es sich dabei um 145.660 Personen im Jahr 2011 bis zu einem Höchstwert von 149.708 Personen 2012 und im Jahr 2019 um 120.899 Personen, die zumindest eine Sanktion erhalten haben.

Betrachtet man hierbei die Gründe der Sanktionierung fällt auf, dass die Meldeversäumnisse nach § 32 SGB II den größten Anteil (zwischen 64,6 % 2011 und 78,0 % 2019) ausmachen, wohingegen die Weigerung der Aufnahme oder der Fortführung einer Arbeit, Ausbildung oder Maßnahme (zwischen 9,9 % im Jahr 2016 und 15,2 % im Jahr 2011) sowie die Weigerung der Erfüllung von Pflichten aus einer Eingliederungsvereinbarung (zwischen 8,1 % im Jahr 2014 und 16,2 % im Jahr 2011) deutlich dahinter zurückblieben (Bundesagentur für Arbeit 2022). Fasst man dies zusammen, wurden lediglich 1 % der Leistungsbezieher:innen wegen einer arbeitsmarktbezogenen Pflichtverletzung sanktioniert, sodass sich die Frage nach dem Einfluss von Kürzungen auf die Motivation Betroffener zur Mitwirkung an der Überwindung ihrer Hilfebedürftigkeit stellt (Abb. 2).

Dies beantwortet die Bundesregierung unter Verweis auf verschiedene Studien des Instituts für Arbeitsmarkt- und Berufsforschung (IAB) dahingehend, dass aus der Forschung bekannt sei, dass die Möglichkeit von Leistungsminderungen etwaigen Pflichtverstößen tendenziell vorbeuge und sie dadurch zu

---

[15] In der Corona-Zeit ist die Anzahl der ausgesprochenen Leistungsminderungen auf 0,9% zurückgegangen.

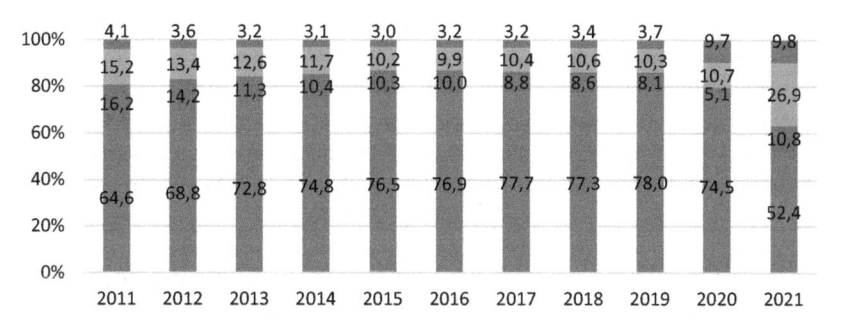

Von den „Sanktionen" des Arbeitslosengeldes II ...   95

	2011	2012	2013	2014	2015	2016	2017	2018	2019	2020	2021
sonstige Sanktionsgründe	4,1	3,6	3,2	3,1	3,0	3,2	3,2	3,4	3,7	9,7	9,8
Weigerung Aufnahme oder Fortführung einer Arbeit, Ausbildung oder Maßnahme	15,2	13,4	12,6	11,7	10,2	9,9	10,4	10,6	10,3	10,7	26,9
Weigerung Erfüllung der Pflichten der Eingliederungsvereinbarung	16,2	14,2	11,3	10,4	10,3	10,0	8,8	8,6	8,1	5,1	10,8
Meldeversäumnisse	64,6	68,8	72,8	74,8	76,5	76,9	77,7	77,3	78,0	74,5	52,4

■ sonstige Sanktionsgründe

■ Weigerung Aufnahme oder Fortführung einer Arbeit, Ausbildung oder Maßnahme

■ Weigerung Erfüllung der Pflichten der Eingliederungsvereinbarung

■ Meldeversäumnisse

Abb. 2 Verteilung der Sanktionsgründe unter neu festgestellten Sanktionen für den Bezug von Hartz IV von 2011 bis 2021. (Quelle: Eigene Abbildung auf Basis von Statista mit Daten der Bundesagentur für Arbeit (Zeitreihen zu Sanktionen nach Ländern))

einer beschleunigten Aufnahme von Arbeit oder Ausbildung beitrügen (Ex-ante-Wirkung), eine tatsächlich erfolgte Leistungsminderung verstärke diese Wirkung (Ex-post-Wirkung).[16] Knize et al. (2022 S. 13 und 17 f.) verweisen darauf, dass Sanktionen mit Verhaltensänderungen und verstärkten Bemühungen um die Aufnahme einer Erwerbsarbeit einhergingen, sie insofern eine Anreizwirkung entfalten können. Sie können aber auch mit psychischen Belastungen und verstärkten seelischen Problemen wie Angst und Niedergeschlagenheit, Existenzängsten, Isolation und lähmender Überforderung verbunden sein. Zudem führt die Bundesregierung weiter aus, dass sich negative Effekte bei der Qualität der Beschäftigung zeigen: „Die Betroffenen haben eine höhere Wahrscheinlichkeit, eine niedrig entlohnte Beschäftigung aufzunehmen als Personen, deren Leistungen nicht gemindert wurden. Darüber hinaus haben die betroffenen Personen langfristig eine vergleichsweise geringere Wahrscheinlichkeit, qualifikationsadäquat beschäftigt zu sein. Weiterhin können Leistungsminderungen die Lebensbedingungen der Betroffenen stark beeinträchtigen und auch kontraproduktive Reaktionen, wie einen gänzlichen Rückzug vom Arbeitsmarkt, auslösen."[17] Obwohl diese

---

[16] BT-Drs. 20/3873, S. 49.

[17] BT-Drs. 20/3873, S. 49 f.

unterschiedlichen Effekte aus den zitierten ersten Forschungsergebnissen (zur Kritik an der fehlenden Tatsachenforschung für Rechtssetzung und Rechtsanwendung: Baldschun und Klenk 2001, S. 76 und 85 f.; einen Überblick über Evaluationen von Sanktionen geben Wolff 2021, S. 184 ff. sowie Knize et al. 2022) bekannt waren, hielt der Gesetzgeber an diesen fest. Er betrachtet die Arbeitsmarktintegration durch stärkere Konzentration auf Qualifizierung, Weiterbildung und die Arbeitssuche, gerade im Hinblick auf die geänderte Situation auf dem Arbeitsmarkt – „Arbeitskräfte, insbesondere qualifizierte Arbeitskräfte, werden vielerorts gesucht" – als zentrales Ziel der Leistungen zur Grundsicherung für Arbeitsuchende.[18] Dies entspricht dem Ergebnis von Knize et al. (2022, S. 21 f.) in der Zusammenfassung verschiedener Studien, wonach eine Abschaffung von Sanktionen sich derzeit nicht begründen ließe. Vielmehr könne durch eine Reform sichergestellt werden, dass die Anreizwirkungen von Sanktionen erhalten bleibe, zugleich aber sehr starke Einschränkungen der Lebensqualität vermieden würden, sodass Sanktionen auch seltener mit einer niedrigen Qualität aufgenommener Beschäftigungsverhältnisse verbunden seien und eher zu einer Arbeitsmarktintegration beitragen.

5 Neuregelungen durch das Bürgergeld-Gesetz

Durch das Sanktionsurteil des BVerfG von 2019 war der Gesetzgeber verpflichtet worden, die grundsätzlich zulässige Minderung von staatlichen Leistungen verfassungsgemäß auszugestalten. Die Minderungstatbestände sind in ihrer Struktur gleichgeblieben, wurden aber in wesentlichen Details verändert. Wie schon nach den bisherigen Regelungen auch, knüpfen Leistungsminderungen zum einen an sogenannte Meldeversäumnisse nach § 32 SGB II (Nichterscheinen nach Aufforderung des Trägers, sich zu melden oder bei einem ärztlichen oder psychologischen Untersuchungstermin zu erscheinen) und an die im Folgenden näher dargestellte Verletzung von Pflichten aus § 31 SGB II an.

Pflichtverletzungstatbestände nach § 31 SGB II

Die Pflichtverletzungstatbestände sind im Wesentlichen gleichgeblieben, im konkreten Wortlaut des § 31 SGB II nicht mehr zu finden ist die Weigerung, eine Arbeitsgelegenheit nach § 16d SGB II anzunehmen, was aber keine praktische

---

[18] BT-Drs. 20/3873, S. 2.

Konsequenz hat, da diese weiter miterfasst ist (s. o.). Zum 1.7.2023 erfolgte zudem eine Anpassung aufgrund der Einführung der Kooperationsvereinbarung und der Streichung der Eingliederungsvereinbarung in § 15 SGB II. Anknüpfungspunkt ist nach dieser Neuregelung nicht mehr die Nichterfüllung einer „Pflicht" aus der Vereinbarung, sondern es bedarf der Weigerung, einer Aufforderung des Jobcenters aufgrund einer (auch nicht zustande gekommenen) Kooperationsvereinbarung (vgl. § 15 Abs. 5 und 6 SGB II) nachzukommen.

Dies ist nach der in der Gesetzesbegründung vertretenen Auffassung auch konsequent, da der Charakter der Kooperationsvereinbarung ein anderer sei als jener der bisherigen Eingliederungsvereinbarung, die bei Weigerung des Abschlusses durch einen Verwaltungsakt ersetzt werden konnte. Es soll sich bei der Kooperationsvereinbarung um einen nicht rechtsverbindlichen Plan zur Verbesserung der Teilhabe[19] und nicht mehr um einen öffentlich-rechtlichen Vertrag handeln.[20] Ob diese Auffassung auch von der Rechtsprechung, insbesondere des Bundessozialgerichts (BSG), geteilt werden wird, bleibt abzuwarten, da sich die durch das BSG aufgestellten Kriterien zur rechtlichen Einordnung der Eingliederungsvereinbarung auch auf den Kooperationsplan übertragen lassen (vgl. dazu ausführlich: Kern 2023, S. 84 f.). Gerichtlicher Rechtsschutz gegen die Festlegungen im Kooperationsplan ist, folgte man der rechtlichen Einordnung durch den Gesetzgeber, nicht möglich. Stattdessen sieht § 15a Abs. 1 Satz 1 SGB II die Möglichkeit eines Schlichtungsverfahrens vor (vgl. dazu Kern 2023, S. 85 f.).

Minderungen setzen nach der nunmehrigen Struktur der Regelung voraus, dass die im Kooperationsplan festgehaltenen Eingliederungsziele durch die Leistungsbezieher:innen nicht erfüllt werden und zudem eine Aufforderung, diese zu erfüllen, bekanntgegeben wurde. Diese Aufforderung ist nach § 15 Abs. 5 Satz 2 SGB II mit einer Rechtsfolgenbelehrung zu versehen. Kommt ein Kooperationsplan gar nicht erst zustande oder kann er nicht fortgeschrieben werden, erfolgt eine Aufforderung zu erforderlichen Mitwirkungshandlungen, welche ebenfalls mit einer Rechtsfolgenbelehrung zu versehen ist.

Die Jobcenter haben bei der Entscheidung, ob diese Aufforderungen ergehen, kein Ermessen (Hökendorf und Jäger 2023, S. 15 f.). Zwar handelt es sich bei diesen um Verwaltungsakte, die mit Widerspruch und Klage angegriffen werden können. Jedoch hat die Erhebung dieser Rechtsbehelfe nach § 39 Nr. 2 SGB II keine aufschiebende Wirkung. Die Wirkung der Aufforderung wird also bei

---

[19] Hierbei wird in der Gesetzesbegründung an den Eingliederungsplan nach § 57 Abs. 1 Nr. 1 SGB IX, den Teilhabeplan nach § 19 SGB IX sowie die Leistungsabsprache nach § 12 SGB XII in der Begründung angeknüpft–BT-Drs. 20/3873, S. 82 f.
[20] BT-Drs. 20/3873, S. 82 f.

Rechtsbehelfen nicht suspendiert, wodurch sie sofort vollziehbar ist, somit die Kürzung der Leistung trotzdem erfolgt. Damit der Rechtsschutz durch Widerspruch und Anfechtungsklage effektiv ist, müsste die Aussetzung der sofortigen Vollziehung bei dem Jobcenter (§ 86a Abs. 3 in Verbindung mit Abs. 2 Nr. 4 Sozialgerichtsgesetz – SGG) oder die Anordnung der aufschiebenden Wirkung bei dem Gericht der Hauptsache (Sozialgericht) nach § 86b Abs. 1 Satz 1 Nr. 2 SGG beantragt werden.

Rechtsfolgen der Pflichtverletzung und Meldeversäumnisse

Eine größere Änderung haben aufgrund der Vorgaben des BVerfG die Regelungen der *Rechtsfolgen* bei Leistungsminderungen in §§ 31a ff. SGB II erfahren. Die Leistungsminderung bei Vorliegen einer Pflichtverletzung wurde gestaffelt in drei Stufen, unabhängig vom Alter der leistungsberechtigten Person. Bei einer ersten Verletzung von Mitwirkungspflichten nach § 31 SGB II mindert sich der Regelbedarf um 10 % für die Dauer von einem Monat. Erfolgt innerhalb eines Jahres nach Beginn des ersten Minderungszeitraums einer bereits festgestellten Pflichtverletzung eine weitere Pflichtverletzung, wird der Regelbedarf für zwei Monate um 20 % und bei der Feststellung jeder weiteren Pflichtverletzung innerhalb dieses Zeitraums um 30 % für drei Monate gekürzt. Bei Meldeversäumnissen nach § 32 SGB II mindert sich der Regelbedarf für einen Monat um 10 %.

Nach § 31a Abs. 4 Satz 1 SGB II sind Leistungsminderungen bei wiederholten Pflichtverletzungen oder Meldeversäumnissen auf insgesamt 30 % des Regelbedarfs begrenzt. Die früher mögliche Kürzung der Kosten der Unterkunft und Heizung ist ausgeschlossen (§ 31 Abs. 4 Satz 2 SGB II). Dies führt dazu, dass bei Personen, die nur Kosten der Unterkunft und Heizung erhalten, keine Leistungsminderung mehr möglich ist. Bei Personen, mit geringen Regelbedarfsanteilen, führt dies auch zu einer Begrenzung der möglichen Minderungsbeträge. Ohne diese ausdrückliche Klarstellung würden die Kosten der Unterkunft und Heizung durch die Anrechnung des Einkommens und Vermögens „aufgezehrt" werden, die durch die Leistungsabsenkung von der vorrangigen Anrechnung auf die Bedarfe nach den §§ 20, 21 und 23 SGB II freigeworden sind (Berlit 2023, S. 24).

Die Leistungsminderung ist, soweit sie mindestens einen Monat betragen hat bzw. hätte, aufzuheben (§ 31a Abs. 1 Satz 6 SGB II) oder auch gar nicht erst festzustellen (so Berlit 2023, S. 25), sobald die erwerbsfähigen Leistungsberechtigten die Pflichterfüllung nachholen oder sich nachträglich ernsthaft und nachhaltig bereit erklären, dieser Pflicht künftig nachzukommen. Hiermit setzt der Gesetzgeber eine Forderung des BVerfG um, die, wie oben erwähnt, damit begründet wurde, dass eine Leistungsminderung nicht Strafe für ein Fehlverhalten sein darf, sondern ein Mittel zur Umsetzung der Arbeitsmarktintegration. Daher sollen die leistungsberechtigten Personen die Möglichkeit haben, die Minderung ihrer existenzsichernden Leistungen durch eigenes Verhalten abzuwenden oder zu verkürzen.[21] Bei der Erklärung, der Pflicht künftig nachzukommen, stellen sich Feststellungs- und Prognoseprobleme. Allerdings sind dabei keine „überspannten" Anforderungen an die Ernsthaftigkeit und Glaubhaftigkeit der Erklärung zu stellen (Berlit 2023, S. 24).

Zudem wurde in § 31a Abs. 3 SGB II ebenfalls in Umsetzung des Urteils des BVerfG geregelt, dass eine Leistungsminderung dann nicht zu erfolgen hat, wenn sie im Einzelfall eine außergewöhnliche Härte bedeuten würde. Dieser unbestimmte Rechtsbegriff unterliegt der vollen sozialgerichtlichen Kontrolle und stellt an die Ausnahmesituationen, die aufgrund des Verhältnismäßigkeitsgrundsatzes zu beachten sind, hohe Anforderungen (Berlit 2023, S. 25). Hierbei ist eine Gesamtbetrachtung vorzunehmen und dabei sowohl die Folgen der Minderung als auch der Zweck der nicht erfüllten Mitwirkungshandlung zu betrachten; dies kann z. B. bei der Mitbetroffenheit von Kindern relevant werden.

Im Hinblick auf das Verfahren sieht § 31a Abs. 2 SGB II auf Verlangen der erwerbsfähigen leistungsberechtigten Person eine persönliche Anhörung nach § 24 SGB X vor; bei wiederholten Pflichtverletzungen oder Meldeversäumnissen soll die Anhörung persönlich erfolgen. Bei unter 25-jährigen hat zudem innerhalb von vier Wochen nach Feststellung einer Leistungsminderung ein Beratungsangebot zu erfolgen, in dem die Inhalte des Kooperationsplanes zu überprüfen sind und bei Bedarf fortgeschrieben werden (§ 31a Abs. 6 SGB II).

6 Verfassungsrechtliche Bewertung der Neuregelung

Mit der Neufassung der Minderungsregeln in §§ 31 ff. SGB II hat der Gesetzgeber ausweislich der Gesetzesbegründung zum Bürgergeld-Gesetz die recht detaillierten Vorgaben, die das BVerfG in seiner Entscheidung von 2019 gemacht hatte, umfassend umzusetzen versucht.[22] Darüber hinaus kam er mit der Streichung der schärferen Regelung für unter 25-Jährige sowie der Verkürzung des Minderungszeitraums bei Meldeversäumnissen von drei Monaten auf einen Monat möglichen

---

[21] BT-Drs. 20/3873, S. 106
[22] BT-Drs. 20/3873, S. 49 f.; 92–95.

weiteren, in der Entscheidung des BVerfG nicht direkt benannten Einwänden, zuvor. Nach weitverbreiteter Meinung in der Literatur ging der Gesetzgeber mit dem Bürgergeld-Gesetz über das vom BVerfG Geforderte hinaus, reizte seinen Spielraum bei der Neuregelung des Minderungsrechts (so etwa bei der Bemessung der ersten beiden Minderungsstufen) also nicht voll aus (Hoenig und Schuette 2023, S. 15; Spitzlei 2023, S. 128; Welti 2022, S. 175). Immerhin erachtete das BVerfG in einer ebenso kurzen wie überraschenden Passage am Ende seines Urteils sogar die Regelung eines vollständigen Leistungsentzugs für sog. Totalverweigerer als potenziell verfassungskonform (BVerfGE 152, S. 68, 148. Kritisch dazu: Thiele 2019).[23]

Zweifel an der Vereinbarkeit mit den Vorgaben des BVerfG könnten allenfalls die sparsamen Ausführungen zur empirischen Tatsachengrundlage in der Gesetzesbegründung zum Bürgergeld-Gesetz hervorrufen. Schließlich hatte das BVerfG ja deutlich gemacht, dass sich der Gesetzgeber gerade angesichts der intensiven Grundrechtsbetroffenheit der Materie nicht auf bloße Mutmaßungen verlassen dürfe. Vor diesem Hintergrund hätte man eine ausführliche Darlegung des Forschungsstands hinsichtlich der Effektivität von Leistungskürzungen – sowohl bzgl. des „Ob" als auch des „Wie" derselben – im Existenzsicherungsrecht erwarten dürfen. Dass das BVerfG selbst die von ihm geforderte empirische Absicherung hat vermissen lassen, insofern es eine Absenkung von Leistungen bis zu 30 % des Regelbedarfs für verfassungsgemäß erklärte, dürfte den Gesetzgeber nicht hiervon entbinden. Tatsächlich finden sich in der Gesetzesbegründung nur knappe und darüber hinaus sehr pauschale Verweise auf vier empirische Studien, u. a. zu Gerechtigkeitsvorstellungen in der Bevölkerung.[24] „Geheilt" wird dieses Manko aber dadurch, dass für 202 bzw. 2025 die Evaluation der Neuregelungen durch das IAB sowie eine darauf aufbauende Revision des SGB II angekündigt wird.[25]

Freilich gibt es auch eine Verfassungsrechtsdogmatik jenseits des „Bundesverfassungsgerichtspositivismus" (Schlink 1989, S. 168), sodass man auch bei Erfüllung aller durch das BVerfG vorgegebenen Kriterien weiterhin triftig über

---

[23] Nach dem Entwurf eines Zweiten Haushaltsfinanzierungsgesetzes 2024 soll es auf dieser Grundlage künftig mit einem neuen Absatz 7 zu § 31a SGB II zum vollständigen Entfall der Regelbedarfsleistungen für zwei Monate kommen, wenn vorsanktionierte Personen die Aufnahme einer zumutbaren Arbeit „willentlich verweigern" (BT-Drs. 20/9999, S. 10f.; kritisch: Kießling 2024). Die geplante, zunächst bis Februar 2026 befristete, Neuregelung hatte zum Zeitpunkt der Drucklegung dieses Buchs den Bunderat noch nicht passiert.
[24] BT-Drs. 20/3873, S. 50.
[25] BT-Drs. 20/3873, S. 50.

eine Grundrechtswidrigkeit von Kürzungen zur Gewährleistung des Existenzminimums streiten kann. So ist der Einwand, dass die Menschenwürde einer Abwägung mit anderen Verfassungsgütern nicht zugänglich sei, was eine Kürzung des verfassungsrechtlich gebotenen Existenzminimums grundsätzlich verbiete, nicht aus der Luft gegriffen (Hohner 2017, S. 145 ff.; Thiele 2019). Allerdings lässt sich dem entgegnen, dass das einschlägige Grundrecht seine normative Fundierung eben nicht nur in Art. 1 Abs. 1 GG, sondern auch im Sozialstaatsprinzip findet und insofern die Abwägungsfestigkeit der Menschenwürde nicht gleichsam naturgesetzlich auf das abgeleitete Grundrecht durchschlägt. Hier könnte man auch den Vergleich zur Schrankendogmatik des ebenfalls normativ „zusammengesetzten" Allgemeinen Persönlichkeitsrechts aus Art. 2 Abs. 1 in Verbindung mit Art. 1 Abs. 1 GG ziehen.

Unabhängig von der Positionierung zu dieser ebenso technischen wie fundamentalen rechtsdogmatischen Frage dürfte eine fortbestehende verfassungsrechtliche Kritik am nun geltenden Sanktionsrecht auf absehbare Zeit nicht praxiswirksam werden. Mit Ulrike Davy ist nämlich im Grundsatz davon auszugehen, dass das BVerfG mit seinem Urteil „das Sanktionenregime des SGB II gegenüber weiterer Kritik immunisiert hat." Es werde schwer sein, so Davy, „das BVerfG dazu zu bewegen, sich der Frage der Zulässigkeit von Sanktionen unter dem Blickwinkel der Menschenwürde erneut zu stellen" (Davy 2023, S. 478).

7 Fazit

Ob Leistungsminderungen und der dahinterstehende Zweck der Hilfe zur Selbsthilfe und der Arbeitsmarktintegration wünschenswert sind, ist juristisch nicht zu beantworten. Insgesamt handelt es sich um sozialpolitische Entscheidungen, die das Grundgesetz und auch das BVerfG dem Gesetzgeber belässt (Rixen 2021, S. 176). Grundsätzlich gilt, dass Sozialleistungen nicht bedingungslos erbracht werden (müssen) (Lauterbach 2011, S. 584). Entsprechend hat auch das BVerfG festgestellt, dass die Verfassung nicht die Gewährung von bedarfsunabhängiger und voraussetzungsloser Sozialleistung gebietet; es verweist in diesem Zusammenhang auf den Selbsthilfegrundsatz (so bereits BVerfG Kammerbeschluss vom 7.7.2010–1 BvR 2556/09 Rn. 13). Es wäre somit verfehlt, den Handlungsspielraum der Legislative in der Sozialpolitik durch dem GG und der Rechtsprechung des BVerfG entnommene Vorgaben auf die Regelung von Detailfragen zusammenschrumpfen zu lassen (ähnlich: Rixen, 2021, S. 175 f.). In Bezug auf Leistungsminderungen gilt daher auch, dass nur, weil das BVerfG diese für zulässig gehalten hat, dies nicht bedeutet, dass sie auch zwingend erforderlich wären.

Vielmehr obliegt die grundsätzliche Entscheidung, dieses Instrument zu nutzen oder eben nicht, dem parlamentarischen Gesetzgeber. Dabei sollte dieser künftig aber mehr als dies in der Vergangenheit der Fall war, empirische Erkenntnisse zu Wirkungen – und auch Nebenwirkungen – von Sanktionen berücksichtigen.

Literatur

Baldschun, Katie, Klenk, Tanja. 2021. Warum eine interdisziplinäre Sozialrechtswissenschaft notwendig ist – Zur Entscheidung des BVerfG in Sachen Sanktionen im SGB II – Von plausiblen Annahmen und tragfähigen Erkenntnissen bei der Ausgestaltung eines einheitlich zu gewährleistenden Grundrechts. *Soziales Recht (SR)* Heft 2: 75–87.

Berlit, Uwe. 2013. Sanktionen im SGB II – nur problematisch oder verfassungswidrig? *Informationen zum Arbeitslosenrecht und Sozialhilfe (info also)*: 195–205.

Berlit, Uwe. 2023. Änderungen der §§ 31 ff. SGB II durch das Bürgergeld-Gesetz, *Informationen zum Arbeitslosenrecht und Sozialhilfe (info also)*: 22–27.

Beaucamp, Guy. 2023. Hätte man die Sanktionen im SGB II abschaffen sollen? *Neue Zeitschrift für Sozialrecht (NZS)*: 161–166.

Brütt, Christian. 2011. *Workfare als Mindestsicherung: Von der Sozialhilfe zu Hartz IV. Deutsche Sozialpolitik 1962 bis 2005*, Bielefeld: Transkript Verlag.

Bundesagentur für Arbeit. 2022. Verteilung der Sanktionsgründe unter neu festgestellten Sanktionen um den Bezug von Hartz IV von 2011 bis 2021 [Graph]. In Statista. https://de.statista.com/statistik/daten/studie/1338585/umfrage/sanktionsgruende-von-neu-festgestellten-sanktionen-von-hartz-iv/. Abgerufen am 27. August 2023.

Bundesagentur für Arbeit. 2023. Leistungsminderungen (Zeitreihe Monats- und Jahreszahlen ab 2007), https://statistik.arbeitsagentur.de/SiteGlobals/Forms/Suche/Einzelheftsuche_Formular.html?nn=15024&r_f=ur_Deutschland&topic_f=zr-leistungsminderungen&dateOfRevision=201012-202307. Abgerufen am 18. August 2023.

Davila, Sofia. 2010. Die schärferen Sanktionen im SGB II für Hilfebedürftige unter 25 Jahren – ein Plädoyer für ihre Abschaffung. *Die Sozialgerichtsbarkeit (SGb)*: 557–564.

Davy, Ulrike. 2023. Armut stigmatisiert: Zur Genealogie des SGB II und zur Menschenwürde. *Die Sozialgerichtsbarkeit (SGb)*: 470–478.

Eichenhofer, Eberhard. 2021. Sanktionen im SGB II – Anspruchsdisqualifikation oder Ahndung von Regelverstoß? *Sozialrecht aktuell (SRa)*. Sonderheft: 191–194.

Herbe, Daniel, und Ingo Pahlsherm. 2023. *Das neue Bürgergeld*. Baden-Baden: Nomos.

Hökendorf, Jörn, und Melanie Jäger. 2023. Der neue Kooperationsplan im Bürgergeldgesetz. *Informationen zum Arbeitslosenrecht und Sozialhilfe (info also)*: 13–17.

Hoenig, Ragnar, und Johannes Schütte. 2023. Das neue Bürgergeld-Gesetz, *Theorie und Praxis der sozialen Arbeit*: 8–16.

Kießling, Andrea. 2024. Totalverweigerung des Existenzminimums?, Verfassungsblog, 22.1.2024, https://verfassungsblog.de/totalverweigerung-des-existenzminimums/. Abgerufen am 2.3.2024.

Kern, Uli. 2023. Kooperationsplan im Bürgergeldgesetz – eine unverbindliche Zielvereinbarung? *Neue Zeitschrift für Sozialrecht (NZS)*: 81–87.

Hohner, Sören. 2017. *Sanktionen im SGB II*, Baden-Baden: Nomos.
Knize, Veronika, Wolf, Markus, Wolff, Joachim. 2022. *IAB-Forschungsbericht 17/2022 – Zentrale Befunde aus Studien zu Sanktionen im SGB II mit einem Fokus auf Sanktionswirkungen und Sanktionswahrscheinlichkeit.*
Kramer, Utz. 2004. Verfassungsrechtliche Bedenken gegen die Hartz-IV-Gesetze (SGB II und SGB XII) – insbesondere das Beispiel ungedeckten Bedarfs der Hilfe zum Lebensunterhalt bei nicht angespartem oder abhanden gekommenem Arbeitslosengeld II – zugleich ein Beitrag zu § 5 Abs. 2 Satz 1 SGB II sowie zu § 21 Satz 1 SGB XII. *Zeitschrift für das Fürsorgewesen (ZfF)*: 178–182.
Lauterbach, Klaus. 2011. Verfassungsrechtliche Probleme der Sanktionen im Grundsicherungsrecht. *Zeitschrift für die sozialrechtliche Praxis (ZFSH SGB)*: 584–587.
Luik, Steffen. 2021. Zum Zusammenhang zwischen Menschwürde, Menschenbild und Wert der Arbeit. *Sozialrecht aktuell (SRa)*. Sonderheft: 177–184.
Nešković, Wolfgang, und Isabel Erdem. 2012. Für eine verfassungsrechtliche Diskussion über die Menschenwürde von Hartz-IV-Betroffenen. *Die Sozialgerichtsbarkeit (SGb)*: 326–329.
Richers, Dominik, und Matthias Köpp. 2010. Wer nicht arbeitet, soll dennoch essen – Ein-Euro-Jobs: Die verfassungsrechtliche Problematik der neuen (Massen-)Pflichtarbeit. *Die öffentliche Verwaltung (DÖV)*: 997–1004.
Rixen, Stephan. 2021. Zukunft der Sanktionen (nicht nur) im SGB II – Anmerkungen aus rechtswissenschaftlicher Sicht. *Sozialrecht aktuell (SRa)*. Sonderheft: 174–177.
Schlink, Bernhard. 1989. Die Entthronung der Staatsrechtswissenschaft durch die Verfassungsgerichtsbarkeit. *Der Staat* 28(2): 161–172.
Spitzlei, Thomas. 2023. Das neue Bürgergeldgesetz – Paradigmenwechsel im SGB II? *Neue Zeitschrift für Sozialrecht (NZS)*: 121–129.
Thiele, Alexander. 2019. VB vom Blatt: Acht Gedanken zum Hartz-IV-Urteil des Bundesverfassungsgerichts: Verhältnismäßigkeit bei der Menschenwürde? Verfassungsblog, 5.11.2019, https://verfassungsblog.de/vb-vom-blatt-acht-gedanken-zum-hartz-iv-urteil-des-bundesverfassungsgerichts. Abgerufen am 28. August 2023.
Welti, Felix. 2022. Grundsicherung für Arbeitsuchende – Bürgergeld ein Fortschritt? *Zeitschrift für Rechtspolitik (ZRP)*: 174–177.
Wolf, Joachim. 2021. Wirkung und Evaluation der Sanktionen im SGB II. *Sozialrecht aktuell (SRa)*. Sonderheft: 184–188.

Prof. Dr. Claudia Beetz ist seit dem Wintersemester 2019/2020 Professorin für Rechtswissenschaften, mit den Schwerpunkten Zivilrecht, insbesondere Familien-, Betreuungs- und Arbeitsrecht sowie Sozialrecht am Fachbereich Sozialwesen der Ernst-Abbe-Hochschule Jena. Sie war zuvor als Richterin im Land Sachsen-Anhalt tätig und vor allem in der Sozialgerichtsbarkeit eingesetzt. An den Sozialgerichten in Magdeburg und Dessau-Roßlau hat sie unter anderem Verfahren aus dem Recht der Grundsicherung für Arbeitsuchende bearbeitet. In ihrer Forschung untersucht sie Rechte von Menschen in verschiedenen Lebenslagen, so beispielsweise von älteren Menschen, von Menschen mit Behinderungen aber auch Menschen in finanziellen Problemlagen.

Prof. Dr. Frederik von Harbou lehrt seit 2020 als Professor für Rechtswissenschaften, insbesondere Öffentliches Recht und Rechtsphilosophie, am Fachbereich Sozialwesen der Ernst-Abbe-Hochschule Jena. In seiner Dissertation an der Universität Zürich befasste er sich 2013 mit rechtsphilosophischen Grundlagen der Menschenrechte. 2015 gründete er eine Rechtsanwaltskanzlei für Migrationsrecht in Berlin und war dort bis 2020 als selbständiger Rechtsanwalt tätig. Seit 2018 befasst er sich in mehreren Forschungsprojekten mit völker-, europa- und verfassungsrechtlichen Fragen von Migration und Menschenrechtsschutz.

Open Access Dieses Kapitel wird unter der Creative Commons Namensnennung 4.0 International Lizenz (http://creativecommons.org/licenses/by/4.0/deed.de) veröffentlicht, welche die Nutzung, Vervielfältigung, Bearbeitung, Verbreitung und Wiedergabe in jeglichem Medium und Format erlaubt, sofern Sie den/die ursprünglichen Autor(en) und die Quelle ordnungsgemäß nennen, einen Link zur Creative Commons Lizenz beifügen und angeben, ob Änderungen vorgenommen wurden.

Die in diesem Kapitel enthaltenen Bilder und sonstiges Drittmaterial unterliegen ebenfalls der genannten Creative Commons Lizenz, sofern sich aus der Abbildungslegende nichts anderes ergibt. Sofern das betreffende Material nicht unter der genannten Creative Commons Lizenz steht und die betreffende Handlung nicht nach gesetzlichen Vorschriften erlaubt ist, ist für die oben aufgeführten Weiterverwendungen des Materials die Einwilligung des jeweiligen Rechteinhabers einzuholen.

Der individuelle Weg zum Bürgergeld: Das Problem der Nichtinanspruchnahme

Die Nichtinanspruchnahme von Grundsicherung als Bewältigungsstrategie

Mareike Sielaff und Felix Wilke

Zusammenfassung

Grundsicherungsleistungen sollen ein menschenwürdiges Existenzminimum sicherstellen und gesellschaftliche Teilhabe ermöglichen. Doch viele Anspruchsberechtigte verzichten auf ihre Leistungen. Der Beitrag untersucht das Phänomen der Nichtinanspruchnahme von Grundsicherungsleistungen und fragt nach den Implikationen der Bürgergeld-Reform. Mithilfe eines qualitativen Studiendesigns wird die Perspektive der Verzichtenden rekonstruiert und aufgezeigt, dass es verschiedene Strategien gibt, um ohne Grundsicherungsleistungen den Alltag zu bewältigen. Das Ziel ist es, die subjektiven Deutungen und alltagsweltlichen Logiken hinter der Nichtinanspruchnahme von Grundsicherungsleistungen zu verstehen. Aus den im Jahr 2022 geführten episodischen Interviews im Raum Thüringen wurden vier Idealtypen der Nichtinanspruchnahme entwickelt. Im Ergebnis lässt sich die Nichtinanspruchnahme als Möglichkeit der Bewahrung von Vorläufigkeit, der Abkehr von Normalitätsvorstellungen im Zusammenhang mit Autonomiebestrebungen, der Entlastung von bürokratischen Hürden und der Abgrenzung von einem stigmatisierendem System rekonstruieren. Die subjektzentrierte Perspektive lässt vermuten, dass die Neuerungen des Bürgergeldes nur wenig am Inanspruchnahmeverhalten ändern.

F. Wilke
Ernst-Abbe-Hochschule, Jena, Deutschland
E-Mail: felix.wilke@eah-jena.de

M. Sielaff (✉)
Carl von Ossietzky Universität, Oldenburg, Deutschland
E-Mail: mareike.sielaff@uol.de

© Der/die Autor(en) 2024
M. Opielka und F. Wilke (Hrsg.), *Der weite Weg zum Bürgergeld*, Perspektiven der Sozialpolitik, https://doi.org/10.1007/978-3-658-43475-5_6

1 Einleitung

„Großer Wurf oder alles beim Alten?" so oder ähnlich verlaufen derzeit viele Debatten über das neu eingeführte Bürgergeld (Schmitz-Kießler 2022; Börner und Kahnert in diesem Band). Das Bürgergeld soll ein menschenwürdiges Existenzminimum sicherstellen, Chancengerechtigkeit und gesellschaftliche Teilhabe ermöglichen oder gar „Unterstützung in allen Lebenslagen" (BMAS 2023) liefern. Schon jetzt ist klar, wenn Anspruchsberechtigte die ihnen zustehenden Leistungen nicht für sich nutzen, dann werden die hier angerissenen Ziele zwangsläufig verfehlt. Obwohl verschiedene Studien zeigen, wie weit verbreitet Nichtinanspruchnahme bei Grundsicherungsleistungen (SGB II & SGB XII) ist, spielte sie bei der Planung der Reform und der Begründung des Gesetzes keine Rolle.

Auf der semantischen Ebene verknüpft das neu eingeführte Bürgergeld soziale Rechte mit dem Bürger:innenstatus. Ein genauerer Blick auf diese Verbindung ist ertragreich für ein besseres Verständnis des eingeführten Bürgergeldes und für das Phänomen der Nichtinanspruchnahme. In seinem wegweisenden Aufsatz hat bereits T.H. Marshall (Marshall 2000) auf die enge Verknüpfung von Staatsbürgerrechten und sozialen Rechten hingewiesen. Einerseits, so Marshall, werden bürgerliche und politische Rechte dazu genutzt, um soziale Rechte einzufordern oder abzusichern – etwa indem in Wahlen ein Mehr an sozialer Absicherung gefordert wird. Andererseits stellen soziale Rechte eine zentrale Voraussetzung für ein universelles Staatsbürgerrecht dar. Nur auf der Basis sozialer Rechte können bürgerliche und politische Rechte realisiert werden. Mit der Einführung eines Rechtsanspruchs auf Sozialhilfe im Jahr 1962 zielte man dementsprechend nicht nur auf eine materielle Versorgung, sondern auf die Gewährleistung und Absicherung von staatsbürgerlichen Rechten (Hinrichs 2018).

Mit dem Bürgergeld stellt sich erneut die Frage, wie gut Marshalls Theorie auf Fürsorgeleistungen zutrifft. Aus sozialwissenschaftlicher Perspektive gibt es gute Gründe zu der Annahme, dass ein Rechtsanspruch allein nicht ausreicht, um Leistungsbeziehende in den Status gleichberechtigter Bürger:innen zu versetzen. Das liegt zum einen an sozialpolitisch definierten Leistungsvoraussetzungen, die tief in die freiheitliche Lebensgestaltung eingreifen (z. B. Bedürftigkeitsprüfung; Wahlfreiheiten in Bezug auf den Aufenthaltsort und bei der Arbeitsplatzwahl). Das liegt zum anderen am gesellschaftlich seit langem etablierten Deutungszusammenhang, nach dem Fürsorgeleistungen gleichsam Indikator eines unvollständigen Bürgerstatus sind. Die Armuts- und Legitimitätsforschung hat hier zahlreiche Befunde zusammengetragen, die aufzeigen, dass der Leistungsbezug mit einer sozialen Abwertung einhergeht (Oorschot et al.

2017). Zu vermuten ist, dass gerade im Bereich der Nichtinanspruchnahme die sozialpolitische und die individuelle Perspektive von staatsbürgerlicher Teilhabe auseinanderfallen. Um Nichtinanspruchnahme besser als bisher zu verstehen, soll in diesem Beitrag die Perspektive der Subjekte auf Grundsicherungsleistungen und deren Stellenwert bei der Bearbeitung alltagsweltlicher Probleme im Mittelpunkt stehen.

Grundlage für die vorliegende Analyse ist eine qualitative Studie aus dem vom BMAS geförderten Forschungsprojekt „Nichtinanspruchnahme von Grundsicherungsleistungen" (2021–2023). In diesem wurden kurz vor der Einführung des Bürgergeldes anspruchsberechtigte Erwerbsfähige und Rentner:innen in offenen Interviews zu den Hintergründen ihres Verzichts auf Grundsicherung (nach SGB II bzw. SGB XII) befragt. Der folgende Abschnitt setzt das Untersuchungsvorhaben in Relation zur bestehenden Forschung. Nach der methodologischen Positionierung und der Konkretisierung der Fragestellung wird das Vorgehen der Untersuchung erläutert. Daran anschließend werden die Ergebnisse der Studie vorgestellt. Es konnten vier Typen der Nichtinanspruchnahme aus den empirischen Daten erschlossen werden, die verschiedene Strategien nutzen, um ohne die Inanspruchnahme von Grundsicherungsleistungen ihren Alltag zu bewältigen. Abschließend werden die Befunde vor dem Hintergrund der Bürgergeldreform eingeordnet.

2 Nichtinanspruchnahme von Grundsicherungsleistungen

Die Nichtinanspruchnahme von Grundsicherungsleistungen ist ein bisher wenig beachtetes Phänomen. Dabei zeigt sich: Es ist nicht nur ein weiter Weg hin zu unserem heutigen Grundsicherungssystem. Auch der individuelle Weg zur Leistung ist weit. Je nach Schätzung verzichten zwischen 35–55 % aller Anspruchsberechtigten der Grundsicherung für Arbeitsuchende auf Leistungen nach dem SGB II (Harnisch 2019; Bruckmeier et al. 2021). Bei der Grundsicherung im Alter bzw. bei Erwerbsminderung nach SGB XII sind es sogar etwa 60 %, die die ihnen zustehenden Leistungen nicht für sich nutzen (Buslei et al. 2019). Ein großer Teil der Anspruchsberechtigten in Deutschland lebt damit unterhalb des gesetzlich festgelegten menschenwürdigen Existenzminimums.

Bei der ersten Annäherung an das Thema der Nichtinanspruchnahme erscheint der Verzicht auf die Unterstützung mindestens nachteilig, wenn nicht gar widersinnig oder irrational. Wieso verzichten Menschen auf Geldleistungen, die sie in Anbetracht ihrer Situation bekommen und gut gebrauchen könnten? Ursachen für den Verzicht werden meist auf der Ebene individueller Defizite vermutet und Erklärungen für die Nichtinanspruchnahme mit dem Konzept von ‚Hürden' entwickelt (Lucas et al. 2021, S. 168), die Anspruchsberechtigte aus unterschiedlichen Gründen nicht überwinden (können). Dabei lässt sich das Handeln der Nichtinanspruchnehmenden – qua Ausgangsproblem – ausschließlich in Relation zu den Angeboten des Grundsicherungssystems deuten und damit nur im Verhältnis zu den sozialpolitischen Regulierungen verstehen, die an eine Inanspruchnahme geknüpft sind (Vobruba 2020, S. 114–121). Mit der Frage nach den Ursachen mumüssen also gleichzeitig die Beschaffenheit des Grundsicherungssystems und vor allem seine gesellschaftliche Einbettung in den Blick genommen werden.

Neben dem vergleichsweise hohen bürokratischen Aufwand oder weitreichenden Informationsproblemen, die Schwierigkeiten im Zugang darstellen können (van Mechelen und Janssens 2022), ist der gesellschaftliche Normkontext, in dem sich das Grundsicherungssystem bewegt, nicht minder von Bedeutung. Bedürftigkeitsgeprüfte Fürsorgeleistungen wie die Grundsicherung sind legitimatorisch besonders voraussetzungsvoll (Sielaff und Wilke 2023).[1] Denn eng an die Kategorie der Bedürftigkeit geknüpft, definiert der Bezug von Sozialleistungen nicht nur die Position in der Gesellschaft, sondern vermittelt darüber hinaus ein ganzes Bild von vermeintlichen Charaktereigenschaften. Folgerichtig wird als Grund für die Nichtinanspruchnahme nicht selten Scham oder die Angst vor Stigmatisierung angeführt (Hümbelin 2019; van Mechelen und Janssens 2022, S. 100).

Eng verklammert mit dem gesellschaftlichen Verständnis von Bedürftigkeit und Armut ist die gesellschaftliche Aushandlung der Aufgaben und Ziele des Grundsicherungssystems. Die Aufgabe der Sozialpolitik im Allgemeinen ist es, auf soziale Probleme zu reagieren und soziale Ordnung zu schaffen (Lessenich 2012). Sie stellt einerseits Unterstützung bereit und wirkt andererseits als gesellschaftliches Steuerungselement normierend auf ihre Nutzenden (Vobruba 2020, S. 114–121; Wilke 2021). Das gilt insbesondere für Fürsorgeleistungen. Neben dem Schutz der Menschenwürde soll sie die Eigenverantwortung der Nutzenden stärken und dazu beitragen, dass diese unabhängig von ihr leben können (§ 1 Abs. 2 SGB II, § 1 SGB XII). Die Umsetzung erfolgt unter anderem über die Konditionalisierung von Leistungen. Besonders deutlich wird dies an dem im SGB II über Sanktionen abgesicherte Prinzip des ‚Fördern und Forderns' im aktivierenden Sozialstaat. Aber auch bei der Grundsicherung im Alter und bei

---

[1] Andere wohlfahrtsstaatliche Leistungssysteme, wie etwa Sozialversicherungen, sind dagegen über die Reziprozitätsnorm legitimiert.

Erwerbsminderung (SGB XII) wird normierend in die Alltagsgestaltung eingegriffen, etwa wenn es um den Besitz eines Autos oder längere Aufenthalte im Ausland geht. Werden diese Überlegungen für eine soziologische Analyse der Nichtinanspruchnahme genutzt, so erscheint ein Perspektivwechsel weg von einer auf (individuelle) Defizite fokussierten Analyse notwendig. Es ist zu vermuten, dass die wohlfahrtsstaatlich gesetzten Ziele und Anforderungen, die anhand von bestimmten und vor allem typisierten Fällen definiert sind, nur selten mit den tatsächlichen Bedürfnissen der Anspruchsberechtigten übereinstimmen (Vobruba 2000, S. 112). Wenn die Anforderungen, Ziele oder Auswirkungen der Inanspruchnahme aus Sicht der Anspruchsberechtigten nicht für sie relevant oder tragbar erscheinen, so ist naheliegend, dass sie die Grundsicherung nicht für sich nutzen. Entgegen einer defizitorientierten Auffassung von der Nichtinanspruchnahme, kann dann gerade der Verzicht aus subjektiver Sicht eine sinnvolle Handlung darstellen.

Deutlich wird, dass das Problem der Nichtinanspruchnahme kein eindimensionales Phänomen, sondern im Gegenteil einen vielschichtigen und komplexen Gegenstand darstellt, der nur über das Einnehmen unterschiedlicher Perspektiven erfasst werden kann. Je nach angelegter Perspektive können dann auch die Gründe oder Ursachen für die Nichtinanspruchnahme ganz unterschiedlich aufgefasst und etwa als Hürden im Zugang zur Maßnahme oder aber als mangelnde Übereinstimmung zwischen subjektiven und gesellschaftlichen bzw. wohlfahrtsstaatlichen Einstellungen und Bedürfnissen bzw. Anforderungen an das Grundsicherungssystem bestimmt werden. Die unterschiedlichen Perspektiven sind nicht hierarchisch zu verstehen, sondern als jeweils spezifische Blicke auf das Phänomen unter mehreren, die erst im Zusammenspiel eine umfassende Darstellung zulassen.

Während eine ganze Reihe von Untersuchungen über Hürden existiert, wurde die Sicht der Verzichtenden selbst bisher kaum in die Diskussion um die Nichtinanspruchnahme mit aufgenommen. Der vorliegende Beitrag möchte sich dieser Lücke annehmen und einen Einblick geben, wie Betroffene ihre Situation selbst beschreiben, welche Bedeutungen sie dem Grundsicherungsbezug beimessen und welche Strategien sie tatsächlich nutzen, um ihren Alltag zu bewältigen. Denn werden Anspruchsberechtigte als aktiv handelnde Person begriffen, die in schwierigen Situationen ihre Wohlfahrt selbst in die Hand nehmen (Bareis und Cremer-Schäfer 2013) – auch dadurch, dass sie wohlfahrtsstaatliche Ressourcen (nicht) für sich nutzen –, dann werden zusätzliche (Qualitäts-)Anforderungen als „ein eigenständiges Qualitätsurteil ‚von unten'" (van Rießen 2020, S. 28) an das Grundsicherungssystem sichtbar.

3 Vom Warum zum Wozu – eine subjekttheoretische Untersuchungsperspektive

Bisherige Studien, welche sich den Ursachen der Nichtinanspruchnahme von Sozialleistungen widmen, bedienen sich nahezu ausschließlich quantitativ ausgerichteter Zugänge. Gründe werden dabei im strukturellen Aufbau der Maßnahme (Information, Zugang etc.) und auf der Ebene von individuellen Einflussfaktoren (Stigma, Transaktionskosten und Informations(verarbeitungs)probleme) vermutet und gesucht. Gemein ist den Studien eine spezifische Perspektive auf Nichtinanspruchnahme. Sie konzipieren Nichtinanspruchnahme von vornherein als eine Handlung, die es zu vermeiden bzw. zu verringern gilt. Bewusst oder unbewusst bedienen sie sich damit einer sozialpolitikzentrierten Sicht auf die Subjekte, bei der die Inanspruchnahme von Grundsicherung als angestrebte Handlung konzipiert ist. Forschungsmethodisch resultiert daraus eine selektive Beobachtung des Phänomens. Für die Frage nach der Nichtinanspruchnahme sind dann nur diejenigen Faktoren relevant, die dem erklärten Ziel im Wege stehen (Hürden). Aus dieser selektiven Sicht bleibt unberücksichtigt, dass Betroffene selbst und (auch unabhängig vom Grundsicherungssystem) produktiv in die Verarbeitung ihrer sozialen Lage eingreifen. Handlungsorientierungen, die zwar im Zusammenhang mit dem Grundsicherungssystem stehen, aber nicht das Ziel der Inanspruchnahme verfolgen, bleiben damit für die Analyse unsichtbar.

Die Idee, dass Menschen in kritischen Lebenslagen selbst aktiv handeln, ist dabei nicht neu. In den 1980er Jahren hat sich in Europa die sogenannte dynamische Armutsforschung entwickelt. Entgegen der Vorstellung einer dauerhaften und statischen sozialen Lage, in der Betroffene als passive Opfer externer Umstände oder Institutionen aufgefasst werden, zeigen wesentliche Ergebnisse aus den im Längsschnitt angelegten Studien der dynamischen Armutsforschung insbesondere die Handlungsfähigkeit der Betroffenen sowie die Verknüpfung von Armut mit biografischen Ereignissen (Leisering und Buhr 2012, S. 148; Giesselmann und Vandecasteele 2018). Methodisch notwendig wird dadurch eine stärkere Berücksichtigung von „Fallanalysen und [der] Rekonstruktion biographischer Orientierungen der Betroffenen, also die subjektive Seite von Lebensläufen […], mit besonderem Augenmerk auf die Handlungsorientierungen in Bezug auf Institutionen" (Leisering und Buhr 2012, S. 161).

Die daraus entstandenen Befunde akteurseigener Deutungen und Handlungspotenziale stellen eine wichtige Innovation in der empirischen Armutsforschung dar (Vobruba 2000, S. 106). Für die Rekonstruktion von Entscheidungsprozessen bezüglich der Nutzung von institutionellen Angeboten müssen demnach auch Orientierungsmöglichkeiten außerhalb der staatlichen Steuerungsperspektive und dem, was man gemeinhin erwartet, miteinbezogen werden (Vobruba 2020, S. 112–122).

Um die Perspektive auf das Grundsicherungssystem zu erweitern, ist es also notwendig die subjektive Sicht der Anspruchsberechtigten – ausgehend von ihrem Alltagserleben – in den Blick zu nehmen. Ein erster Schritt in diese Richtung lässt sich in der Untersuchung von Betzelt et al. (2017) finden. In dieser auf qualitativ-biographischen Interviews basierenden Studie stellen die Autor:innen fest, dass Befragte aus dem bewussten Verzicht auf Sozialleistungen – trotz der massiven ökonomischen Einschränkungen – Autonomiegewinne schöpfen. Eckhardt (2021; in diesem Band) hingegen fasst den Verzicht als ein Element einer alltagspraktischen Selbstpositionierung im Verhältnis zu staatlich hervorgebrachten Fremdpositionierungen und betont insbesondere das Selbstverständnis der Verzichtenden in Abgrenzung zur Kategorie der Bedürftigkeit.

Ein anderer und hier genutzter Zugang lässt sich ausgehend von der sozialpädagogischen (Nicht-)Nutzerforschung entwickeln. Sozialpädagogische Angebote sind insofern mit dem staatlichen Grundsicherungssystem vergleichbar, dass auch diese von Anspruchsberechtigten wahrgenommen werden (müssen). Gegenstand der Nutzerforschung ist es, den subjektiven Nutzen dieser Angebote für Inanspruchnehmende zu rekonstruieren (Schaarschuch und Oelerich 2020, S. 17). Ihr liegt ein Akteursbild zugrunde, in dem Nutzer:innen selbst als aktive Produzent:innen ihrer Lebensverhältnisse betrachtet werden. Die prinzipielle Annahme besteht darin, „dass Menschen eine Menge Arbeit aufwenden, um innerhalb gegebener Herrschafts- und Ungleichheitsverhältnisse wenigstens in Ansätzen ein Leben zu führen, das ihren eigenen Vorstellungen entspricht" (Bareis 2012, S. 291). Entscheidend ist diesem Ansatz zufolge also der „Gebrauchswert" sozialer Angebote. Es wird darüber hinaus argumentiert, dass Individuen sich selbst – und zwar über die Aneignung, nicht nur von gegenständlichen bzw. materiellen Dingen, sondern gleichermaßen von symbolischen und kulturellen Gehalten –, ihre Einstellung, ihr Verhalten etc. vermittelt über gesellschaftliche Verhältnisse überhaupt erst hervorbringen. Damit ergibt sich der individuelle Nutzen eines jeweiligen Angebots auch erst in der produktiven Aneignung desselben. Gleichzeitig rücken die gesellschaftlichen Bedingungen in den Fokus, unter denen der potenzielle Nutzen realisiert oder auch nicht realisiert werden kann.

Im Kontrast zu ökonomisch zentrierten Erklärungen ist dieser Ansatz von vornherein konzeptionell breit gefasst und wird nicht auf finanzielle Anreize beschränkt. Vielmehr wird untersucht, inwieweit die Angebote aus Sicht der Adressierten eine Ressource darstellen, die es ihnen ermöglichen, „ein ‚eigenes' Leben zu leben und nicht nur im gesellschaftlich verordneten Sein zu existieren" (Cremer-Schäfer 2008, S. 89 f.).

Wenn es um die Anwendbarkeit der Nutzerforschung auf die Nichtinanspruchnahme von Grundsicherungsleistungen geht, tauchen jedoch schnell praktische und konzeptionelle Probleme auf. So tendiert der Ansatz aufgrund seiner marxistischen Theorietradition dazu, den Sozialstaat als übergriffige Institution sehr stark zu betonen und Handlungsspielräume der Subjekte nicht ausreichend zu berücksichtigen.[2] Darüber hinaus wird in dieser Theorie der Nutzen erst über die produktive Aneignung des Angebots erschlossen. Er lässt sich forschungsmethodisch also nur dann explizit bestimmen, wenn vormals eine Inanspruchnahme bestand (Kessl und Klein 2010, S. 73). Falls Befragte keine Berührungspunkte zum Grundsicherungssystem aufweisen, bleibt der „Gebrauchswert" eines sozialstaatlichen Angebots unbestimmt. Für die Untersuchung der Nichtinanspruchnahme bietet es sich folglich an, von der Konzeption der Anspruchsberechtigten als Nutzende abzurücken und stattdessen direkt am Alltagshandeln der Menschen in konkreten Situationen anzusetzen (Herzog 2020, S. 261). Der Fokus liegt damit nicht mehr im Speziellen auf der Maßnahme und deren Nutzen an sich, sondern auf der Alltagsbewältigung der Menschen in (finanziell) schwierigen Situationen, die sich als Mitglieder der Gesellschaft natürlich immer in Relation zum Grundsicherungssystem befinden. Sowohl die Inanspruchnahme als auch die Nichtinanspruchnahme lassen sich dann als Strategien interpretieren, die auf die Bearbeitung des Alltags ausgerichtet sind und auf individuellen Relevanzsetzungen eines ‚eigenen Lebens' basieren. So ist aus Sicht der Anspruchsberechtigten die Inanspruchnahme von Grundsicherungsleistungen immer nur eine Möglichkeit unter vielen, um ihre schwierige Situation zu bearbeiten. Statt also ausschließlich den Weg zum Grundsicherungsbezug zu betrachten und eventuelle Hürden zu identifizieren, sind die Ausgangspunkte unserer Analyse konkrete Alltagssituationen, in denen sich die Verzichtenden befinden, und ihre jeweiligen Handlungsstrategien, um diese zu bewältigen.

Mit der Orientierung am Alltagshandeln der Menschen ist eine handlungstheoretische Perspektive unabdingbar (Bareis 2012). Für unsere Studie verstehen wir den symbolischen Interaktionismus als Grundlage. Ähnlich zu den Annahmen aus der Nutzerforschung, steht auch hier die Annahme im Vordergrund, dass Menschen ihre Erfahrungswelt und die Deutungen derselben selbst und als Ergebnis von Interaktionen erst hervorbringen (Blumer 1980). Das Handeln wird dabei einerseits durch vorherrschende gesellschaftliche Deutungsmuster beeinflusst. Anderseits verändert es die Bedeutungen derselben, durch einen Akt der interpretativen Auseinandersetzung. Daran anschließend ist es das Ziel unserer Untersuchung, die subjektiven Deutungen beziehungsweise die alltagsweltlichen

---

[2] In dieser Hinsicht deutlich differenzierter argumentieren Forschungsarbeiten zu sozialen Diensten, indem sie unterschiedliche Rollenverständnisse betonen und den Charakter der Ko-Produktion betonen (z. B. Olk 2011).

Logiken hinter der Nichtinanspruchnahme von Grundsicherungsleistungen nachzuvollziehen und zu verstehen. Was sind die konkreten Ausgangssituationen für die Nichtinanspruchnahme? Welche Handlungsweisen legen die Befragten für die Bearbeitung derselben an den Tag? Und auf welcher Grundlage handeln sie? Also welche relevanten Deutungen – insbesondere bezüglich des Grundsicherungsbezugs – sind maßgeblich für ihre Alltagsstrategien? Damit verschieben wir die Forschungsperspektive vom Warum zum Wozu, erweitern die Perspektive über das Grundsicherungssystem hinaus und fragen: Welche Bedeutung hat die Nichtinanspruchnahme für die Bearbeitung des Alltags und der schwierigen Situation? Oder einfach formuliert: Wozu ist das aus Sicht der Verzichtenden eigentlich gut?

4 Forschungsmethode und Sample

Um die Bedeutung der Nichtinanspruchnahme für die Alltagsbewältigung der Anspruchsberechtigten zu untersuchen, wurden im Rahmen unserer Studie im Zeitraum von März bis Oktober 2022 insgesamt 24 episodische Interviews (Flick 2011) mit Personen im Raum Thüringen geführt. In diesen wurde sowohl episodisch-narratives Wissen (Erinnerungen an spezifische Situationen bezüglich der Nichtinanspruchnahme) mittels Erzählaufforderungen, als auch das semantische Wissen (Bedeutungszuschreibungen und Deutungen von Begrifflichkeiten, wie etwa dem Grundsicherungsbezug) unter Einsatz von zielgerichteten Fragen erhoben.[3] Acht Interviews wurden aus der Analyse ausgeschlossen, weil sich im Laufe der Interviews herausstellte, dass für die Befragten aus rechtlicher Sicht doch kein Anspruch auf Grundsicherung besteht oder bestand, dass eine verzögerte Antragsstellung oder eine sogenannte sekundäre Nichtinanspruchnahme vorlag.[4] Die Auswertung der verbleibenden Interviews erfolgte mittels der Grounded Theory Methodologie auf der Basis der Ideen von Glaser und Strauss (Glaser 2010[1967]; Strübing 2021).

---

[3] Aus Platzgründen verzichten wir auf eine Darstellung des Feldzugangs.
[4] Unter verzögerter Antragsstellung haben wir diejenigen Personen gefasst, die ihren Anspruch dem Grunde nach geltend machen wollten, den Antrag jedoch erst mit einer Verzögerung von max. 3 Monaten eingereicht haben (z. B. aufgrund von Unwissenheit). Sekundäre Nichtinanspruchnahme umfasst Personen, die ihren Anspruch dem Amt gegenüber kommuniziert haben, aber fälschlicherweise keine Leistungen erhalten (Lucas et al. 2021). Ein weiteres Interview ist aufgrund fraglicher Einschätzungsfähigkeit der Interviewsituation und teilweise mangelnder Erzählkompetenz der Befragten (vermutlich aufgrund einer Demenzerkrankung) kritisch bzgl. der Analyse zu reflektieren.

Das Sample umfasst Interviews mit Längen von ca. 40 Minuten bis zu zwei Stunden und beinhaltet Personen aus dem städtischen sowie ländlichen Raum. Darunter sind Frauen und Männer im Alter zwischen 27 und 70 Jahren, die entweder Anspruch auf Leistungen nach SGB II oder SGB XII haben oder hatten. Die Zeiträume, in denen sich die Befragten in der Nichtinanspruchnahme befinden oder befanden, variieren von wiederkehrenden Phasen mehrerer Monate bis hin zu einem dauerhaften Zustand über mehrere Jahre. Es wurden sowohl alleinstehende Personen als auch Personen in unterschiedlichen Familienkonstellationen und mit Care-Aufgaben interviewt. Das Sample enthält zwar eine Person mit Migrationshintergrund. Dieser ist in ihren Erzählungen jedoch nur bedingt relevant, sodass Sample und Ergebnisse bezüglich dieser Dimension eingeschränkt sind.

5 Alltagsweltliche Logiken des Verzichts: Idealtypen der Nichtinanspruchnahme

Im Zuge der Auswertung wurden zunächst die jeweiligen Ausgangssituationen für die Nichtinanspruchnahme und anschließend die Handlungsstrategien der Verzichtenden rekonstruiert. Aus dem empirischen Material lassen sich vier Typen entwickeln, die sich klar durch ihren Handlungskontext voneinander unterscheiden und entsprechend ihrer Situation unterschiedliche Handlungsstrategien anwenden. Maßgeblich für die Alltagsbewältigung und damit für die Unterscheidung der Typen sind dabei folgende weitere aus dem Material erarbeiteten Dimensionen: die subjektive Deutung des Grundsicherungsbezugs und die Interaktion mit dem sozialen Umfeld, welches mehr oder weniger als Ressource für materielle und finanzielle Güter beziehungsweise Informationen genutzt wird. Eine Übersicht der Typen ist in Tab. 1 dargestellt. Mit Blick auf die Forschungsfrage (wozu eigentlich Nichtinanspruchnahme?), wurden die erarbeiteten Idealtypen von uns nach der Bedeutung der Nichtinanspruchnahme für die jeweilige Bearbeitung ihrer Alltagssituation benannt. Im Folgenden werden die vier Typen: Kontingenz (1), Autonomie (2), Entlastung (3) und Abgrenzung (4) vorgestellt und jeweils anhand eines Referenzfalls aus dem Sample verdeutlicht.[5] Die Typen zeigen in unterschiedlichen Facetten, dass die Grundsicherung für manche

---

[5] Eine ausführliche Herleitung und methodologische Einordnung der Typen findet sich im Abschlussbericht zum Projekt, abrufbar unter: https://www.sw.eah-jena.de/nvg/.

Menschen nicht alltagspraktisch nutzbar erscheint und von anderen als so ausgrenzend empfunden wird, dass sie sich bewusst vom Grundsicherungssystem abwenden.

Kontingenz – oder die Bewahrung ständiger Vorläufigkeit

Die Ausgangssituation von Typ Kontingenz (1) ist eine Phase des (gefühlten) Übergangs zwischen der Beendigung einer Ausbildung (auch Schule oder Studium) und der Aufnahme einer zukünftigen Wunschtätigkeit beziehungsweise dem Ziel der Selbstverwirklichung durch die selbstbestimmte Aufnahme einer Tätigkeit. Tatsächlich gelingt dieser Übergang jedoch nicht, sodass es um die Aufrechterhaltung einer ständigen Vorläufigkeit geht. Die Vorstellung, eigentlich doch ‚auf dem Weg zu sein', kann so – und auch ohne jeglichen Fortschritt – über einen langen Zeitraum aufrechterhalten werden. Ohne festes finanzielles Einkommen oder anderweitige Absicherung besteht in dieser Phase einerseits ein andauernder Druck Einkommen zu generieren, um den Lebensunterhalt bestreiten zu können. Andererseits dürfen aufgenommene Tätigkeiten oder sonstige Sicherungsmaßnahmen nicht die Form einer permanenten Lösung der finanziellen Unsicherheit annehmen, um so das Selbstbild (sich in einem Übergang zu befinden) unabhängig von der tatsächlich gelebten Alltagsrealität nicht zu gefährden. In dieser Vorstellung des eigenen Daseins ist die Möglichkeit, Grundsicherung zu beziehen, im Grunde nicht vorhanden. Wenn sie in Erzählungen überhaupt erwähnt wird, dann als endgültiges Zeichen des Scheiterns, als unwiderruflicher Zustand, das eigene Ziel nicht erreicht und damit (im Leben) versagt zu haben. Um also einerseits Einkommen zu generieren und andererseits jegliche Festlegungen zu vermeiden, wird die so empfundene Phase des Übergangs mit wechselnden Aushilfs- und Nebenjobs bestritten. Gleichzeitig wird versucht, genügend Zeit für die Verfolgung des eigentlichen Ziels zu schaffen bzw. bereitzuhalten. Die vielen verschiedenen Aufgaben bei gleichzeitig ständiger Unsicherheit durch geringe und unregelmäßige Einkommen sind Auslöser für großen Stress bis hin zu schwerwiegenden psychischen Problemen. Auch das soziale Umfeld bietet nur kurzzeitige Entlastung. So dient es zwar immer wieder als fragile Ressource für materielle beziehungsweise finanzielle Güter und Informationen, kann damit jedoch nur begrenzt Sicherheit bieten. Durch die nur unregelmäßigen und wechselnden Einkommen besteht immer wieder Anspruch auf Grundsicherung. Um jedoch Kontingenz – oder die ständige Vorläufigkeit zu bewahren und sich damit der Möglichkeit des Scheiterns zu verweigern, wird diese nicht in Anspruch genommen.

Tab. 1 Idealtypen der Nichtinanspruchnahme

	Kontingenz	Autonomie	Entlastung	Abgrenzung
Handlungskontext	Nach Beendigung einer Ausbildung und mit dem Beginn einer neuen Lebensphase: Setzen eigener Ziele und Bemühungen diese zu erreichen	Nach Sinnkrise und Stress im Beruf: Abkehr von Normalarbeitsverhältnissen und Streben nach Autonomie	Nach Arbeitsunfähigkeit und Überforderung mit den Anforderungen im Grundsicherungsbezug: Verzicht auf Grundsicherung und Resignation	Nach Schicksalsschlag und Herabwürdigungserfahrungen im Grundsicherungsbezug: Verzicht auf Grundsicherung und Streben nach finanzieller Unabhängigkeit
Vorheriger Grundsicherungsbezug	☒	☒	☑	☑
Einstellung zum GB	GB ist keine Option und Zeichen des Scheiterns	GB ist ungerechtfertigt und Zeichen der Leistungsunfähigkeit	GB ist gerechtfertigt, aber eine große Belastung	GB ist letzter Ausweg, aber unfair und herabwürdigend

(Fortsetzung)

Tab. 1 (Fortsetzung)

	Kontingenz	Autonomie	Entlastung	Abgrenzung
Alltagsbewältigung Alltagswahrnehmung	Aufnahme von wechselnden Nebenjobs/ Bewahrung ständiger Vorläufigkeit Geprägt von Unsicherheit und Stress/ Große psychische Belastung	Nutzen alternativer Wirtschaftsformen (Subsistenzwirtschaft/ Tauschökonomie) und Erlangen von Selbstständigkeit Erstrebenswert und selbstbestimmt/ Befreiung durch Konsumabkehr	Abfinden mit der Situation. Einschränkungen und Genügsamkeit Geprägt von Verzicht und Leid/ Kaum Handlungsmöglichkeiten	Langfristige Planung aller Ausgaben/ Selbstdisziplin und Verzicht auf Spontanität/ Alltagsbewältigung als Ausdruck von Leistung
Interaktion mit dem sozialen Umfeld	Soziales Umfeld als fragile Ressource für kurzfristige materielle und finanzielle Unterstützung und Informationen	Soziales Umfeld als Sicherungsnetz/ Gemeinschaftsorientiertes Handeln	Kaum Kontakt zu anderen/ Vernachlässigung durch andere	Abgrenzung von anderen (vermeintliche ‚Schmarotzer'), Demonstration der eigenen Leistung/ Verheimlichung der eigenen Situation

Anmerkungen: eigene Darstellung; GB: Grundsicherungsbezug

Als Referenz wird der Fall von Peter Linz herangezogen.[6] Peter ist als junger Erwachsener in eine Großstadt gezogen, wo er sich im Bereich Musik und Veranstaltungen selbstständig machen wollte. Er wohnt zusammen mit seiner Lebenspartnerin (die sich in einer ähnlich prekären Situation befindet) in einer Mietwohnung. Um einerseits genug Einkommen für die Lebenshaltungskosten aufzubringen, andererseits aber jegliche andere berufliche Festlegung zu vermeiden, die das Scheitern bezüglich der eigenen Karriereziele bedeuten würden, finanziert er seinen Lebensunterhalt mit wechselnden Aushilfs- und Nebenjobs. Die finanziell prekäre Situation belastet ihn sehr:

„[...] Und, ähm, hm (nachdenkend) bin in so eine/ in so eine prekäre Situation so reingerutscht, dass ich/ ich wollte halt nicht viel Lohnarbeit machen, gleichzeitig brauchte ich aber irgendwie das Geld und habe dann, äh, sogar ein Jahr lang, [...] dass ich dann irgendwie zwei Minijobs gleichzeitig gemacht hatte. Das heißt, ich hatte nicht nur, äh, eigentlich super wenig Geld und, äh, und habe/ und wäre eigentlich, äh, einkommensteuerpflichtig oder wie auch immer irgendwie, auf jeden Fall sozialversicherungspflichtig gewesen, ähm, habe das aber so umgangen. Und war noch nicht mal krankenversichert, weil es war noch die Zeit, wo man nicht automatisch krankenversichert war. [...] Ähm und das war natürlich ein total untragbarer Zustand. [...] Ähm, dann fing das mit der, mit der Krankenkassenpflicht an. Und ähm ab dem Zeitpunkt, äh, habe ich dann Schulden angesammelt [...] und, äh, ja, der, der Leidensdruck wurde höher. Also der, der finanzielle, der, der existenzielle Leidensdruck wurde höher. Ähm, ich hatte nicht jeden Monat genug Geld für Miete und, und, äh, andere existenzielle Sachen. Ähm, habe Geld geliehen, ähm, äh, boah, das war/ das war irgendwann sehr unangenehm." (Peter Linz, Abs. 7–11).

Trotz der extrem belastenden Umstände beantragt Peter für lange Zeit keine Grundsicherung. Statt in dieser eine Unterstützung in der eigenen Notsituation zu sehen, wird sie als ‚amtliche Bescheinigung des Versagens' aufgefasst. Als Maßstab wird die „Leistungsgesellschaft" angelegt, für die die eigenen Bemühungen nicht ausreichen. Mit dem Bezug von Grundsicherung wird schließlich der Ausschluss aus der (Leistungs-)Gesellschaft verbunden.

„Ähm, also wir reden von/ von Stigmatisierung, von Tabuisierung, ähm, irgendwie an/ an den Rand der Gesellschaft gedrängt zu sein oder/ oder dann irgendwelche auch sozusagen es amtlich bescheinigt zu bekommen, man/ man ist/ man hat versagt, so das, ähm, wenn man ein Karriereziel hatte, man/ man hat das jedenfalls nicht geschafft, ähm, Leist/ die Leistungsgesellschaft will einen nicht, dafür reicht die Leistung nicht, ja?" (Peter Linz, Abs. 64).

---

[6] Alle Namen wurden durch Pseudonyme ersetzt.

Die Nichtinanspruchnahme und die damit verbundene Aufrechterhaltung von Kontingenz hat jedoch Grenzen. In unserem Sample beobachten wir bei Personen dieses Typs schwerwiegende psychische Belastungen und Krisen, die das Leben der Betroffenen nachhaltig negativ beeinflusst haben. In der Zuspitzung der eigenen Lebenssituation haben unsere Befragten irgendwann dann doch Grundsicherung beantragt. Der spätere Grundsicherungsbezug erscheint aber keinesfalls zwingend für diesen Typ.

Autonomie – oder die Abkehr von vorherrschenden Normalitätsvorstellungen

Der Handlungskontext von Typ Autonomie (2) unterscheidet sich grundsätzlich von demjenigen des Typs Kontingenz. Statt die eigene Position in der ‚Leistungsgesellschaft' erst noch zu suchen, ist die Ausgangssituation von Typ Autonomie durch die Entscheidung geprägt, sich aus der vorherrschenden Normalität zurückzuziehen. Dieser Situation geht eine hohe Belastung im Beruf bzw. eine Sinnkrise bezüglich der eigenen Lebensgestaltung voraus. Das Angestelltenverhältnis wird bewusst verlassen und eine selbstbestimmte Lebensweise gesucht. Um den Lebensunterhalt weiterhin bestreiten zu können, werden einerseits die Lebenshaltungskosten auf das Nötigste reduziert, andererseits wird auf alternative Wirtschaftsformen (Subsistenzwirtschaft, Tauschökonomie etc.) zurückgegriffen. Mit der Abkehr von der Erwerbsarbeit und von den auf Konsum ausgerichteten, kapitalistischen Strukturen wird das Gefühl der Selbstbestimmung erreicht. Im Gegensatz zur hohen Belastung, die Typ Kontingenz im Alltag erfährt, wird die Alltagsbewältigung von Typ Autonomie dann auch als erstrebenswerter Zustand oder Befreiung gedeutet. Möglich wird diese Lebensweise durch ein weitreichendes soziales Netzwerk, das nicht nur materielle und finanzielle Ressourcen bereitstellen kann, sondern auch als Sicherungsnetz fungiert und Sozialintegration ermöglicht.

Auch ohne die Aufnahme einer Lohnarbeit ist die eigene Leistung – das eigene Leben selbstbestimmt gestalten zu können – maßgebliche Quelle für soziale Anerkennung, Integration und das Selbstwertgefühl von Typ Autonomie. Der Leistungsbezug wird hingegen als ein ‚Nicht-Können' und häufiger noch als ein ‚Nicht-Wollen' gedeutet, sodass die Inanspruchnahme von Grundsicherung bei gleichzeitiger Leistungsfähigkeit als ‚Schmarotzen' abgewertet und trotz rechtlichen Anspruchs nicht in Betracht gezogen wird.

Als Referenzfall dient hier die Erzählung von Emil Wagner. Emil ist 35 Jahre alt und empfindet das Leben in einem Angestelltenverhältnis mit Blick auf die Konsumgesellschaft als sinnlos:

„Also ich war Hausmeister und da gab es noch drei andere Hausmeister:innen und das war einfach, die da haben so eine Fresse gezogen und hatten so keinen Spaß an ihrer Arbeit und das konnte ich nicht nachvollziehen, wie man sich jeden Morgen irgendwo hinschleppen kann, nur um seine Kohle zu kriegen, die man dann in der mickrigen Freizeit, die man hat, irgendwie auf den Kopf hauen kann. Also der eine hatte damals einen Mercedes SLK gefahren. Aber der hatte ja, also der ist mit dem Auto halt zur Arbeit gefahren. Da könnte man auch nicht arbeiten gehen und kein Auto haben und der hätte Zeit, Fahrradfahren zu gehen in meiner Welt. Das ist alles sehr schwer nachvollziehbar für mich, warum Leute so leben. Die sich auch tolle Häuser bauen, die super teuer sind. Die sind einfach nur zum Pennen da drin. So, wozu?" (Emil Wagner, Abs. 44).

Mit der Abkehr von der Erwerbsarbeit und den vorherrschenden Normalvorstellungen findet Emil in der links-alternativen Szene auf einem Bauwagenplatz sein Zuhause. Dort wohnt er zusammen mit seiner Lebensgefährtin und den gemeinsamen Kindern. Das wenige benötigte Geld verdient er durch Gelegenheitsjobs im handwerklichen Bereich. Obwohl er einen rechtlichen Anspruch auf Grundsicherung hat, verzichtet er auf das zusätzliche Geld. Emil deutet den Leistungsbezug auf persönlicher Ebene als einen Ausdruck von Faulheit („[…] ich habe viele Leute [im Grundsicherungsbezug] kennengelernt, wo ich das Gefühl hatte, dass sie (…) plump gesagt, ihre Faulheit durch Idealismus kaschieren" Abs. 26) Für ihn ist es dagegen wichtig, die eigene Leistung beziehungsweise Arbeit in einen Gemeinschaftsbezug zu setzen. Dadurch bekommt er soziale Anerkennung, die für ihn einen Lebensantrieb darstellt. Aus diesem Grund engagiert er sich auch stark für die Gemeinschaft:

„Und da kriege ich die Anerkennung, die vielleicht andere Leute in einem geregelten Beruf bekommen und die ist für mich superwichtig. Ich lebe für zwei Sachen, dafür, dass ich anderen Leuten helfen kann und da ganz viel zurückbekomme, das macht mich glücklich, und dafür, dass ich Anerkennung bekomme für die Sachen, die ich auch für mich mache. Dass das Leute cool finden. […] Also der Sozialverband ist mir da unglaublich wichtig, ohne den, also ich würde das nicht alleine im Wald irgendwie machen wollen." (Emil Wagner, Abs. 72).

Wenn Emil an seine Zukunft denkt, an eine Zeit, in der er vielleicht nicht mehr leistungsfähig sein wird, sorgt er sich schon manchmal. In diesen Momenten gibt ihm die Möglichkeit, Grundsicherung zu beziehen, Sicherheit („Aber ich kriege auch immer wieder die Zuversicht, also für mich ist da die soziale Grundsicherung, wie sie in unserem Land organisiert ist, ist so eine Art Backup. So ein/ so ein Sicherungsnetz." Abs. 94).

Entlastung – oder der Zwang zur Genügsamkeit

Während die ersten beiden Typen vor der Phase der Nichtinanspruchnahme noch keine Berührung mit dem Grundsicherungssystem hatten, sind diese für Typ drei und vier charakteristisch. Personen des Typs Entlastung (3) haben einschneidende Erfahrungen mit Ämterstrukturen – oft, aber nicht ausschließlich mit der Grundsicherung – gemacht.[7] Typ Entlastung kann, etwa aus gesundheitlichen Gründen, keiner Erwerbsarbeit nachgehen oder ist bereits in Rente. Er hat nur ein geringes Einkommen (z. B. Rente, Einkommen durch den oder die Partner:in oder Gelegenheitsjobs) und könnte dieses mittels Grundsicherung aufstocken. Entgegen den ersten beiden Typen empfindet sich Typ Entlastung aufgrund der eigenen (gesundheitlichen) Probleme auch als legitim anspruchsberechtigt. Weil der Grundsicherungsbezug aber mit einer zu hohen Unsicherheit und (psychischer) Belastung verbunden wird, verzichten Personen dieses Typs auf das zusätzliche Geld. Der Alltag ist durch Entbehrungen geprägt. Im Gegensatz zu Typ Autonomie wird die eigene Situation als ausweglos und ungerecht empfunden. Ein soziales Umfeld ist kaum vorhanden, sodass auch von dieser Seite keine Unterstützung bereitsteht.

Monika Auer ist 67 Jahre alt und wohnt allein in einer kleinen Mietwohnung in einer mittelgroßen Stadt in Thüringen. Sie leidet unter einem schlechten gesundheitlichen Zustand. Früher hatte sie mal Grundsicherung bezogen, heute lebt sie von ihrer Rente. Sie könnte Grundsicherung nach SGB XII beziehen, verzichtet aber auf das zusätzliche Geld:

„Das kann ich nicht, da bin ich/ Äh, ich begreif das nicht, was die manchmal schreiben. Und da hab ich dann wieder Angst, dass ich irgendwas VERschreibe, da reinschreibe, was gar nicht so gemeint war, [...] dass ich meinetwegen, wenn ich jetzt (.) irgendwas beantrage und nachher da schreiben die: Nee, das ist nicht so, ähm, [...] Sie müssen das bezahlen. Oder ziehen das schon ab und alles und äh. Oder ich/ ich schreibe was

---

[7] Charakteristisch für den Typ Entlastung ist ein vorheriger Grundsicherungsbezug. Das ist deshalb naheliegend, weil erst vor dem Hintergrund vorheriger Nutzung und belastender Erfahrungen die Entlastung zu einem zentralen Motiv wird. Gleichermaßen möglich ist, dass belastende Erfahrungen mit Ämtern oder bürokratischen Strukturen im Allgemeinen zu einem Verzicht führen, wenn diese Erfahrungen auf den Grundsicherungsbezug projiziert werden.

rein, was ich/ was ich gar nicht wollte und was die trotzdem machen. Und wenn ich dann sage, nee, so war das nicht gemeint: Sie haben das so unterschrieben." (Monika Auer, Abs. 325–331).

Die Antragsstellung wird als nicht zu durchschauen und damit als nicht zu bewältigen empfunden und ist mit der Sorge verbunden, ungewollt Verpflichtungen einzugehen beziehungsweise durch die Unterschrift ‚denen' unwiderruflich ausgeliefert zu sein und keinen Einfluss mehr auf die eigene Situation zu haben. Statt in der Grundsicherung eine Unterstützung zu sehen, wird diese als Bedrohung wahrgenommen. Monika möchte sich dem nicht aussetzen und findet in der Nichtinanspruchnahme zumindest diesbezüglich Entlastung von den überfordernden Bedingungen.

Um ihre ansonsten von Verzicht und Leid geprägte Situation zu ertragen, übt Monika sich in Genügsamkeit („Hauptsache, ich hab meine Wohnung und kann die noch bezahlen und, äh, (..) hab eben genug zum Leben. […] Ich bin ein genügsamer Mensch" Abs. 335–337). Tatsächlich ist diese Genügsamkeit aber nicht selbst gewählt, denn auch hier sieht Monika keine Möglichkeit Einfluss auf ihre Situation zu nehmen und fühlt sich den Umständen ausgeliefert („[…] also was ich auch bei vielen Dinge sage, es muss nicht sein.[…] Und da, es fällt mir schwer, aber es muss ja gehen, der Zwang ist da, es muss gehen." Abs. 43–45). Sie fühlt sich verlassen („Das ist das Schlimme, ich hab niemanden." Abs. 73) und resigniert gegenüber ihrer Situation („Na ja, und da sag ich mir eben, es hat nicht sollen sein, da musst du durch. So ist schon manchmal so schlimm, dass ich hier in Tränen/ Gott sei Dank sieht's keiner, aber das sind eben die Sachen, wo man dann nicht nachdenken darf." Abs. 341).

Abgrenzung – oder die Demonstration der eigenen Leistungsfähigkeit

Typ Abgrenzung (4) schließlich zeichnet sich durch einen emanzipativen Akt des Verzichts aus, der in der Nichtinanspruchnahme mündet. Typ Abgrenzung hat eine strikt dichotome Vorstellung von Leistungsbeziehenden und unterteilt diese in würdige (diejenigen, die unverschuldet in die Situation geraten seien und sich bemühten) und unwürdige Beziehende (diejenigen, die keine Lust hätten zu arbeiten und das Grundsicherungssystem ausnützten). Aufgrund eines Schicksalsschlages (etwa Scheidung, Arbeitsplatzverlust, aber auch Krankheit) sehen sich Personen dieses Typs in der Situation, unverschuldet auf Grundsicherung angewiesen zu sein. Da sie sich als würdige Leistungsbezieher:innen verstehen, fühlen sie sich durch Bevormundung und übermäßige Kontrolle der eigenen finanziellen Verhältnisse jedoch der falschen Kategorie zugeordnet – der der Unwürdigen. Für diese sei eine entsprechende Behandlung zwar verständlich und angebracht, gegenüber ihnen selbst aber vollkommen unangemessen. Mit dem Verzicht auf Grundsicherung kann dieser Typ sich schließlich absolut und demonstrativ von dem Stereotyp der faulen Leistungsbeziehenden abgrenzen und die eigene Identität als „normal" festigen.

Der Alltag von Typ Abgrenzung zeichnet sich durch eine strikte Organisation aus, wie auch mit wenig Geld gewirtschaftet werden kann. Dabei steht in der Wahrnehmung des Alltags (im Gegensatz etwa zu Typ Entlastung) nicht die Einschränkung durch fehlende finanzielle Ressourcen im Vordergrund. Stattdessen wird die Alltagsbewältigung als Zeichen der eigenen Bemühungen oder der eigenen Leistung hervorgehoben, um sich auch hier von den vermeintlich Faulen abzugrenzen. Auch in den Erzählungen in Bezug auf das soziale Umfeld werden die Abgrenzungsbemühungen sichtbar. So wird auf der einen Seite der frühere Grundsicherungsbezug im sozialen Umfeld verheimlicht. Auf der anderen Seite werden Beispiele von Personen aus dem sozialen Umfeld im Leistungsbezug herangezogen, um sich von diesen zu distanzieren.

Als Beispiel wird hier der Fall von Gerd Kast vorgestellt. Nachdem seine Arbeit „wegrationalisiert" wurde, ist er in die Arbeitslosigkeit, Kriminalität und eine Suchtkrankheit ‚abgerutscht'. Mittlerweile ist er rehabilitiert, hat geheiratet, Kinder und arbeitet zusammen mit seiner Frau in Teilzeit bei einem sozialen Träger. Trotz Anspruch auf Aufstockung verzichten sie auf das zusätzliche Geld. Als Grund dafür nennt er die unangemessene und entwürdigende Behandlung vom Amt ohne jegliche Berücksichtigung seiner individuellen Situation:

„Also das ist halt immer dieses Problem, dass man einfach, (.) wenn man ehrlich agiert, wird man trotzdem in die Schiene von denen gezogen, die halt nicht ehrlich agieren. Und das stört uns auch so dran. Ne? [...] Das ist halt schade. (.) Ja? Die sehen, dass wir arbeiten. Die fordern uns trotzdem auf, äh trotz, dass wir dreißig Stunden die Woche arbeiten. Und dass wir uns einen anderen Job suchen sollen. Ne? Trotz, dass wir grade auch äh (.) im Vorfeld Probleme hatten, äh überhaupt eine ordentliche Lebensführung (.) an den Tag zu bringen. Ja?" (Gerd Kast, Abs. 11).

Obwohl Gerd also alles daran setzt „eine ordentliche Lebensführung" vorzuweisen und es schafft, trotz aller vorheriger Probleme Leistungsbereitschaft demonstriert („trotz, dass wir dreißig Stunden die Woche arbeiten"), fühlt er sich von den Mitarbeiter:innen auf dem Amt so behandelt, wie er es ausschließlich gegenüber denjenigen erwarten würde „die halt nicht ehrlich agieren". Allen Bemühungen zum Trotz werden die eigenen Leistungen im Bezug nicht anerkannt. Letztlich schafft die Nichtinanspruchnahme eine klare und selbstversichernde Zuordnung „normal" zu sein (Abs. 11).

> *„Also, (.) es gibt ja auch diese typischen ähm sozial/ die ziemlich sozial schwach sind. (.) Ne? Und das möchten wir einfach nicht, dass unsere Familie so/ so wird. (lacht) (.) Ja. Wir geben da schon Acht drauf, dass wir da, (.) auch wenn wir nicht viel Geld haben, das, (...) wie soll ich sagen, (.) dass wir halt normal sind einfach. Also, (.) dass wir keine Assis sind. (.) Ne? (lacht) Mir fehlte einfach das Wort jetzt dafür. (lacht)"* (Gerd Kast, Abs. 39).

Um trotz des geringen verfügbaren Einkommens den Lebensunterhalt bestreiten zu können, wird der Alltag strikt durchorganisiert („wir machen mittlerweile ne Wochenplanung" Abs. 238) und auf jegliche spontanen Ausgaben verzichtet. In der Erzählung wird dieser entgegen aller Einschränkungen als leicht zu bewältigen dargestellt und dient damit gleichermaßen als Beleg, weder faul noch unwürdig zu sein („Wir hätten Anspruch auf Leistung, aber leben, Spaß haben und wissen, wie wir mit dem Geld umgehen müssen. Und haben trotzdem Geld übrig halt, ne? [...] Ja. Und deswegen sind uns die zweihundert Euro [Grundsicherung – vom Amt berechnet, Anm. Autor:innen] völlig egal. [...] (lacht) Ist einfach so. Deswegen tun wir uns das Theater nicht mehr an." Abs. 300–304). Im sozialen Umfeld sucht Gerd keine Hilfe. Stattdessen wird die Eigenständigkeit im Vergleich zu den anderen hervorgehoben („Wir sind ja, glaube ich, schon die Selbstständigen/ ständigsten hier aus der Familie. (lacht)" Abs. 346).

In der Zusammenschau der vier Typen zeigt das Material unterschiedliche Logiken des Verzichts. Während die einen durch den Verzicht Selbstwertgefühl generieren oder Anerkennung (bzw. Teilhabe) erfahren, nehmen andere den Alltag in der Nichtinanspruchnahme als überfordernd und permanente Belastung wahr oder resignieren angesichts ihrer empfundenen Ausweglosigkeit. Kurz gesagt, macht für die untersuchten Typen die Inanspruchnahme aus subjektiver Perspektive aus unterschiedlichen Gründen keinen Sinn. In der Alltagsbewältigung wenden Anspruchsberechtigte als aktive Produzent:innen ihrer Lebensverhältnisse vielfältige Strategien an, um ihre schwierige Situation auch ohne (bzw. gerade ohne) den Bezug von Grundsicherungsleistungen zu bewältigen. Dabei ist der jeweilige Handlungskontext ausschlaggebend: sowohl für die Bedeutungszuschreibungen zum Grundsicherungsbezug, als auch für die Alltagsbewältigung bzw. -wahrnehmung und die Interaktion mit dem sozialen Umfeld.

6 Fazit

Aus sozialpolitischer Perspektive stellen Grundsicherungsleistungen soziale Rechte dar, die gleichwertige Teilhabechancen gewährleisten sollen. Die empirisch große Verbreitung der Nichtinanspruchnahme deutet darauf hin, dass die Einschätzungen der Bürger:innen von dieser sozialpolitischen Perspektive abweichen. Mit einem subjektzentrierten qualitativen Untersuchungsdesign lassen sich die alltagsweltlichen Logiken des Verzichts aufzeigen. Diese Perspektive ist in der Nichtinanspruchnahmeforschung bisher durch die starke Fokussierung auf mögliche Hürden bei der Antragsstellung bzw. Inanspruchnahme verborgen geblieben. Die Analyse zeigt: Subjektseitige Strategien und Deutungen sind eng verwoben mit gesellschaftlichen und sozialpolitischen Ordnungsvorstellungen. Insgesamt zeigt sich, dass das Grundsicherungssystem auch, aber nicht nur, als negativ und exkludierend empfunden wird. Betroffene bewegen sich zwischen dem Wunsch nach Integration und Selbstbestimmung und können diese je nach Bewältigungsstrategie mehr oder weniger erreichen. Für die Nichtinanspruchnehmenden stellt die Grundsicherung keine anwendbare Ressource für die Lebensbewältigung dar.

Sozialpolitisch sieht das 2023 eingeführte Bürgergeld punktuelle Verbesserungen vor. Auch betont es auf der semantischen Ebene einen gleichwertigen Bürgerstatus von Leistungsbeziehenden. Ob es zu einer spürbaren Veränderung des Inanspruchnahmeverhaltens kommt, erscheint angesichts der Befunde jedoch fraglich. Dazu sitzen die Deutungen der Grundsicherung als Zeichen des persönlichen Versagens, als Ausdruck von Faulheit oder Leistungsunfähigkeit, als Bedrohung beziehungsweise Last oder gleich als Kennzeichen unwürdiger Armut zu tief. Auch erste empirische Befunde zu den Corona-Sozialschutzgesetzen deuten in diese Richtung. Die Sozialschutzgesetze nahmen wesentliche Elemente der Bürgergeldreform vorweg, führten jedoch nicht zu einem spürbaren Anstieg in der Inanspruchnahme von Leistungen (Aprea et al. 2021). So spielten die im Erhebungszeitraum bereits geltenden Zugangsbedingungen der Corona-Sozialschutzgesetze auch für unsere Interviewten schlicht keine Rolle.

Die erarbeiteten Typen können helfen zielgerichtete Maßnahmen einzuleiten, die die Inanspruchnahme erleichtern. So ist es insbesondere mit Blick auf Typ Entlastung zentral, die sozialrechtliche Drohkulissen abzubauen und den unterstützenden Charakter der Grundsicherung hervorzuheben. Einfache und entstigmatisierende Sprache in Informationsmaterialien und Anträgen können ein erster Schritt in diese Richtung sein. Die neu eingeführten Karenzzeiten (bezüglich der tatsächlichen Kosten der Unterkunft und der Vermögensfreibeträge – siehe § 12 & § 22 SGB II) sind vor allem mit Blick auf Typ Kontingenz ein guter Anfang, eine – wenn auch nur kurze – Zeit der Sicherheit zu bieten, in der gleichzeitig die selbstbestimmte Gestaltung eigener Ziele gewahrt bleibt und ermöglicht wird. Doch auch hier wird deutlich: Ohne tiefgreifende Veränderungen wird sich an der Wahrnehmung durch Grundsicherung „an den Rand der Gesellschaft gedrängt zu sein" (Peter Linz) kaum etwas ändern. Es ist davon auszugehen, dass Menschen weiterhin große Entbehrungen und Belastungen auf sich nehmen, anstatt das Ihnen zustehende Recht tatsächlich einzulösen. Eine Sicht auf die Nichtinanspruchnahme von Grundsicherung als eine individuelle und selbstverantwortliche Entscheidung ist damit verkürzt. Nichtinanspruchnahme geht mit massiven Einschränkungen in der Lebensgestaltung und sozialpolitischen Folgeproblemen einher und muss als gesellschaftliches und soziales Problem in den sozialpolitischen Diskurs mit aufgenommen und bei der (zukünftigen) Ausgestaltung des Grundsicherungssystems berücksichtigt werden.

Literatur

Aprea, Carmela et al.. 2021. Finanzielle Verluste und sozialpolitische Unterstützung von Haushalten in der Corona-Krise. *ZEW-Kurzexpertise* 14:1–16.

Bareis, Ellen. 2012. Nutzbarmachung und ihre Grenzen – (Nicht-)Nutzungsforschung im Kontext von sozialer Ausschließung und der Arbeit an der Partizipation. In *Kritisches Forschen in der Sozialen Arbeit*, Hg. Elke Schimpf, und Johannes Stehr, 291–314. Wiesbaden: Springer VS.

Bareis, Ellen, und Helga Cremer-Schäfer. 2013. Empirische Alltagsforschung als Kritik. Grundlagen der Forschungsperspektive der „Wohlfahrtsproduktion von unten. In *Adressaten, Nutzer, Agency. Akteursbezogene Forschungsperspektiven in der Sozialen Arbeit*, Hg. Gunter Graßhoff, 139–159. Wiesbaden: VS Verlag für Sozialwissenschaften.

Betzelt, Sigrid et al.. 2017. Individuelle Autonomie im Status Arbeitslosigkeit ohne Leistungsbezug? Eine empirische Analyse. *Zeitschrift für Sozialreform* 63:447–482.

Blumer, Herbert. 1980. Der Methodologische Standort des Symbolischen Interaktionsimus. In *Alltagswissen, Interaktion und Gesellschaftliche Wirklichkeit.*, 80–146. Wiesbaden: VS Verlag für Sozialwissenschaften.

BMAS. 2023. Unser Schritt nach vorn. Das Bürgergeld. https://www.bmas.de/DE/Arbeit/Grundsicherung-Buergergeld/Buergergeld/buergergeld.html. Abgerufen am: 30. Juli 2023.

Bruckmeier, Kerstin et al. 2021. Misreporting of program take-up in survey data and its consequences for measuring non-take-up. *Empirical Economics* 61:1567–1616.

Buslei, Hermann, Johannes Geyer, Peter Haan, und Michelle Harnisch. 2019. Wer bezieht Grundsicherung im Alter? *FNA-Journal* 4: 1–44.

Cremer-Schäfer, Helga. 2008. Individuum und Kritik. Von der Wert-Orientierung zur Gebrauchswertorientierung. *Widersprüche. Zeitschrift für sozialistische Politik im Bildungs-, Gesundheits-und Sozialbereich* 28: 77–92.

Eckhardt, Jennifer. 2021. *Spannungsfeld Nichtinanspruchnahme. Wenn Bedürftige auf den Sozialstaat verzichten*. Weinheim: Beltz Juventa.

Flick, Uwe. 2011. Das Episodische Interview. In *Empirische Forschung und Soziale Arbeit,* Hg. Gertrud Oelerich, und Hans-Uwe Otto, 273–280. Wiesbaden: VS Verlag für Sozialwissenschaften.

Giesselmann, Marco, und Leen Vandecasteele. 2018. Armut in der Lebensverlaufsperspektive. In *Handbuch Armut,* Hg. Petra Böhnke, Jörg Dittmann, und Jan Goebel, 69–78. Opladen: Verlag Barbara Budrich.

Glaser, Barney, und Anselm Strauss. 2010[1967]. *Grounded Theory. Strategien qualitativer Forschung.* Bern: Huber.

Harnisch, Michelle. 2019. Non-Take-Up of Means-Tested Social Benefits in Germany. *DIW Discussion Papers* 1793:1–41.

Herzog, Kerstin. 2020. Lehren aus der (Nicht-)Nutzung von Schuldenberatung? In *Nutzen, Nicht-Nutzen und Nutzung Sozialer Arbeit,* Hg. Anne van Rießen, und Katja Jepkens, 259–274. Wiesbaden: Springer VS.

Hinrichs, Knut. 2018. Die Entwicklung des Rechts der Armut zum modernen Recht der Existenzsicherung. In *Handbuch Armut und soziale Ausgrenzung,* Hg. Ernst-Ulrich Huster, Jürgen Boeckh, und Hildegard Mogge-Grotjahn, 223–252. Wiesbaden: Springer VS.

Hümbelin, Oliver. 2019. Non-Take-Up of Social Assistance: Regional Differences and the Role of Social Norms. *Swiss Journal of Sociology* 45: 7–33. https://doi.org/10.2478/sjs-2019-0002.

Kessl, Fabian, und Alexandra Klein. 2010. Das Subjekt in der Wirkungs- und Nutzerforschung. In *What works – Welches Wissen braucht die Soziale Arbeit?,* Hg. Hans-Uwe Otto, Andreas Polutta, und Holger Ziegler, 83–82. Opladen und Farmington Hills: Budrich.

Leisering, Lutz, und Petra Buhr. 2012. Dynamik von Armut. In *Handbuch Armut und Soziale Ausgrenzung,* Hg. Ernst-Ulrich Huster, Jürgen Boeckhl, und Hildegard Mogge-Grotjahn, 147–163. Wiesbaden: Springer VS.

Lessenich, Stephan. 2012. „Aktivierender" Sozialstaat: eine politisch-soziologische Zwischenbilanz. In *Sozialpolitik und Sozialstaat,* Hg. Reinhard Bispinck, Gerhard Bosch, Klaus Hofemann, und Gerhard Naegele, 41–53. Wiesbaden: VS Verlag für Sozialwissenschaften.

Lucas, Barbara et al. 2021. The Non-Take-Up of Health and Social Benefits: What Implications for Social Citizenship? *Swiss Journal of Sociology* 47:161–180. https://doi.org/10.2478/sjs-2021-0013.

Marshall, Thomas H.. 2000. Staatsbürgerrechte und soziale Klassen. In *Citizenship. Soziologie der Staatsbürgerschaft.,* Hg. Jürgen Mackert, und Hans-Peter Müller, 45–102. Wiesbaden: Westdeutscher Verlag.

van Mechelen, Natascha, und Julie Janssens. 2022. To take or not to take? An overview of the factors contributing to the non-take-up of public provisions. *European Journal of Social Security* 24: 95–116. https://doi.org/10.1177/13882627221106800.

Olk, Thomas. 2011. Dienstleistungsbeziehungen: Bürger, Nutzer, Konsumenten und Koproduzenten. In *Handbuch Soziale Dienste,* Hg. Adalbert Evers, Rolf G. Heinze und Thomas Olk, 482–498. Wiesbaden: Springer VS.

van Oorschot, Wim et al., Hg. 2017. *The social legitimacy of targeted welfare. Attitudes to welfare deservingness.* Cheltenham: Edward Elgar.

van Rießen, Anne. 2020. Die Analyse von Nutzen. In *Nutzen, Nicht-Nutzen und Nutzung Sozialer Arbeit,* Hg. Anne van Rießen, und Katja Jepkens, 27–40. Wiesbaden: Springer VS.

Schaarschuch, Andreas, und Gertrud Oelerich. 2020. Sozialpädagogische Nutzerforschung: Subjekt, Aneignung, Kritik. In *Nutzen, Nicht-Nutzen und Nutzung Sozialer Arbeit*, Hg. Anja van Rießen, und Katja Jepkens, 13–25. Wiesbaden: Springer VS.

Schmitz-Kießler, Jutta. 2022. „Hartz 4" wird zu „Bürgergeld" – Großer Wurf oder alles beim Alten? sozialpolitikblog. https://difis.org/blog/?blog=22. Abgerufen am: 31. Juli 2023.

Sielaff, Mareike, und Felix Wilke. 2023. Wenn ein Rechtsanspruch nicht reicht – Legitimitätsprobleme des Grundsicherungsbezugs. *WSI Mitteilungen* 76:261–270. https://doi.org/10.5771/0342-300X-2023-4-261.

Strübing, Jörg. 2021. *Grounded Theory. Zur sozialtheoretischen und epistemologischen Fundierung eines pragmatistischen Forschungsstils*. Wiesbaden: Springer VS.

Vobruba, Gerorg. 2000. *Alternativen zur Vollbeschäftigung*. Frankfurt/Main: Suhrkamp.

Vobruba, Georg. 2020. *Kritik zwischen Praxis und Theorie*. Weinheim: Beltz Juventa.

Wilke, Felix. 2021. Institutionalized Normality and Individual Living Situations. The Non-Take-Up of Old-Age Basic Income Support in Germany. *Swiss Journal of Sociology* 47:181–200. https://doi.org/10.2478/sjs-2021-0014.

Mareike Sielaff, M.A ist Bibliotheksreferendarin am Bibliotheks- und Informationssystem Oldenburg. Nach ihrem Studium der Soziologie und Erziehungswissenschaft war sie im Forschungsprojekt zur Nichtinanspruchnahme von Grundsicherungsleistungen am Fachbereich Sozialwesen der Ernst-Abbe-Hochschule Jena tätig. Zu ihren Forschungsschwerpunkten gehört die Armutsforschung mit Fokus auf besondere Lebenslagen.

Prof. Dr. Felix Wilke ist seit 2021 Inhaber der Professur für Soziologie in der Sozialen Arbeit am Fachbereich Sozialwesen der Ernst-Abbe-Hochschule Jena. Nach seiner mit einem Forschungspreis ausgezeichneten Dissertation zu Entscheidungsprozessen bei der privaten Altersvorsorge 2015 in Kassel war er in der Freien Wohlfahrtspflege und im Forschungsnetzwerk Alterssicherung der Deutschen Rentenversicherung Bund als Referent tätig. Seine Forschungsschwerpunkte sind Soziologie sozialer Ungleichheit, Sozialpolitik – insbesondere Arbeit, Alter und Gesundheit – und Methoden der empirischen Sozialforschung.

Open Access Dieses Kapitel wird unter der Creative Commons Namensnennung 4.0 International Lizenz (http://creativecommons.org/licenses/by/4.0/deed.de) veröffentlicht, welche die Nutzung, Vervielfältigung, Bearbeitung, Verbreitung und Wiedergabe in jeglichem Medium und Format erlaubt, sofern Sie den/die ursprünglichen Autor(en) und die Quelle ordnungsgemäß nennen, einen Link zur Creative Commons Lizenz beifügen und angeben, ob Änderungen vorgenommen wurden.

Die in diesem Kapitel enthaltenen Bilder und sonstiges Drittmaterial unterliegen ebenfalls der genannten Creative Commons Lizenz, sofern sich aus der Abbildungslegende nichts anderes ergibt. Sofern das betreffende Material nicht unter der genannten Creative Commons Lizenz steht und die betreffende Handlung nicht nach gesetzlichen Vorschriften erlaubt ist, ist für die oben aufgeführten Weiterverwendungen des Materials die Einwilligung des jeweiligen Rechteinhabers einzuholen.

„Ich bin nicht bedürftig": Verzicht als Abgrenzung

Jennifer Eckhardt

1 Einleitung

Die Zugänglichkeit des Sozialstaats entscheidet maßgeblich darüber, ob es seinen Adressat:innen gelingen kann, notwendige Unterstützung für sich nutzbar zu machen (Bareis et al. 2015). Entlang eines menschenrechtlichen Ansatzes zu sozialer Sicherung spezifiziert das UN-Forschungsinstitut zu sozialer Entwicklung (UNRISD – United Nations Research Institute for Social Development) Zugänglichkeit als die Notwendigkeit grundsätzlicher Erreichbarkeit bzw. Barrierefreiheit, Anpassbarkeit, Annehmbarkeit und Angemessenheit der Sozialleistungen.[1] Gelingt es nicht, diese Standards herzustellen, kann davon ausgegangen werden, dass die Quote der Nichtinanspruchnahme steigt, soziale Politiken ins Leere laufen und so die Gefahr der Entstehung und Verstetigung sozialer Ungleichheit wächst. Während Formen der Nichtinanspruchnahme, die auf Unkenntnis und Unzugänglichkeit beruhen, eher Hinweise auf einen Mangel an Barrierefreiheit und Erreichbarkeit liefern, zeugt der willentliche Verzicht auf Sozialleistungen dabei mutmaßlich vor allem auch von einem Mangel an Anpassbarkeit, Annehmbarkeit und Angemessenheit der Leistungen oder der Leistungsdistribution. Damit indiziert der Verzicht mindestens eine mangelnde Passung zwischen dem Sozialleistungssystem und potenziellen Rezipient:innen

---

[1] Vgl. https://socialprotection-humanrights.org/framework/principles/standards-of-accessibility-adaptability-and-acceptability/ (Zugriff 14.09.2023).

J. Eckhardt (✉)
Technische Universität Dortmund, Dortmund, Deutschland
E-Mail: jennifer.eckhardt@tu-dortmund.de

und kann darüber hinaus auch als Form der Kritik an und Abgrenzung von gegenwärtigen sozialpolitischen Ausrichtungen und Verteilungsformen gelesen werden (Tabin undLeresche 2016; Warin 2016; Goedemé und Janssens 2020). Indem die Bedingungen fokussiert werden, unter denen es Adressat:innen (nicht) gelingt, soziale Sicherung für sich nutzbar zu machen, besteht eine Chance, Funktionsdefizite aufzudecken und einen Beitrag dazu zu leisten, das Inklusivitätspostulat des Sozialstaats in seiner Umsetzung beurteilen zu können.

Die diesem Beitrag zugrunde liegende Studie zum Verzicht auf Sozialleistungen (Eckhardt 2022) verfolgt zu diesem Zweck einen subjektorientierten Ansatz und betrachtet den Verzicht in einem sozialen Normkontext, in dem der Sozialstaat als „Ort der Ordnung und Umordnung sozialer Verhältnisse" (Eckhardt 2022, S. 15) begriffen wird, um die Zugänglichkeit seiner Strukturen aus Nutzer:innensicht erfassbar zu machen. Im Vordergrund steht hier die Art und Weise, wie sich die Verzichtenden von der gegenwärtigen Sozialstaatlichkeit adressiert, positioniert und in Verantwortung genommen fühlen und wie sie sich dazu auf der Grundlage ihrer persönlichen Dispositionen und biografischen Eigenheiten verhalten.

Für diesen Beitrag wurden die Ergebnisse der Studie dahingehend spezifiziert, welche Sozialstaatskonstruktionen durch die Interviewpersonen geleistet werden und in welcher Form im Verzicht eine Abgrenzung von diesen Konstruktionen liegt. Letztlich soll so herausgestellt werden, inwiefern die Neuerungen des Bürgergeldes eine präventive Wirkung gegen den Verzicht als eine Form der Nichtinanspruchnahme entfalten können.

Das Kapitel beginnt mit einer kurzen Beschreibung der zugrunde liegenden Untersuchung und des Forschungsansatzes sowie des theoretischen Hintergrunds und einiger Kernergebnisse. Im dritten Abschnitt werden darauf aufbauend die drei vorgefundenen Sozialstaatskonstruktionen und Abgrenzungsmodi der Verzichtenden erläutert, um dann, im vierten Abschnitt, ein übergeordnetes Muster *(Verzicht als Abgrenzung von Bedürftigkeit)* darzustellen. Letztlich wird diskutiert, inwiefern auf Basis dieser Ergebnisse das Bürgergeld zu einer Minderung des Verzichts beitragen kann.

2 Die subjektorientierte Untersuchung des Verzichts

Im Zentrum der qualitativen Untersuchung steht die subjektivierungstheoretische Betrachtung des Verzichts formal Bedürftiger auf sozialstaatliche Unterstützung im Kontext des sich transformierenden Sozialstaats. Dazu werden Annahmen aus dem sozialkonstruktivistischen Paradigma der Soziologie und der Hermeneutischen Wissenssoziologie mit dem poststrukturalistischen Impetus nach dem Vorbild der Wissenssoziologischen Diskurs- bzw. Dispositivanalyse und der darauf aufbauenden Interpretativen Subjektivierungsanalyse gekoppelt (Bührmann und Schneider 2008; Keller 2014; Bosančić 2016). Die Studie fokussiert auf die Diskrepanz zwischen dem durch die Verzichtenden wahrgenommenen sozialstaatlichen Anforderungsrahmen als Vorgabe eines idealen Seins und den tatsächlichen Subjektivierungsweisen. So soll einerseits herausgestellt werden, wie die Verzichtenden glauben nach sozialstaatlicher Diktion sein zu müssen und andererseits, wie sie sich auf Grundlage ihrer persönlichen Dispositionen und biografischen Eigenheiten dazu verhalten. Letztlich systematisiert eine dispositivtheoretische Abstraktion die Ergebnisse und fundiert sie vor ihrem übergeordneten, gesellschaftstheoretischen Hintergrund. In diesem Sinne stehen nicht die individuellen Motivlagen für die Nichtinanspruchnahme im Fokus, sondern das zugrunde liegende Bedingungsgefüge, das für den Verzicht als Handlungsorientierung wirksam wird und die weiteren gesellschaftsstrukturellen Auswirkungen und Nebenfolgen.

Datenbasis der Untersuchung sind 11 teilnarrative, episodische Interviews (Flick 2011) mit Verzichtenden zwischen 20 und 69 Jahren, die unterschiedlichen sozio-ökonomischen Herkunftsbedingungen und Bildungshintergründen zuzuordnen sind. Sie wurden in einem dreistufig-iterativen Prozess aus Einzelfallanalysen, komparativer Analyse und dispositivanalytischer Einordnung und Abstraktion angeleitet durch das Integrative Basisverfahren nach Jan Kruse (2014) ausgewertet.

Die vorgefundenen Formen des Verzichts und die Lebensentwürfe der Verzichtenden sind wie erwartet vielfältig. Gemein ist ihnen, dass sie abseits von Markt und Staat Wege finden (müssen), um ihre Existenz zu sichern. Ihre „Arbeitsweisen am Sozialen" (Bareis et al. 2015) reichen vom Anbau und Vertrieb von Cannabis, Schwarzarbeit oder kleineren Diebstählen, über die Existenzsicherung auf Basis von ehrenamtlichen Tätigkeiten bzw. familiären Ressourcen bis zum Leben in alternativen Zusammenschlüssen oder auch ganz oder zeitweilig in Obdachlosigkeit. Alle Interviewpersonen haben eigene Motive und es lassen sich diverse strukturelle Hindernisse benennen, die etwas über die Unzugänglichkeit des sozialen Leistungssystems aussagen. Für manche sind z. B. bürokratische Hürden unüberwindbar, manche bewerten die persönlichen Kosten als zu hoch, manche haben Grundsicherungsleistungen auch schon einmal in Anspruch genommen und haben den Kontakt zum Jobcenter einseitig abgebrochen, manche scheitern am Formularwesen und manche waren nie in Kontakt mit der Sozialverwaltung. Durch die mit dem Verzicht verbundenen Autonomiegewinne werden zum Teil existentiell bedrohliche Teilhabeeinschränkungen hingenommen, die durch eine Inanspruchnahme vermieden werden könnten. In der komparativen Betrachtung zeigt sich zudem, dass die Umgangsweisen mit dem Verzicht abhängig sind von persönlichen Dispositionen, biografischen Hintergründen, je prägenden, lebensleitenden Motiven und Grundverständnissen von Gerechtigkeit, Armut und Bedürftigkeit sowie subjektiven Gesellschaftsentwürfen und Ordnungskonzepten. Die weitergehende Analyse der wahrgenommenen Anforderungsrahmen und den Subjektivierungs- und Selbstkonstitutionsweisen zeigt darüber hinaus, dass dem Verzicht eine grundsätzlich konflikthafte Beziehung zum Sozialstaat oder einzelner Funktionsbereiche zugrunde liegt. Die Ergebnisse auf Einzelfalebene lassen unter anderem Schlüsse darauf zu, welchen Einfluss kulturelle Orientierungen, internalisierte Bilder von Armut und Bedürftigkeit, individuelle Gerechtigkeitsvorstellungen und Gesellschaftsentwürfe oder spezifische Ordnungskonzepte darauf haben, welche sozialstaatlichen Anforderungen als dominant wahrgenommen und bearbeitet werden.

Für diesen Beitrag wurden spezifische Sozialstaatskonstruktionen und darauf fußende Abgrenzungsmodi der Verzichtenden fokussiert. Es zeigen sich drei grundlegende Sozialstaatskonstruktionen, die nachstehend mitsamt der Art und Weise, wie der Verzicht abgrenzend zu ihnen wirksam wird, ausgeführt werden. Zunächst wird die Konstruktion eines entgrenzten, *übergriffigen Sozialstaats* beschrieben, der weit in die privaten Anliegen und das alltägliche Leben hineinreichen will und dem durch den Verzicht ausgewichen wird. Hier dient der Nichtbezug vor allem einer Begrenzung der empfundenen Übergriffigkeiten. Nachstehend wird der *Sozialstaat als Gefahr* beschrieben, eine Konstruktion, nach der die Verzichtenden die Wirkweisen des Sozialstaats und seiner Sozialverwaltung als ernsthafte Schadensquelle für ihr Wohlergehen beurteilen. Sie müssen dem entgehen, um sich selbst zu schützen. Letztlich wird die Einordnung des *Sozialstaats als soziale Errungenschaft* erörtert, die eine Grundlage dafür bildet, dass der Verzicht auch ein Weg zu neuen Synthesen sein kann, innerhalb derer alternative Formen der Armutslinderung als Selbsthilfe betrieben werden können.

3 Sozialstaatskonstruktionen und Abgrenzungsmodi der Verzichtenden

Der übergriffige Sozialstaat

Dominiert eine wahrgenommene Auflösung der Grenze zwischen dem eigenen Privat- und Alltagsleben und sozialstaatlichen Eingriffen, lässt sich die Konstruktion einer als übergriffig empfundenen Sozialstaatlichkeit ableiten, der durch den Verzicht entgangen werden kann. Eine geteilte Wahrnehmung bezieht sich hier auf die Verantwortungszuweisung für die eigene Lebenslage als selbstverschuldet, die für die interviewten Personen nicht hinnehmbar erscheint. Die entsprechenden Formierungsversuche appellieren mitunter an die Änderungsbereitschaft privater Angewohnheiten oder Lebensstile, die stets dahingehend geprüft werden (könnten), ob ihre Vermeidung oder Unterlassung zur Überwindung der Bedürftigkeit beiträgt. Im folgenden Zitat beschreibt der 34-jährige Theologe Lars, der es in der Phase der Arbeitssuche nach Abschluss seines Studiums nicht zum Bezug hat kommen lassen, wie sich der initiale Kontakt zum Jobcenter für ihn dargestellt hat:

> *„Als ich dann diese Anträge gesehen habe [...], dass die meine Kontoauszüge haben wollen ich darf da nichts schwärzen, ey, es geht euch wirklich nichts an, wo ich irgendwas kaufe. Und selbst wenn da jetzt ‚Sexshop' stehen würde, das hat die nichts anzugehen. Aber, das wollten die alles genau wissen. Und dann sollte ich mich dann ständig rechtfertigen, ‚brauchen Sie denn wirklich dieses oder jenes', wo ich mir nur denke ‚Ey! Leute!'"* (Interview Lars Pulser)[2]

Offenkundig werden innerhalb dieser Konstruktion diverse Fehlannahmen zu den Befugnissen und Berechtigungen der Sozialverwaltung, so glaubten weitere Interviewpersonen zum Beispiel, dass sie nach dem Antrag unverzüglich in Maßnahmen verwiesen werden, dass Hausbesuche jederzeit unangekündigt vollzogen werden können und dass verpflichtende Drogentests bei positivem Ausgang zum Leistungsentzug führen könnten.

Unter anderem der Zwang zur Offenlegung eigener und familiärer wirtschaftlicher Verhältnisse wird innerhalb dieser Konstruktionsweise als nicht hinnehmbar beurteilt. Dabei fällt auf, dass diese Interviewpersonen den gegenwärtigen Sozialstaat auch in seinen restriktiven Elementen generell eher positiv beurteilen,

---

[2] Die Interviewauszüge sind hier gekürzt dargestellt, insbesondere wurden Füllwörter entfernt, um die Lesbarkeit zu verbessern. Alle Namen der Interviewpartner:innen sind pseudonymisiert.

in Bezug auf die eigene Person aber ablehnen. Vor allem die Befragten, die aus Familien mit auskömmlichen wirtschaftlichen Verhältnissen stammen und deren internalisierte Bilder von Bedürftigkeit auf einer strikten Trennung zwischen würdiger und unwürdiger Armut beruhen, scheuen sich vor der Darlegung ihrer Finanzen. Vor dem Hintergrund einer Naturalisierung sozialer Ungleichheit orientieren sie sich am Leitbild einer Leistungs- und Qualifikationsgerechtigkeit und sehen die Erfüllung der Reziprozitätsnorm als eine zentrale gesellschaftliche Aufgabe an. Sie zeigen eine hohe Kooperationsbereitschaft gegenüber den Instanzen der Arbeitsvermittlung und erfüllen die Mitwirkungsanforderungen weitestgehend, setzen aber dann Grenzen, wenn ihnen die Eingriffe in ihre Angelegenheiten zu weit gehen. *Würdig* bedürftig ist man ihrer Ansicht nach vor allem dann, wenn die Bedarfslage unverschuldet eingetreten ist und auf einer Arbeits- und/oder Leistungsunfähigkeit beruht. Die Handlungsorientierung zum Verzicht gründet daher mitunter auch in der Einordnung des Selbst als grundsätzlich leistungsfähig und der sozialstaatlichen Unterstützung daher nicht würdig. Vor allem wenn grundsätzlich arbeitsfähige Personen sozialstaatliche Unterstützung beziehen, werden Eingriffe in das Leben und den Alltag dieser Personen als gerechtfertigt angesehen, die für sich selbst durch den Verzicht zurückgewiesen werden. Möglich wird der eigene Verzicht dabei vor allem durch den Rückgriff auf familiäre Ressourcen, wodurch die Konsequenzen der ausbleibenden Unterstützung zunächst nicht existentiell bedrohlich werden.

Die Abgrenzung äußert sich auch über die Verweigerung gegenüber Fremdpositionierungen und Zuweisungen bestimmter Verantwortlichkeiten. Es wird hier eine Aversion gegen die Gleichstellung mit jenen arbeitslosen Personen deutlich, denen Merkmale ‚unwürdiger' Armut zugeschrieben werden. Im folgenden Zitat beschreibt ein Befragter seine Befürchtung mit Bezug von Sozialleistungen in eine Maßnahme verwiesen zu werden, wo er mit ehemaligen Strafgefangenen mindere Tätigkeiten ausführen muss, die nicht seinen Fähigkeiten entsprechen:

„Dann würde ich wahrscheinlich erst mal irgendwo ganz unten landen in so einer Maßnahme und so. Und das ist alles ein richtiger Horror für mich irgendwie, da mit irgendwelchen Ex-Knastis oder so oder irgendwie die Straßen sauber zu machen und so, für einen Euro die Stunde. Oh nein. Ich versuche halt immer noch irgendwie, da noch so eine andere Lösung zu finden für mich." (Interview Arno Thiel)

Auch die Wahrnehmung einer entmündigenden Sozialverwaltung als Kernelement des Sozialstaats spielt offenbar eine wichtige Rolle bei der Entscheidung zum Nichtbezug und auch hier werden Merkmale der Übergriffigkeit deutlich. Diese beziehen sich auf die empfundene Absprache der Fähigkeit, den eigenen Alltag selbst sinnvoll gestalten können und auf die daraus resultierenden Vorgaben. Die Verzichtenden fühlen sich primär als Verwalter*innen ihrer eigenen Arbeitslosigkeit adressiert, deren Hauptbeschäftigung es sein muss, diese Arbeitslosigkeit und die damit einhergehende Bedürftigkeit zu überwinden. Durch den Verzicht gewinnen die Betroffenen in diesem Sinne auch die Hoheit über ihre persönliche Lebenszeit zurück, können sie frei einteilen und erhalten sich die Möglichkeit zu Spontanität, Eigensinn, Verantwortungs- und Rechenschaftsfreiheit.

Sozialstaat als Gefahr

Als Gefahr für die Existenz tritt der Sozialstaat dann in Erscheinung, wenn die Verzichtenden seine Wirkung auf ihr Wohlergehen als so nachhaltig negativ einschätzen, dass sie aus diesem Grund jeglichen Kontakt vermeiden und auf notwendige Unterstützung verzichten. Im Rahmen dieser Konstruktionsweise sind die Verzichtenden darauf bedacht eine größtmögliche Distanz zwischen sich und die Sozialverwaltung zu bringen, um den Adressierungen, Fremdpositionierungen und Responsibilisierungen auch aus Selbstschutz zu entgehen. Hierbei scheinen biografische Umstände sowie frühe Diskriminierungserfahrungen mit den Instanzen des Sozialstaats ebenso von Einfluss zu sein, wie das Bestreben, eigensinnig *bei sich* bleiben zu wollen. Im Unterschied zu den Konstruktionsweisen des übergriffigen Sozialstaats dominieren hier aber nicht die wahrgenommenen Eingriffe in die Privatsphäre durch den Zwang zur Offenlegung wirtschaftlicher Verhältnisse oder die Fremdverfügung über die eigene Zeit, sondern das Bemühen, den direkten persönlichen Angriffen und punitiven Maßnahmen auszuweichen. Die Interviewpersonen, auf die das besonders zutrifft, lassen sich grob in zwei Gruppen einteilen. Zum einen sind es jüngere, leistungsfähige Personen ohne Beeinträchtigungen, zum anderen ältere Personen, bei denen eine Beeinträchtigung der Leistungsfähigkeit aus körperlichen oder psychischen Gründen vorliegt. Letztere haben zum Teil bereits lange Berufsleben hinter sich und sind mit über 50 Jahren arbeitslos geworden.

Innerhalb der erstgenannten Gruppe fällt auf, dass sie Wege finden um alltäglich – mal mehr mal weniger erfolgreich, mal mehr, mal weniger legal – an Geld zu gelangen. Sie greifen vermehrt auf gegenkulturelle Wissensressourcen zurück, positionieren sich als gesellschaftsabgewandt und erleben sich als neben der Gesellschaft und ihren Regeln existierend. Dabei betonen sie ihre Handlungsfähigkeit und zeigen, dass die homogenisierenden und kategorialen Zuweisungen des Sozialleistungssystems für sie nicht zutreffen. Im Gegensatz dazu kategorisieren sie sich offensiv und zum Teil ironisierend selbst, bezeichnen sich als Abweichler, Träumer, Outlaw, Gangster, Spieler oder Querulant. In der biografischen Betrachtung zeigt sich dabei, dass frühere Kontakte mit dem Sozialleistungssystem von negativen Erfahrungen geprägt sind. Bruchstellen im Lebenslauf und persönliche Krisen führten hier zu einem Erstkontakt mit der Sozialverwaltung, bei dem sie abgewiesen oder abgewertet wurden.

Im folgenden Zitat beschreibt ein in Polen ausgebildeter Handwerker, der sich teilweise über Schwarzarbeit finanziert und immer mal wieder in Wohnungslosigkeit lebt, seine Einstellung zu einer möglichen Inanspruchnahme:

> „[...] wo du irgendwelchen Mist machst für drei Euro als Maßnahme, wo ich denke, wenn ich da hingehen muss, kann ich in meinem eigenen Job, kann ich mich selber nicht entwickeln, kann ich nicht meine Kohle verdienen. Und das ist so, statt Hilfe, wir reduzieren dich zum armen Arschloch, der nichts kann, der nicht gelernt hat."
> (Interview Per)

Neben dem Verlust seiner Möglichkeiten zur Selbstentfaltung zeugt Pers Aussage auch davon, dass eine sozialstaatliche Reduktion seiner Person auf die Merkmale *arbeitslos, ausbildungslos, (kenntnis-)arm* mit einem Bezug von Sozialleistungen einherginge, die absolut nicht dazu passt, wie er sich selbst sieht und gesehen werden möchte.

Bei der zweiten Gruppe der älteren oder beeinträchtigten Personen wird die Konstruktion des Sozialstaats als Gefahr noch deutlicher. Vor Eintritt des eigenen Bedarfsfalls nach zum Teil langer Berufstätigkeit hatten sie eine mehrheitlich positive Sichtweise auf den Sozialstaat und haben die gesellschaftliche Ordnung eher bejaht. Sie haben an einen weitestgehend sozial gerechten Staat geglaubt, der auf den Ausgleich der Interessen setzt und seinen Bürger:innen im Bedarfsfall beisteht. Mit Eintritt des Bedarfsfalls wurde diese Gewissheit im Kontakt mit einer punitiven, direkt als ungerecht erlebten Sozialverwaltung nachhaltig geschädigt. Der Entscheidung zum Verzicht ging eine Reihe von Aberkennungserfahrungen und eine längere Phase des Aushaltens dieser wiederkehrenden Situationen voraus. Die Schilderung von Suizidgedanken war vor allem bei diesen Interviewpersonen gegenwärtig und in ihren Erzählungen erreichen sie oft die Grenzen des Sagbaren, arbeiten vermehrt mit Metaphern („wehrlos", „kleines Arschloch", „Hund", der*die „Geschubste", „Spielball", „Bittsteller vor dem Schreibtisch", „in die Mühlen geraten"). Durch den Verzicht versichern sie sich in diesem Sinne selbst, dass sie all das nicht sind, sondern eine Arbeitskraft von Wert und ein:e mit Menschenrechten ausgestattete:r Bürger:in, fähig, sich selbst zu behaupten. Mit dieser Selbstversicherung durch Verzicht gehen eine Reihe von Teilhabeeinschränkungen und Deprivationen einher, bis hin zur mangelhaften Versorgung der Grundbedürfnisse mit Nahrung, Wärme, Kleidung oder menschlichem Kontakt. Eine 63-jährige Interviewpartnerin hat monatelang von einer im Ehrenamt verdienten Aufwandsentschädigung von 100 EUR gelebt. Nachstehend beschreibt sie, wie sie sich über den Monat finanziert hat:

„Ja, ich hab dann immer von den 100 EUR dann. Da hab ich dann immer so gemacht, ich hab dann immer mal eine Woche Brot und eine Woche Nudeln und eine Woche mal Kartoffeln und eine Woche mal Reis und dann hab ich mal eine Woche mal lauwarmes Wasser mal gemacht." (Interview Marlene Dutte)

Die Erzählungen zeigen symbolische und materielle Manifestationen der Bedrohungssituation und besonders Papiere, Dokumente und Akten, die in der Kommunikation mit dem Jobcenter relevant sind, treten als Objektivierungen der Lage hervor. Auch architektonische Gegebenheiten und das allgemeine bürokratische Setting spielen eine Rolle. Die Erzählungen zeugen von einem (Über-)Lebensstress, der das Gefühl der Handlungsmacht über eigene Entscheidungen nahezu unmöglich macht. Das Überleben im Moment wird zur Maxime, während Zukunft und Vergangenheit eine untergeordnete Rolle spielen. Erst im Rückblick ist es so teilweise möglich, die Lebenssituation im Nichtbezug zu beschreiben. Dabei gründen die Erfahrungen der Abwertung auch auf der erzwungenen Gleichstellung mit Personen, die ihr bisheriges Leben nicht durch eigene Erwerbsarbeit finanziert haben. Diese Gleichstellung, von Dörre et al. (2013, S. 371) als „Zwangshomogenisierung" bezeichnet, bildet hier die Grundlage für ihre Empfindungen der Abwertung. Trotz jahrelanger Leistungsbereitschaft fühlen sie sich am unteren Ende der gesellschaftlichen Hierarchie positioniert und die vormals größtenteils positive Sichtweise auf den Sozialstaat schlägt um in Angst vor weiterer Entwürdigung. Ein ehemaliger DDR-Facharbeiter, der nach der Wende erstmalig arbeitslos wurde und sich danach 20 Jahre mit Arbeiten auf Baustellen finanzieren konnte, bevor er erneut arbeitslos wurde, führt seine schwere Depression direkt auf seine Erlebnisse mit der Arbeitsvermittlung zurück. Er beschreibt seine Entscheidung für den Verzicht wie folgt:

„Neee ... ich hab kein Lust mehr, mich da prügeln zu lassen. Und den Daumen auf'm Deckel zu spüren. Sie haben zu liefern, wenn nicht, Sanktionen, Sanktionen, Sanktionen, Sanktionen. Die fragen nicht warum und wieso, die hauen gleich mitte Keule drauf und wollen dir gleich auf den Kopp hauen. Und det kann ich nicht mehr. Nochmal in die Mühlen will ich nicht mehr geraten." (Interview Christian Penck)

Es scheint hier einen täglichen Kampf um den eigenen Platz in der Gesellschaft und gegen die Gefahren des sozialen Ausschlusses zu geben, der einen Großteil des Tagesablaufs bestimmt. Hier kommen auch die symbolischen und materielle Objektivationen der Bedrohungslage häufig zur Sprache. So wurden die Papiere, Dokumente und Akten häufig als Teil der Bedrohungslage konstruiert und auch die architektonischen Gegebenheiten und das bürokratische Setting scheinen Ängste auszulösen. Der Schritt in den Verzicht wird positiv beurteilt und scheint einem emanzipativen Akt gleichzukommen.

Sozialstaat als Errungenschaft

Bei einigen Interviewpersonen wird der Verzicht deutlich diskursiver und expansiver wirksam und mitunter zum konstitutiven Element des eigenen Selbst. Damit ist gemeint, dass die Verzichtenden ihren Nichtbezug in ihrem sozialen Umfeld thematisieren und ihn darüber hinaus im Rahmen ihrer Identität für wichtig halten. Als dominante Formierungsversuche treten Fremdpositionierungen als Arbeits- und Konsumbürger:in hervor, von denen der Nichtbezug eine Abgrenzung erlaubt. Diese Verzichtenden begreifen den Sozialstaat als sozial konstituiert und machen ihn durch ihr Einsehen in die Änderbarkeit sozialer Verhältnisse einem eigenen analytischen Blick zugänglich. Auch hier wird der Sozialstaat nicht gänzlich abgelehnt, jedoch wird er als grundsätzlich reformbedürftig verstanden und in seiner alltäglichen Operationalität als nicht kompatibel mit dem eigenen Leben eingeordnet. Angesprochene Themen sind hier zum Beispiel die Perpetuierung sozialer Ungleichheit durch sozialstaatliche Intervention, Inkompatibilitäten sozialer Leistungssysteme, sowie die Verlagerung von Angelegenheiten des öffentlichen Interesses in die Sphäre der Individuen. In diesem Zuge werden zum Beispiel auch Angebote der „Mitleidsökonomie" (Groenemeyer und Kessl 2013) kritisch gesehen, da der Staat so die Verantwortung für die Existenzsicherung Bedürftiger an die Zivilgesellschaft auslagere. Die analytisch-kritische Grundhaltung zum Sozialstaat wird hier auch durch kapitalismus- und konsumkritische Einstellungen begleitet, innerhalb derer Protest und ziviler Ungehorsam als legitime Widerstandsformen gegen die empfundene Dysfunktionalität des Sozialstaats angesehen werden. Dabei sind die hier interviewten Personen bemüht, durch positive Eingriffe und soziales Engagement selbst im Rahmen der eigenen Möglichkeiten etwas an den kritisierten gesellschaftlichen Verhältnissen zu ändern.

Praktiziert wird dies wiederum eher solitär oder im Zusammenschluss mit anderen, jeweils unter häufiger Betonung der Notwendigkeit von Selbsthilfe. Ein

Bewohner einer Initiative zur sozialistischen Selbsthilfe mit eigenem Gelände und Wohnhaus beschreibt im Folgenden das Ansinnen der Gruppe:

> *„Wir zeigen, dass es die [Solidarität, Anm. d. Verf.] eben doch gibt, ne. Dass man sich nicht immer rumstoßen lassen muss von der Gesellschaft, also von den Behörden vor allen Dingen nicht. Die sagen, es gibt nur immer dies und dies und alles andere geht nicht. Das ist ja hier quasi ein lebender Beweis, also ich mein, dies Ganze wär ja eigentlich platt gemacht worden, [...] aber irgendwie haben wir es geschafft. [...] Das ist der Wahnsinn, was man alles machen kann, obwohl man eigentlich kein Geld hat."* (Interview Paul Menners)

Dies basiert auch auf einem oppositionellen Bewusstsein als Mitglieder einer marginalisierten Bevölkerungsgruppe und wiederum auf der Erkenntnis, dass die gesellschaftliche Position, die ihnen zugewiesen wurde, ungerecht ist und veränderbar sein kann (Mansbridge 2001). Solidarität wird hier als täglich praktizierte soziale Handlung betrachtet, durch die aktiv an der Denaturalisierung sozialer Ungleichheit gearbeitet wird und die neoliberale Ideologie der Einzelverantwortung untergraben wird. Dabei ist das Bemühen groß, die Ursachen der kritisierten Zustände zu identifizieren, zu dekonstruieren und angemessene Wege zu entwickeln, um darauf zu reagieren. Der Verzicht bietet eine Grundlage für diese analytische Distanz zur Stärkung der eigenen legitimen Sprecher:innenposition. Das Einsehen in den Sozialstaat als gesamtgesellschaftliches Produkt scheint eine Voraussetzung dazu zu sein, die Krise des Nichtbezugs als Chance für utopisches Denken oder neue Synthesen zu nutzen. Hier zeigt sich aber gleichermaßen, dass die Entwicklung einer solchen reflexiven Fähigkeit wiederum voraussetzungsvoll ist und eine Reihe an weiteren Ressourcen (z. B. kulturelles, soziales Kapital) erfordert.

4 Verzicht als Abgrenzung von Bedürftigkeit

Die identifizierten Sozialstaatskonstruktionen und Abgrenzungsmodi zeigen, dass der Verzicht als Vehikel funktioniert, um sich aus auf vielfache Weise als unterdrückend empfundenen Strukturen zu befreien. Sie zeigen auch, dass zentrale Elemente der wahrgenommenen sozialstaatlichen Formierungsversuche nicht in Einklang zu bringen sind mit der Art und Weise, wie sich die Verzichtenden selbst vor dem Hintergrund persönlicher und biografischer Dispositionen verstehen und verstanden wissen wollen. Gemeinsam ist den Verzichtenden eine negative Abgrenzung von dem, was individuell mit der Kategorisierung als ‚bedürftig' verbunden wird. Bedürftig-Sein und einhergehende Adressierungen, Positionierungen und Responsibilisierungen werden als nicht in das eigene Selbstverständnis integrierbar angesehen. Bedürftige sind nicht leistungsfähig, haben kein Mitspracherecht, sie dürfen nicht über die Sinnhaftigkeit der Verwaltungsabläufe oder der Maßnahmen entscheiden, sind den Stellvertreter:innen der distribuierenden Institutionen ausgeliefert und nicht in der Lage dazu, die Reziprozitätsnorm des Sozialstaats zu erfüllen. Durch den Nichtbezug können die Verzichtenden dieser Zuschreibung und den einhergehenden Machtwirkungen entgehen. Es wird möglich, sich als leistungsfähig oder aktiv, unabhängig, als selbstbestimmt und als würdig und mündig zu positionieren. Der Dualität bedürftig oder nicht und der damit einhergehenden Homogenisierung zu einer marginalisierten Gruppe (den *Bedürftigen*) wird das eigene Potenzial entgegengesetzt, sich selbst positionieren zu können.

Die subjektiven Bilder von Bedürftigkeit sind dabei vor allem auch davon geprägt, wer oder was als der Hilfe würdig oder unwürdig verstanden wird und wer es *verdient* etwas von den gesamtgesellschaftlich erarbeiteten Ressourcen zu erhalten. In den Vorstellungen finden sich verschiedene, historisch aufgeladene Narrative von Armut und Bedürftigkeit wieder und es lässt sich der Wandel des Bedürftigkeitsbegriffs von der Vormoderne bis zum heutigen sozialstatistischen Verständnis nachzeichnen, nach dem Bedürftigkeit grundsätzlich überwindbar ist.

In der hier zugrunde liegenden Studie (siehe zweiter Abschnitt) wird ein Bedürftigkeitsdispositiv als Macht-Wissens-Komplex beschrieben, in dem die Subjektivierungsweisen der Verzichtenden verankert sind und anhand dessen zum Beispiel die Denaturalisierung von Bedürftigkeit als Komponente der Selbstkonstitution moderner Individuen deutlich wird. Bedürftigkeit als heute zentrale sozialstatistische Kategorie scheint sich einem anthropologischen Verständnis von Bedürftigkeit, nach dem im menschlichen Sein eine grundsätzliche Verletzbarkeit und Angewiesenheit auf Andere angelegt ist, anzulagern und es zunehmend zu verdrängen. Eine sozial-statistische Bedürftigkeit hat klar bestimmte Grenzen, die die Gesamtgesellschaft mitunter von der Last befreit, Bedürftigkeit zu erkennen und anzuerkennen. Bedürftigkeit ist im aktivierungspolitischen Sinne eine grundsätzlich *überwindbare* Eigenschaft, wobei die vergesellschaftete Eigenverantwortung westlicher spätkapitalistischer Gesellschaften als Grundlage der Herausbildung einer solchen Annahme erscheint. Auf dieser Grundlage werden Inkohärenzen und Inkonsistenzen ersichtlich, die mit dem gegenwärtigen Gefüge aus herrschenden sozialpolitischen Leitbildern, deren Vermittlung in Policy Regimes und den Identitäten der Sozialstaatsbürger:innen sowie deren sozialen Praktiken einhergehen (Bogedan et al. 2009). Ein besonders dominantes

Missverhältnis ist dabei die Beziehung zwischen Eigenverantwortung als sozialstaatliches Paradigma und der empfundenen aufgezwungenen Untätigkeit im Fall einer Bedarfslage. Die Verzichtenden treffen auf einen fundamentalen Gegensatz zwischen kulturalisierter Eigenverantwortung, Forderung nach Aktivität und Flexibilität und einer parallel verordneten Passivität mit der Kategorisierung als bedürftig.

5 Verzichtsprävention durch Bürgergeld?

Angesichts dieser Befunde stellt sich nun wie einleitend angekündigt die Frage, ob das Bürgergeld eine präventive Wirkung gegen den Verzicht auf Sozialleistungen entfalten kann. Die identifizierten Sozialstaatskonstruktionen und Abgrenzungsmodi zeigen, dass der Verzicht mitunter als Vehikel funktioniert, um sich aus auf vielfache Weise als unterdrückend empfundenen Strukturen zu befreien. Sie zeigen auch, dass zentrale Elemente der wahrgenommenen sozialstaatlichen Formierungsversuche nicht in Einklang zu bringen sind mit der Art und Weise, wie sich die Verzichtenden selbst vor dem Hintergrund persönlicher und biografischer Dispositionen verstehen und verstanden wissen wollen. Sie wollen sich nicht als sozialpolitische „Problemträger" (Vobruba 2009, S. 146) positionieren lassen, die durch „vorauseilende Anpassungsleistungen" (ebd.) zeigen müssen, dass sie den „Funktionsbedingungen von Ökonomie und Sicherheit" (ebd.) genüge tun können. Ihre Wahrnehmungen des Sozialstaats als entgrenzt und übergriffig, als Gefahr oder als reformbedürftiges Konstrukt gehen einher mit wahrgenommenen Formierungsversuchen, denen sie auf die beschriebenen Abgrenzungsmodi eine Absage erteilen. Um dem Verzicht als eine Form des Nichtbezugs entgegenzutreten, bräuchte es demnach mehr, als eine Verbesserung der Erreichbarkeit und Zugänglichkeit sozialstaatlicher Hilfen (siehe dazu auch den Beitrag von Sielaff und Wilke in diesem Band). In diesem Sinne formuliert der UN-Berichterstatter über extreme Armut und Menschenrechte Olivier De Schutter in einem Bericht zur Nichtinanspruchnahme, dass der Eintrittspunkt einer menschenrechtlichen Betrachtungsweise sozialer Sicherung darin bestehen müsse, sie nicht als *Gefälligkeit einer wohlwollenden Regierung* zu betrachten, sondern als *Menschenrecht* (De Schutter, 2022, S. 19: *„The starting point should be to recast social protection not as a favour provided by benevolent governments, but as a human right"*). Eine sich anschließende Kernfrage ist, ob das Bürgergeld dazu in der Lage ist, den moralischen Bezugspunkt der Beurteilung würdiger und unwürdiger Armut aufzulösen. Damit einher ginge ein gesellschaftlicher Bewusstseinswechsel, in dessen Folge marginalisierte Lebenslagen, aus denen Bedürftigkeit resultieren kann, nicht dahingehend beurteilt werden, ob sie selbstverschuldet eingetreten sind und ob der oder die Bedürftige Hilfe verdient. Während das Bürgergeld durchaus Potenzial bietet die Erreichbarkeit und Barrierefreiheit im Hilfesystem zu verbessern, scheint es daher insbesondere in seiner jetzigen Anwendung für die verzichtsrelevanten Zugänglichkeitskriterien der Anpassbarkeit, Annehmbarkeit und Angemessenheit von geringer Reichweite zu sein. Lediglich die eingeräumte Karenzzeit für Erstempfänger:innen könnte jenen, die im Rahmen der Wahrnehmung einer übergriffigen Staatlichkeit eine Kosten-Nutzen-Abwägung anstellen, die Entscheidung zum Bezug erleichtern. In diesem Beitrag wäre es die Konstruktion eines übergriffigen Sozialstaats, die hier potenziell abgemildert werden könnte. Angesichts bestehender Unsicherheiten durch die neuen Regelungen, deren rechtssichere Klärung in diversen Punkten noch aussteht, ist aber auch dies fraglich.

Und vor allem für jene, deren Motive tiefer gehen und auf den sozialen Normkontext zurückzuführen sind, bräuchte es wahrscheinlich weitere, flankierende Maßnahmen, die darauf hinwirken, dass Elemente der Beschämung und Stigmatisierung abgebaut werden oder eine Automatisierung der Distribution erreicht wird.

Basierend auf den Ergebnissen dieser Untersuchung ergibt sich außerdem die Notwendigkeit einer Neubewertung des gesellschaftlichen Verständnisses von Bedürftigkeit sowie eine kritische Überprüfung der sozialstaatlichen Begriffssetzung einer grundsätzlichen Überwindbarkeit von Bedürftigkeit durch Eigeninitiative und Aktivität. Eine inklusive Teilhabepolitik müsste im Gegensatz die grundsätzliche Unüberwindbarkeit der menschlichen Bedürftigkeit betonen. Dies würde zunächst ein diskriminierungsfreies, anerkennendes, proaktives Verwaltungshandeln voraussetzen, das auf Augenhöhe mit den Betroffenen agiert, verschiedene Bedürftige gleich – aber gleichzeitig individuell verschieden – behandelt und die komplexen Wechselwirkungen sozialer Leistungen mit berücksichtigt.

Literatur

Bareis, Ellen, Helga Cremer-Schäfer, und Shalimar Klee. 2015. Arbeitsweisen am Sozialen. Die Perspektiven der Nutzungsforschung und der Wohlfahrtsproduktion „von unten". In *Politik mit der Armut. Europäische Sozialpolitik und Wohlfahrtsproduktion „von unten"*. Ellen Bareis, und Thomas Wagner (Hg.): 310–340. Münster: Westfälisches Dampfboot.
Bogedan, Claudia, Silke Bothfeld, und Simone Leiber. 2009. Fragmentierung des Bismarck'schen Sozialstaatsmodells? Ein Vorschlag zur Erfassung von Wandel in Sozialversicherungsländern. In *Sozialer Fortschritt*, 5.

Bosančić, Saša. 2016. Zur Untersuchung von Subjektivierungsweisen aus wissenssoziologisch-diskursanalytischer Perspektive. In *Perspektiven wissenssoziologischer Diskursforschung. Theorie und Praxis der Diskursforschung*, Bosančić, Saša, und Reiner Keller (Hg.): 95–119. Wiesbaden: Springer VS.

Bührmann, Andrea, und Werner Schneider. 2008. *Vom Diskurs zum Dispositiv*. Bielefeld: Transcript Verlag.

De Schutter, Olivier. 2022. *Non-take-up of rights in the context of social protection Report of the Special Rapporteur on extreme poverty and human rights*. https://documents-dds-ny.un.org/doc/UNDOC/GEN/G22/322/17/PDF/G2232217.pdf?OpenElement Abgerufen am: 12. Juli 2023.

Dörre, Klaus, Karin Scherschel, und Melanie Booth(Hrsg.) (2013). *Bewährungsproben für die Unterschicht? Soziale Folgen aktivierender Arbeitsmarktpolitik*. International labour studies.

Eckhardt, Jennifer. 2022. *Spannungsfeld Nichtinanspruchnahme. Wenn Bedürftige auf den Sozialstaat verzichten*. Weinheim: Beltz-Juventa.

Flick, Uwe. 2011. *Das Episodische Interview. Empirische Forschung und Soziale Arbeit*. Wiesbaden: VS Verlag für Sozialwissenschaften.

Goedemé, Tim, and Julie Janssens. 2020. *The concept and measurement of non-take-up. An overview, with a focus on the non-take-up of social benefits*. https://www.inclusivegrowth.eu/files/Output/D9.2-Non-take-up.pdf Abgerufen am: 12. Juli 2023.

Goul Andersen, Jorgen. 1999. *Changing labour markets, new social divisions and welfare state support*. In The End of the Welfare State? Responses to State Retrenchment, Stefan Svallfors, and Peter Taylor-Gooby, 13–33. London: Routledge.

Groenemeyer, Axel, und Fabian Kessl. 2013. Die „neue Almosenökonomie" – ein neues System der Armutshilfe? In *Soziale Arbeit in der Krise. Pädagogisches Krisengebiet?*, Hg. Karin Böllert, Nicole Alfert, und Marc Humme, 17–34. Wiesbaden: VS Verlag für Sozialwissenschaften.

Keller, Reiner. 2014. Assoziationen. Über Subjektprobleme des Poststrukturalismus und die Perspektive der Wissenssoziologischen Diskursanalyse. In *Wer oder was handelt?* Poferl, Angelika, und Norbert Schröer (Hg.): 67–94. Wiesbaden: Springer.

Kruse, Jan. 2014. *Qualitative Interviewforschung. Ein integrativer Ansatz. Grundlagentexte Methoden*. Weinheim: Beltz Juventa.

Mansbridge, Jane, und Aldon Morris. 2001. *Oppositional Consciousness. The Subjective Roots of Social Protest*. Chicago: University of Chicago Press.

Tabin, Jean-Pierre, and Frédérique Leresche. 2016. *Le non-recours aux prestations sociales, cemystère*. https://www.reiso.org/articles/themes/politiques/442-le-non-recours-aux-prestations-sociales-ce-mystere (Letzter Zugriff: 14.07.2023)

Vobruba, Georg. 2009. *Die Gesellschaft der Leute. Kritik und Gestaltung der sozialen Verhältnisse*. Wiesbaden: VS Verlag für Sozialwissenschaften.

Warin, Philippe. 2016. *The Non-take-up: Definition and Typologies*. https://hal.science/hal-01419351/ (Letzter Zugriff 14.07.2023)

Dr. Jennifer Eckhardt ist Sozialwissenschaftlerin an der Sozialforschungsstelle der Fakultät Sozialwissenschaften der TU Dortmund und beschäftigt sich dort mit Themen sozialer

Ungleichheit und Teilhabe sowie den Möglichkeiten einer inklusiven Gesellschaftsgestaltung. Ihr besonderes Interesse gilt der qualitativen Sozialpolitikforschung, der Transformation des Sozialstaats und der Entwicklung inklusiver Kommunen. Ihre Dissertation zum Verzicht auf Sozialleistungen wurde kürzlich für den Studienpreis der Körber Stiftung nominiert.

Open Access Dieses Kapitel wird unter der Creative Commons Namensnennung 4.0 International Lizenz (http://creativecommons.org/licenses/by/4.0/deed.de) veröffentlicht, welche die Nutzung, Vervielfältigung, Bearbeitung, Verbreitung und Wiedergabe in jeglichem Medium und Format erlaubt, sofern Sie den/die ursprünglichen Autor(en) und die Quelle ordnungsgemäß nennen, einen Link zur Creative Commons Lizenz beifügen und angeben, ob Änderungen vorgenommen wurden.

Die in diesem Kapitel enthaltenen Bilder und sonstiges Drittmaterial unterliegen ebenfalls der genannten Creative Commons Lizenz, sofern sich aus der Abbildungslegende nichts anderes ergibt. Sofern das betreffende Material nicht unter der genannten Creative Commons Lizenz steht und die betreffende Handlung nicht nach gesetzlichen Vorschriften erlaubt ist, ist für die oben aufgeführten Weiterverwendungen des Materials die Einwilligung des jeweiligen Rechteinhabers einzuholen.

Weniger Haben als Soll. Differenzen zwischen *de jure* und *de facto* Umverteilung für arme Familien im europäischen Vergleich

Patricia Frericks und Julia Höppner

1 Einführung

Die Bekämpfung von Armut ist eine der ältesten, verbreitetsten und unumstrittensten Aufgaben von Wohlfahrtsstaaten. Insbesondere die Armut von Kindern als eindeutig nicht von ihnen selbst verursacht gilt dabei seit Anbeginn wohlfahrtsstaatlicher Eingriffe als oberste Priorität. Dies zeigt sich beispielhaft in der aktuellen Debatte um die Einführung einer Kindergrundsicherung in Deutschland (Funcke und Menne 2023). Die Absicherung von Kindern und anderen abhängigen Familienmitgliedern ist und war in den meisten etablierten Wohlfahrtsstaaten über die Familie als ökonomischer Einheit geregelt. Wo das Familieneinkommen, das ehedem vornehmlich über den männlichen Familienernährer verdient wurde, nicht reichte oder gar wegfiel, etablierten sich wohlfahrtsstaatliche Regelungen zur Umverteilung. Und auch gegenwärtig ist die Einheit der wohlfahrtsstaatlichen Umverteilung zumeist, insbesondere im Fall von Armut, die Familie. Sie gilt in den meisten Ländern als besonders unterstützenswert, auch bei der Umverteilung, die nicht armutsbezogen ist.

Im Falle von Armut hat Familie in vielen Ländern aber auch die Funktion der Solidareinheit, sodass Ressourcen der Familie mit betrachtet werden, wenn ein Antrag auf Sozialleistungen gestellt wird. Dies ist auch beim im Jahr 2023 eingeführten Bürgergeld der Fall, das wie die Vorgängerleistung „Hartz IV"

P. Frericks (✉) · J. Höppner
Universität Kassel, Kassel, Deutschland
E-Mail: patricia.frericks@uni-kassel.de

J. Höppner
E-Mail: julia.hoeppner@uni-kassel.de

Familien im Rahmen der Bedarfsgemeinschaften berücksichtigt. Diese zumeist als Bedarfsprüfung geregelte finanzielle Verpflichtung von Familienmitgliedern, sich gegenseitig finanziell zu unterstützen, bevor öffentliche Gelder fließen, kann somit das Einkommen von Familien gegenüber gleichverdienenden Individuen ohne Familie reduzieren. Ein besonderer Schutz von Familie scheint hier nicht gegeben.

Dieses „Plus und Minus", wie wir es hier vereinfacht nennen, haben wir in einem international vergleichenden Forschungsprojekt erstmals systematisch für verschiedene Familienformen untersucht. Dabei haben wir herausgearbeitet, welche Familienformen von wohlfahrtsstaatlicher Umverteilung profitieren, welche gegenüber Individuen ohne Familie eher benachteiligt werden, und für welche Familienformen es gegenüber einem Individuum ohne Familie keine Unterschiede gibt. Diese Differenzen in den Regelungen der Umverteilung entsprechen aber nicht notwendigerweise den tatsächlichen Differenzen in der Umverteilung, da Regelungen zum Teil nicht umgesetzt oder in Anspruch genommen werden. Folglich können sich die in den Regelungen vorgesehenen finanziellen Vor- und Nachteile für verschiedene Familienformen (die Umverteilungslogiken) faktisch von diesen unterscheiden, wodurch sich Nachteile gegenüber anderen Familienformen vergrößern oder Vorteile verkleinern können.

In diesem Beitrag nehmen wir die Differenz zwischen der gesetzlich vorgesehenen und der tatsächlichen Umverteilung in den Blick, die u. a. durch Nichtinanspruchnahme von Sozialleistungen bedingt sein können. Konkret interessiert uns im europäischen Vergleich, wo die Differenz zwischen der *de jure* und der *de facto* Umverteilung besonders hoch bzw. kaum gegeben ist, und ob (und welchen) armen Familien dadurch weniger oder mehr Ressourcen zur Verfügung stehen als vorgesehen. Dabei sollen die Differenzen nach Umverteilungsinstrument abgebildet werden, d. h. wir analysieren getrennt nach Sozialabgaben, Leistungsansprüchen und Steuern, um erfassen zu können, welches Umverteilungsinstrument jeweils für die Differenz zwischen Umverteilungsregelungen und deren Umsetzung verantwortlich ist. Wir führen die Analyse anhand von EU-SILC-Daten und dem europäischen Mikrosimulationsinstrument EUROMOD für eine Vielzahl unterschiedlicher Familienformen durch.

Hierzu schauen wir uns zunächst den Kenntnisstand zur wohlfahrtsstaatlichen Armutsbekämpfung, zu den unterschiedlich adressierten Familienformen und zur Umsetzung der Regelungen in Bezug auf arme Familien an, präsentieren dann unser methodisches Vorgehen und die Ergebnisse, bevor wir diese zusammenfassen und diskutieren.

2 Forschungsstand

Wie und in welchem Ausmaß Wohlfahrtsstaaten arme Menschen unterstützen, ist eng mit der in allen Wohlfahrtsstaaten und zu allen Zeiten diskutierten Frage nach der Ursache von Armut verbunden und der damit zusammenhängenden Frage nach der individuellen Verantwortung, diese zu vermeiden (schon Polanyi 1944; Titmuss 1958). Für Kinder ist unumstritten, dass sie für die Armut, in der sie leben, nicht verantwortlich sind. Kinder gelten somit seit jeher als *deserving poor*, also Arme, denen legitimerweise finanziell geholfen wird. Dieses Konzept der *deservingness* (Van Oorschot und Roosma 2017; Whelan 2021) bezieht sich jedoch nicht nur auf Kinder.

Schon im alten Rom galt der Mann oder der Haushaltsvorstand *(pater familias)* als verantwortlich für das Wohl der Familie (Elias 1997). Diese Sicht auf die Familie als ökonomische Einheit mit einem männlichen Oberhaupt hatte sich, wenn auch aus andersartigen Gründen, in den meisten Ländern, die heutzutage als Wohlfahrtsstaaten definiert werden, durchgesetzt (Pfau-Effinger 2004). Folgerichtig haben die meisten Wohlfahrtsstaaten weitere Familienmitglieder als abhängige Familienmitglieder konzipiert und sie im Falle des Wegfalls des Familieneinkommens (Land 1980) vor Armut geschützt. In gegenwärtigen Wohlfahrtsstaaten ist die gesonderte Stellung von Familie auch in Ausnahmeregelungen zu erkennen wie beispielsweise für verschiedene Bedingungen der aktivierenden Arbeitsmarktpolitik, durch die einige „Aktivierungs"-Kriterien abgeschwächt werden, beispielsweise wenn die Aufnahme eines Arbeitsverhältnisses nicht eingefordert wird, weil damit ein Umzug der Familie inklusive Schulwechsel der Kinder verbunden wäre.

Die wohlfahrtsstaatliche Konzeption der Familie als ökonomische Einheit galt und gilt in vielen Ländern jedoch auch für die gegenseitige Verantwortung, die man finanziell füreinander trägt. Und insbesondere, wo es um Armut geht, wird dieses Prinzip der Subsidiarität angewandt (Saraceno 2004). Wenn ein Familienmitglied Ansprüche auf armutspräventive Leistungen stellt, muss nach diesem Prinzip zunächst kontrolliert werden, ob nicht andere Familienmitglieder dem Armutsgefährdeten unter ihnen (finanziell) helfen können, bevor der Staat in der Verantwortung steht. Das gegenwärtig wichtigste Instrument in diesem Zusammenhang ist die Bedürftigkeitsprüfung. Das heißt aber auch, dass (arme) Familien gegenüber (armen) Individuen ohne offizielle Familienmitglieder – denn nur bei offiziell anerkannten Familienmitgliedern können familienbezogenen Regelungen Anwendung finden – finanziell benachteiligt werden können (eine Übersicht in Frericks et al. 2020).

Die verschiedenen Umverteilungsregelungen in Bezug auf Familien wurden allerdings nicht einheitlich gestaltet (siehe Daly und Scheiwe 2010; Saraceno 2023). So gibt es, abhängig von Land und Zeitpunkt, Regelungen, die sich nur auf verheiratete Paare beziehen und andere, die auch nicht-verheiratete einbeziehen. Dabei können sie sich in Bezug auf das Plus (Leistungen), das Minus (Steuern, Beiträge) oder beide Seiten der Umverteilungsmedaille unterscheiden. Auch wird oft danach unterschieden, ob Familien in einem Haushalt zusammenleben oder nicht. Und bei Kindern wird bei der Umverteilung beispielsweise danach unterschieden, wie alt sie sind oder wie viele Geschwister es gibt. Es ist also nicht so, dass sich die Umverteilung danach unterscheidet, ob man eine Familie hat oder nicht, sondern auch sehr stark danach, in welcher Familienform man lebt. Diese Differenzen in den Regelungen der Umverteilung haben wir Umverteilungslogiken genannt, und sie, für arme und nicht-arme Familien, anderweitig systematisch herausgearbeitet (Frericks und Gurín 2023; Frericks et al. 2023a, 2023b).

In diesem Beitrag hingegen widmen wir uns der Differenz zwischen der Umverteilung *de jure* und *de facto*. Denn für die faktische Armutsbekämpfung ist natürlich bedeutend, inwieweit die in den wohlfahrtsstaatlichen Regelungen vorgesehene Umverteilung tatsächlich umgesetzt wird. Wir wissen aus der Literatur, dass Leistungen oft nicht abgerufen werden. Dieses als Nichtinanspruchnahme bekannte Phänomen führt dazu, dass Anspruchsberechtigte weniger Leistungen empfangen, als die Regelungen vorsehen. Die Gründe hierfür können bei den Anspruchsberechtigten liegen, aber auch auf der administrativen Seite (Van Oorschot 1998; Hernanz et al. 2004; Vinck et al. 2018). Auf der anderen Seite können Anspruchsberechtigte auch höhere Leistungen erhalten als es die Umverteilungsregelungen erwarten ließen. Dieses Phänomen, das auf Betrug oder administrativen Fehlern, aber auch auf Fehlern in der Simulation beruhen kann, ist in der Literatur bekannt als *beta errors* (Goedemé und Janssens 2020). Ein weiteres Phänomen, das zu einer Differenz zwischen der *de jure* und der *de facto* Umverteilung führt, ist die unterschiedliche Nutzung steuerlicher Regelungen. So können Individuen oder Familien höhere Steuern zahlen, wenn sie von bestimmten Regelungen keinen Gebrauch machen, oder niedrigere, wenn sie beispielsweise Steuerbetrug betreiben. Die Umverteilung durch Steuern wird aber in den meisten Studien nicht berücksichtigt, weil eher einzelne Leistungen im Fokus stehen (Fuchs et al. 2020; Otto und Van Oorschot 2019). Sie spielen allerdings gerade bei der Umverteilung in Bezug auf Familie eine gewichtige Rolle (Bradshaw und Nieuwenhuis 2021; Frericks et al. 2023a, b). Es kann somit sein, dass ein vorgesehenes Plus für eine armutsgefährdete Familie bei der Umsetzung verpufft oder viel geringer oder auch höher ausfällt, oder ein vorgesehenes Minus viel weniger hart umgesetzt wird.

Aufgrund dieser drei Phänomene können wir also erwarten, dass sich die *de facto* Umverteilung von der *de jure* Umverteilung unterscheidet. Und da sich Anspruchsberechtigungen nach Familienform unterscheiden können (Nelson und Nieuwenhuis 2021), erwarten wir auch Differenzen in der Umsetzung nach Familienform. Diese Familienformen können sich, außer im Familienstatus, auch in der Einkommenshöhe unterscheiden, was zu Differenzen in der Inanspruchnahme von Umverteilungsansprüchen führen kann (Harnisch 2019). Aufgrund der deutlichen Länderunterschiede bei den Bedürftigkeitsprüfungen (Frericks et al. 2020; Jacques und Noël 2018) ist zudem anzunehmen, dass nicht alle Familien bedürftigkeitsgeprüfte Leistungen beantragen, weil zum einen möglicherweise das Wissen um Anspruchsberechtigung und Beantragung fehlt und zum anderen Bedürftigkeitsprüfungen stigmatisierend oder abschreckend sein können (Hernanz et al. 2004). Daher analysieren wir hier im Ländervergleich, ob und zu welchem Grad die *de facto* Umverteilung der *de jure* Umverteilung entspricht.

3 Daten und Methode

Um Differenzen zwischen der *de jure* und der *de facto* Umverteilung für arme Familien erfassen zu können, nutzen wir das Mikrosimulationsmodell der Europäischen Union EUROMOD (Version I4.109+) (ISER 2022) in Verbindung mit den Mikrodaten der EU-Statistik über Einkommen und Lebensbedingungen (EU-SILC). Mithilfe dieser Daten lässt sich zum einen die *de facto* Umverteilung durch Angaben zum verfügbaren Haushaltseinkommen sowie zu den monetären Sozialleistungen und Steuern und Sozialversicherungsbeiträgen der Befragten erfassen. Zum anderen lässt sich durch den Einsatz von EUROMOD die *de jure* Umverteilung bestimmen, indem simuliert werden kann, welche verfügbaren Haushaltseinkommen, Sozialleistungen sowie Steuern und Sozialversicherungsbeiträge die Befragten auf Basis der bestehenden wohlfahrtsstaatlichen Regelungen erhalten müssten.

Die *de jure* Umverteilung untersuchen wir auf Basis der wohlfahrtsstaatlichen Regelungen des Jahres 2019. Aus diesem Grund verwenden wir zur Analyse der *de facto* Umverteilung die EU-SILC-Daten aus 2020, da sie die Einkommensvariablen des vorherigen, bereits vollendeten Kalenderjahrs 2019 enthalten.

Wir analysieren die Differenzen zwischen der *de jure* und der *de facto* Umverteilung für acht europäische Länder. Dazu gehören Österreich, die Niederlande, Spanien, Schweden, Finnland, Slowenien und Lettland, da diese Länder bei den tatsächlichen verfügbaren Haushaltseinkommen, Sozialleistungen sowie Steuern und Sozialversicherungsbeiträgen auf Registerdaten zurückgreifen. So begegnen wir dem Problem, dass Befragte in Surveys häufig ungenaue Angaben zu ihren Einkommen machen. Zusätzlich nehmen wir als Vergleichspunkt Deutschland in unsere Analyse mit auf. Hier beruhen die Angaben zu den tatsächlichen Einkommen, Sozialleistungen und Steuern jedoch allein auf den Survey-Daten, was bedeutet, dass die Unterschiede zwischen der *de jure* und der *de facto* Umverteilung durch ungenaue Angaben der Befragten verzerrt sein können.

Wir können eine Bandbreite verschiedener Familienformen auf der Basis von zwei fundamentalen Merkmalen erfassen, nämlich dem Vorhandensein und der Anzahl der Kinder und ob es sich um ein Paar oder eine/n Alleinerziehende/n handelt. Wir folgen einem breiten Familienbegriff und beziehen neben Familienformen mit Kindern auch Paare ohne Kinder in unsere Analyse mit ein, da wohlfahrtsstaatliche Regelungen Paare oft gesondert berücksichtigen. Daneben variieren wir die Anzahl der Kinder in der Familie und untersuchen Familienformen mit ein, zwei und drei oder mehr Kindern. Aus der Kombination dieser Merkmale ergeben sich sieben Familienformen.

Um arme Familien zu analysieren, nutzen wir einen bestimmten Armutsbegriff und untersuchen armuts*gefährdete* Familien. Die bedeutet, dass wir uns auf Familien beschränken, denen weniger als 60 % des mittleren (d. h. medianen) Äquivalenzeinkommens zur Verfügung steht. Zur Bestimmung des Äquivalenzeinkommens wird das Nettoeinkommen des gesamten Haushalts in Abhängigkeit von der Anzahl und dem Alter der Haushaltsmitglieder gewichtet. So kann im Unterschied zum Pro-Kopf-Nettoeinkommen berücksichtigt werden, dass bestimmte Zahlungen wie z. B. die Miete nur einmal geleistet werden müssen (Hauser 2018). Indem wir damit nicht nur Familien mit Sozialhilfebezug untersuchen, können wir eine größere Bandbreite an wohlfahrtsstaatlichen Regelungen in unserer Analyse berücksichtigen, da Sozialhilfeleistungen oft den Bezug weiterer Sozialleistungen ausschließen oder mit diesen verrechnet werden. Außerdem wäre eine alleinige Analyse von Familienformen mit Sozialhilfebezug aufgrund geringer Fallzahlen nicht möglich (Tab. 1).

Wir gehen davon aus, dass die untersuchten Familienformen in einem Haushalt leben und beschränken uns bei den Familienformen mit Kindern auf Haushalte mit Kindern unter 18 Jahren. Die Stichprobe unserer Analyse besteht dementsprechend aus Haushalten mit den sieben Familienformen. Für die Analyse nutzen wir das in den EU-SILC-Daten vorhandene Querschnittsgewicht für Haushalte, da auf diese Weise Verzerrungen durch Non-Response und aufgrund der Auswahlwahrscheinlichkeiten der Haushalte ausgeglichen werden können. Für unsere Analyse ergeben sich damit folgende Fallzahlen.

Tab. 1 Zahl der Haushalte (gewichtet und ungewichtet)

Land	Ungewichtet (ohne Sozialhilfe)	ungewichtet (mit Sozialhilfe)	Ungewichtet (alle)	Gewichtet
AT	282	30	312	228.617
ES	1.365	152	1517	1.997.385
FI	194	63	257	78.370
LV	398	58	456	59.593
NL	385	113	498	387.335
SE	186	102	288	261.293
SI	308	139	447	36.396
DE	579	57	636	2.113.729

Quelle: eigene Darstellung auf Basis der EU-SILC-Daten

Für die Analyse von *de jure* und *de facto* Umverteilung vergleichen wir zunächst den Mittelwert pro Familienform und Land für das tatsächliche und simulierte verfügbare Haushaltseinkommen. Das verfügbare Haushaltseinkommen ist für unsere Analyse der geeignete Indikator, da es – ausgehend vom Bruttoeinkommen – durch die Sozialleistungen auf der einen Seite und die Steuern und Sozialversicherungsbeiträge auf der anderen Seite bestimmt wird. Damit bildet es das Plus und Minus wohlfahrtsstaatlicher Umverteilung ab. Um einen genaueren Einblick in diese Umverteilung zu erhalten, untersuchen wir zusätzlich die tatsächlich erhaltenen und simulierten Sozialleistungen und die tatsächlichen und simulierten Steuern und Sozialversicherungsbeiträge. Um eine Vergleichbarkeit der Beträge zwischen den Ländern zu gewährleisten, sind alle Werte in Kaufkraftparitäten (KKP) angegeben.

EUROMOD erlaubt eine sehr akkurate Simulation der Sozialleistungen, Steuern und Sozialversicherungsbeiträge. Trotzdem ist es möglich, dass es in einzelnen Fällen unzureichende Informationen bspw. für die Vermögensgrenzen bei bedürftigkeitsgeprüften Leistungen gibt (Maier und Ricci 2022). Deshalb ist es möglich, dass die Differenzen zwischen den tatsächlichen und den simulierten Werten zu einem gewissen Grad auf Simulationsfehler zurückzuführen sind.

4 Empirische Ergebnisse

Haushaltseinkommen

Eine Analyse des tatsächlichen und simulierten verfügbaren Haushaltseinkommens zeigt, dass bis auf wenige Ausnahmen das tatsächliche durchschnittliche verfügbare Haushaltseinkommen pro Familienform unter dem simulierten liegt (Abb. 1). Mit anderen Worten: Armutsgefährdete Familienformen haben *de facto* weniger Geld zur Verfügung als dies *de jure* der Fall sein sollte. Das ist lediglich bei Alleinerziehenden mit einem Kind in Spanien nicht der Fall sowie in Lettland bei Paaren ohne Kinder, wo das tatsächliche verfügbare Einkommen geringfügig über dem simulierten liegt.

Eine zweite allgemeine Beobachtung ist, dass in fast allen Fällen das durchschnittliche verfügbare Einkommen sowohl in der simulierten als auch in der tatsächlichen Form umso höher ist, je mehr Kinder eine Familie hat. Dies gilt sowohl für Alleinerziehende als auch für Paare. Es gibt jedoch Ausnahmen: In den Niederlanden haben Alleinerziehende mit einem Kind gegenüber Alleinerziehenden mit zwei Kindern höhere simulierte und tatsächliche Einkommen, während dies in Schweden nur bei den tatsächlichen Einkommen der Fall ist. In Deutschland liegt das tatsächliche verfügbare Einkommen bei Paaren mit zwei Kindern unter dem von Paaren mit einem Kind. Eine andere Ausnahme ist Spanien, wo das tatsächliche und simulierte Einkommen von Paaren umso geringer ausfällt, je mehr Kinder sie haben; jedoch haben in Spanien Paare ohne Kinder niedrigere Einkommen als solche mit Kindern. Über alle Länder betrachtet haben Paare mit drei oder mehr Kindern die höchsten durchschnittlichen verfügbaren Einkommen.

Vergleicht man die Höhe der durchschnittlichen verfügbaren Einkommen der Familienformen zwischen den Ländern, so gibt es – trotz der Umrechnung in KKP – erhebliche Differenzen zwischen den acht untersuchten Staaten. Es gibt also deutliche Unterschiede darin, was sich eine durchschnittliche armutsgefährdete Familie in den verschiedenen Ländern leisten kann. Lettland hat die niedrigsten durchschnittlichen verfügbaren Einkommen bei den untersuchten Familienformen, gefolgt von Spanien. Die durchweg höchsten simulierten verfügbaren Einkommen zeigen sich in Österreich, Finnland und Deutschland sowie – bei Alleinerziehenden mit einem Kind – in den Niederlanden. Blickt man dagegen auf die tatsächlichen verfügbaren Einkommen, so ist die Differenz zu den simulierten Einkommen gerade in Österreich besonders hoch. Deswegen weisen bei den meisten untersuchten Familienformen Finnland, Deutschland und die Niederlande die höchsten tatsächlichen verfügbaren Einkommen auf. Bei den

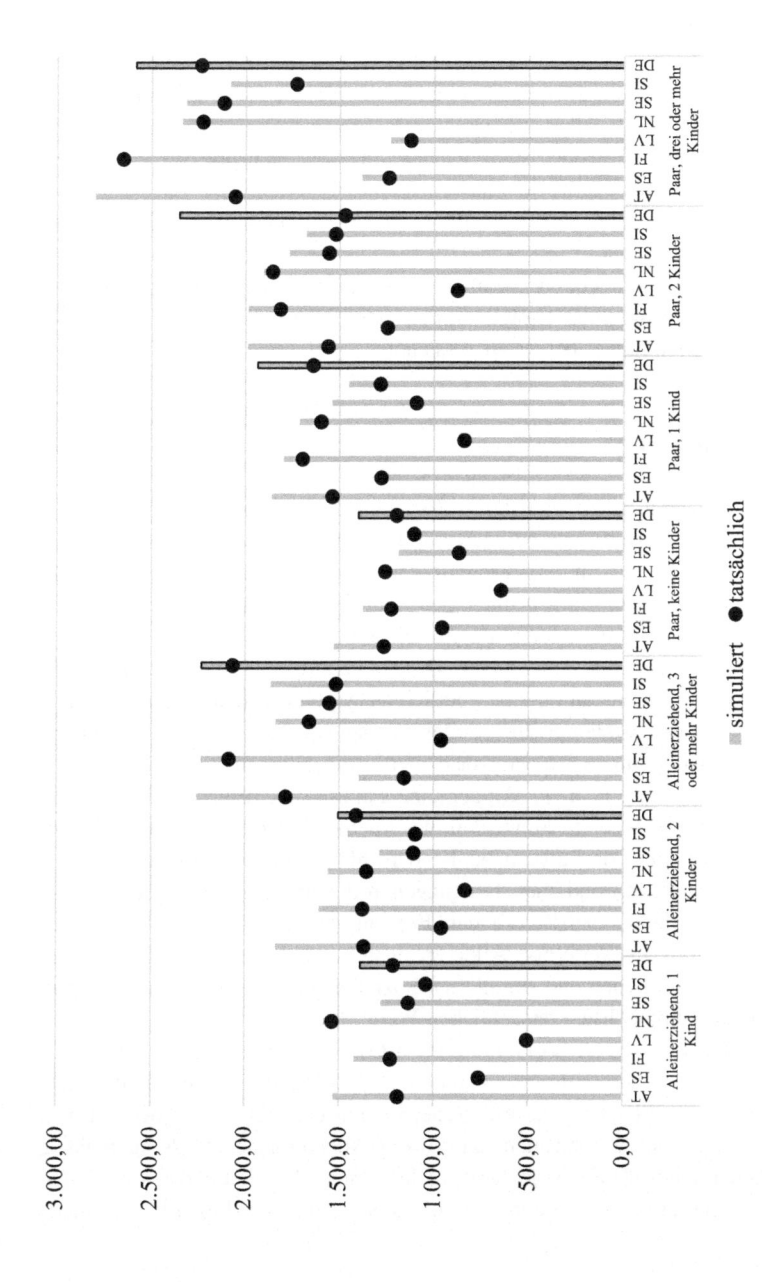

Abb. 1 Tatsächliches und simuliertes verfügbares Haushaltseinkommen, Mittelwerte in KKP. (Quelle: eigene Darstellung auf Basis von EUROMOD und EU-SILC)

simulierten Einkommen liegen Schweden und Slowenien im Mittelfeld, wobei diese beiden Länder z. T. recht große Differenzen zwischen den simulierten und den tatsächlichen Werten aufweisen, wenn auch weniger stark ausgeprägt als in Österreich. Dies gilt für Alleinerziehende mit zwei oder drei oder mehr Kindern sowie für Paare mit drei oder mehr Kindern in Slowenien und für Paare ohne Kinder oder mit einem Kind in Schweden. Im Vergleich aller Länder gibt es in Lettland die geringsten Unterschiede zwischen simulierten und tatsächlichen verfügbaren Einkommen.

Ein Blick auf die monetären Sozialleistungen auf der einen Seite und die Steuern und Sozialversicherungsbeiträge auf der anderen Seite hilft, diese Ergebnisse zum Haushaltseinkommen besser zu verstehen.

Sozialleistungen

Bei den durchschnittlichen monetären Sozialleistungen pro Familienform zeigt sich ein ähnliches Bild wie beim verfügbaren Haushaltseinkommen: In fast allen Fällen liegen die im Durchschnitt der jeweiligen Familienform tatsächlich erhaltenen Sozialleistungen unter den simulierten (Abb. 2). Dies bedeutet, dass die armutsgefährdeten Familien in den acht Ländern weniger Sozialleistungen erhalten, als dies den Umverteilungsregelungen zufolge der Fall sein sollte. Das lässt sich nur durch eine deutlich ausgeprägte Nichtinanspruchnahme von Sozialleistungen erklären. Eine weitere Gemeinsamkeit mit den Ergebnissen zum Haushaltseinkommen ist, dass fast überall die erhaltenen Sozialleistungen umso höher ausfallen, je mehr Kinder eine Familie hat. Eine Ausnahme sind lediglich Alleinerziehende in Slowenien, wo Alleinerziehenden mit zwei Kindern gegenüber solchen mit drei oder mehr Kindern höhere Beträge erhalten.

Was die Höhe der erhaltenen Leistungen pro Familienform angeht, weisen Spanien und Lettland – analog zu den Ergebnissen für das Haushaltseinkommen – die niedrigsten Werte auf. Alleinerziehende erhalten in den Niederlanden die höchsten tatsächlichen und simulierten Sozialleistungen, bei Paaren zeigt hingegen Finnland die höchsten tatsächlichen Werte. Blickt man allein auf die Höhe der simulierten Leistungen, so ist bei Paaren Österreich Spitzenreiter, allerdings gibt es ganz gravierende Differenzen zu den de facto erhaltenen Sozialleistungen, die deutlich darunterliegen. Hier unterscheidet sich Österreich ganz deutlich von den anderen untersuchten Staaten, da sowohl Alleinerziehende als auch Paare mit drei oder mehr Kindern de facto nicht einmal die Hälfte der simulierten Sozialleistungen erhalten. Bedeutsame, allerdings weniger extreme Unterschiede

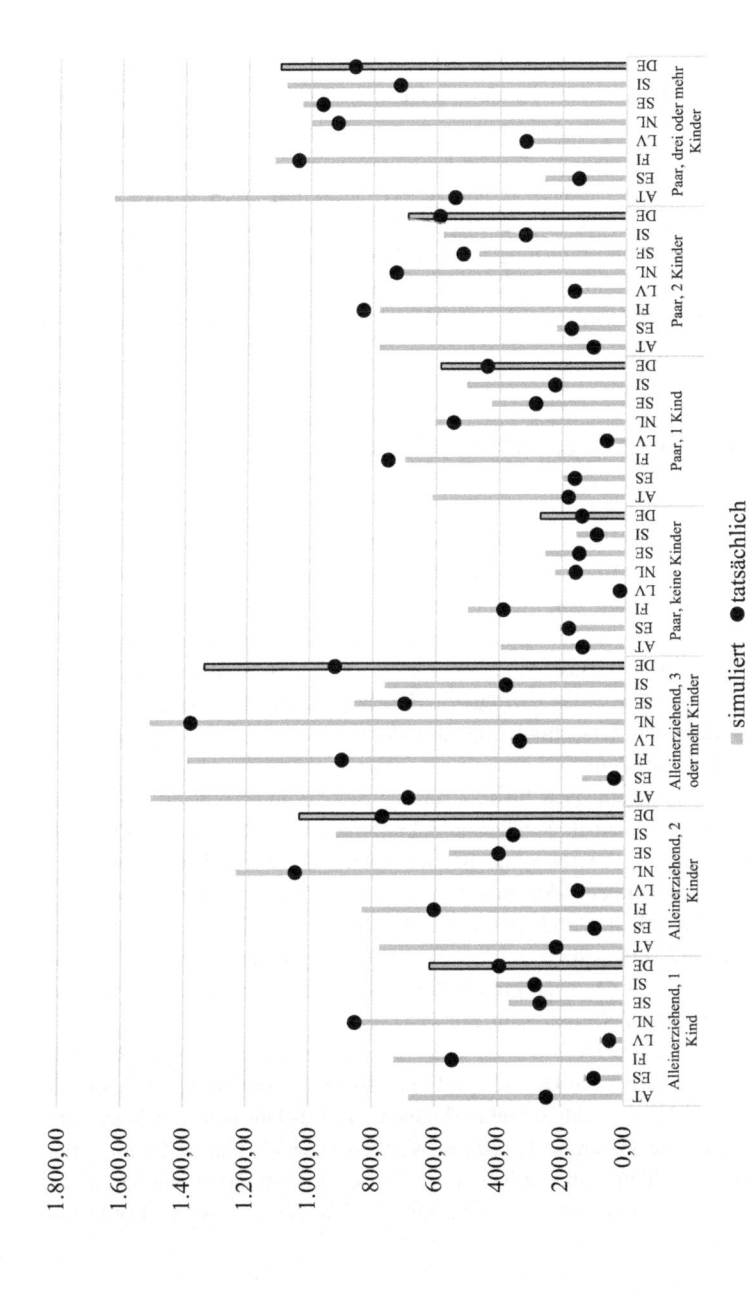

Abb. 2 Tatsächliche und simulierte Sozialleistungen, Mittelwerte in KKP. (Quelle: eigene Darstellung auf Basis von EUROMOD und EU-SILC)

zwischen den tatsächlichen und den simulierten Leistungen gibt es im Fall Sloweniens und – bei Alleinerziehenden – in Finnland. Bei Finnland ist aufschlussreich, dass Paare mit ein oder zwei Kindern im Durchschnitt höhere tatsächliche als simulierte Sozialleistungen vorzuweisen haben. Es gibt hier also sehr deutliche Unterschiede zwischen Paaren und Alleinerziehenden. Höhere tatsächliche gegenüber simulierten Leistungen finden sich sonst nur noch bei Paaren mit zwei Kindern in Schweden. Die geringsten Differenzen zwischen tatsächlichen und simulierten Sozialleistungen gibt es in Lettland. Deutschland liegt bei den Sozialleistungen im Mittelfeld, wobei die durchschnittlichen simulierten Sozialleistungen pro Familienform bei allen untersuchten Familienformen geringer sind als die tatsächlichen.

Steuern und Sozialversicherungsbeiträge

Neben den Sozialleistungen, die ein Plus für das Haushaltseinkommen bedeuten, spielen auch Steuern und Sozialversicherungsbeiträge, im Folgenden kurz Abgaben genannt, als Minus vom Haushaltseinkommen, eine wichtige Rolle. Vergleicht man die Skala auf der vertikalen Achse zwischen Abb. 2 und 3, so zeigt sich, dass die Beträge für die Abgaben nicht ganz so hoch ausfallen wie die der Sozialleistungen. Abb. 3 muss dabei so gelesen werden, dass positive Werte eine negative Auswirkung auf das verfügbare Haushaltseinkommen haben. Dementsprechend sind höhere tatsächliche als simulierte Werte finanziell nachteilig für die betreffende Familienform.

Analog zu den Ergebnissen für das Haushaltseinkommen und die Sozialleistungen sind die Abgaben in Spanien und Lettland vergleichsweise niedrig. Bei Alleinerziehenden und Paaren ohne Kinder weisen die Niederlande, aber auch Finnland (bei Alleinerziehenden mit drei oder mehr Kindern) die durchschnittlich höchsten tatsächlichen und simulierten Abgaben auf. Bei Paaren mit Kindern sticht Deutschland heraus, da es sehr große Abweichungen zwischen den tatsächlichen und simulierten Abgaben gibt, wobei die tatsächlichen Abgaben klar über den simulierten liegen. Gemeinsam mit Österreich ist Deutschland ein Sonderfall, da in den anderen sechs Ländern die simulierten Abgaben i. d. R. höher sind als die tatsächlichen. In Deutschland und Österreich zahlen die untersuchten Familienformen also tatsächlich mehr Abgaben, als dies laut den Regelungen der Fall sein sollte. Die hohen Differenzen zwischen tatsächlichen und simulierten Abgaben in Deutschland müssen jedoch mit Vorsicht interpretiert werden, da für Deutschland keine Registerdaten verwendet werden konnten (siehe Daten und Methode).

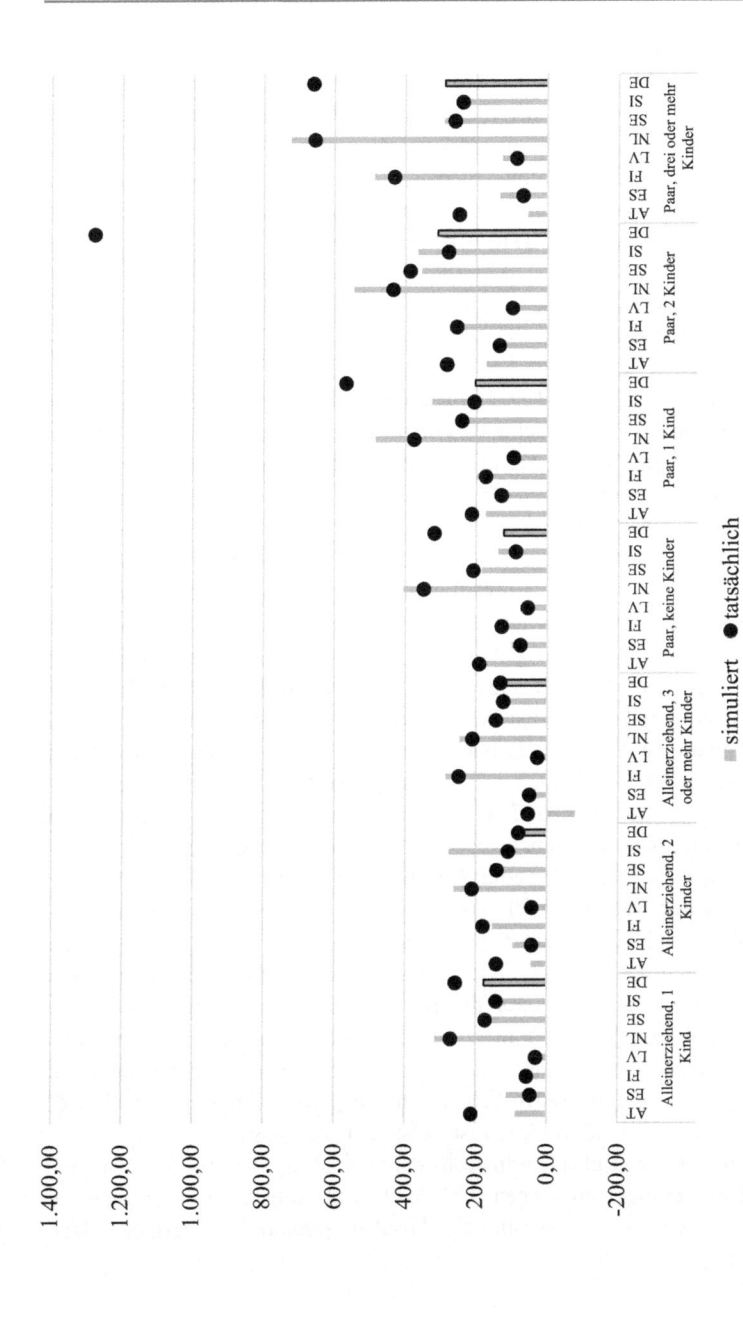

Abb. 3 Tatsächliche und simulierte Steuern und Sozialversicherungsbeiträge, Mittelwerte in KKP. (Quelle: eigene Darstellung auf Basis von EUOMOD und EU-SILC)

Umgekehrt zahlen die meisten untersuchten Familienformen in den anderen sechs Ländern tatsächlich geringere Abgaben als erwartet. Besonders deutlich ist dies in den Niederlanden, wo die Abgaben am höchsten ausfallen. Aber auch bei Alleinerziehenden und Paaren mit zwei Kindern sowie Paaren mit einem Kind in Slowenien und – im Verhältnis zu den geringen Abgaben – in Spanien bei Alleinerziehenden mit einem oder zwei Kindern und Paaren mit drei oder mehr Kindern werden deutlich niedrigere Abgaben erbracht als simuliert.

5 Diskussion

Unsere Analyse hat gezeigt, dass es für armutsgefährdete Familien in den acht untersuchten Ländern teils erhebliche Differenzen zwischen geregelter und tatsächlicher Umverteilung gibt, die in fast allen Fällen zu geringeren verfügbaren Einkommen der Familien führen als vorgesehen. Eine Gemeinsamkeit unter den acht Ländern ist dabei, dass Paare durchweg höhere Steuern und Sozialversicherungsbeiträge leisten müssen als Alleinerziehende (sowohl bei der tatsächlichen als auch bei der simulierten Umverteilung) sowie Familienformen mit mehr Kindern mehr Umverteilung erfahren. In sieben der acht Länder erhalten Alleinerziehende höhere Sozialleistungen (tatsächlich und simuliert) als Paare. Nur in Spanien ist das nicht der Fall. Aus dem Ländervergleich der Sozialleistungen sowie der Steuern und Sozialversicherungsbeiträge ergibt sich, dass sich das Maß der Umverteilung zwischen den Ländern z. T. deutlich unterscheidet und – wenig überraschend – dort größer ist, wo die verfügbaren Haushaltseinkommen höher ausfallen (Niederlande, Finnland, Deutschland) und dort niedriger ist, wo die verfügbaren Haushaltseinkommen geringer sind (Lettland, Spanien).

Ein wichtiges Ergebnis der empirischen Analyse ist, dass gerade die Sozialleistungen dafür verantwortlich sind, dass die *de facto* Umverteilung bei armutsgefährdeten Familien unter der *de jure* Umverteilung liegt. Diese Differenzen lassen sich nur durch die Nichtinanspruchnahme dieser Sozialleistungen erklären. Jedoch zeigt sich, dass darüber hinaus auch andere Faktoren von Bedeutung sind. So gibt es einige Fälle, in denen bestimmte Familienformen höhere Leistungen erhalten als erwartet. Ob dies auf nicht simulierbare Sonderregelungen, administrative Fehlentscheidungen oder falsche Angaben der Antragssteller:innen zurückzuführen ist, lässt sich nicht sagen.

Insgesamt betrachtet gleichen in sechs der acht Länder bei den meisten Familienformen die geringer erhaltenen tatsächlichen als simulierten Leistungen die geringeren tatsächlichen als simulierten Abgaben zumindest in geringem Maße wieder aus. Die Familien erhalten zwar im Durchschnitt weniger Geld vom Wohlfahrtsstaat als vorgesehen, jedoch leisten sie zumeist auch weniger Abgaben an den Staat als sie müssten. Warum letzteres der Fall ist, lässt sich im Rahmen der vorliegenden Analyse nicht klären. Festzuhalten bleibt aber, dass dies relevante Auswirkungen auf das Haushaltseinkommen der Familien hat. Diese Ergebnisse verdeutlichen, dass künftige Analysen zur Einkommenssituation armutsgefährdeter Familien über die Frage nach der Nichtinanspruchnahme von Sozialleistungen hinausgehen sollten.

Besondere Fälle sind Deutschland und Österreich, da hier deutlich niedrigere tatsächlich erhaltene als simulierte Sozialleistungen und deutlich höhere tatsächliche als simulierte Abgaben vorherrschen. Im Falle Deutschlands sind gerade die deutlich höheren tatsächlichen als simulierten Abgaben bei Paaren auffällig, die jedoch zum Teil auf ungenaue Angaben der Befragten beruhen dürften. Die niedrigeren tatsächlichen als simulierten Sozialleistungen in Österreich lassen sich allerdings nur auf eine Nichtinanspruchnahme von Leistungen zurückführen. Die höheren tatsächlichen als simulierten Steuern und Sozialversicherungsbeiträge können dagegen zum Teil durch die Nichtinanspruchnahme von steuerrechtlichen Regelungen erklärt werden, ein Phänomen, das in der Forschungsliteratur bisher wenig beachtet wurde. In Österreich besteht zwar eine allgemeine Pflicht zur Steuererklärung (BMF 2023), es ist jedoch möglich, dass gerade armutsgefährdete Familien nicht in der Lage sind, diese zu ihrem größtmöglichen Vorteil zu nutzen. Von ähnlichen Mechanismen darf man auch in Deutschland ausgehen, zumal eine Steuererklärung dort nur für bestimmte Familienformen (z. B. Verheiratete) verpflichtend ist und deswegen möglicherweise nur ein Teil der untersuchten Familienformen eine Steuererklärung vorgenommen hat.

6   Fazit

Familie wurde und wird in zahlreichen europäischen Wohlfahrtsstaaten als ökonomische Einheit gesehen, die Verantwortung – auch finanzieller Art – füreinander trägt. In der Gestaltung von Armutsbekämpfung und wohlfahrtsstaatlicher Umverteilung hat Familie daher eine zentrale Bedeutung. Umverteilung zeigt sich grundsätzlich als „Plus und Minus", also als Leistungen auf der einen Seite und als Abgaben auf der anderen Seite, die zusammengenommen die Umverteilung darstellen. Für die Bekämpfung von Armut ist dabei wichtig, in welchem Maße Familien Leistungen, die ihnen rechtlich zustehen, auch tatsächlich erhalten und

Abgaben, die sie zu erbringen haben, auch wirklich leisten. Der vorliegende Beitrag hat deswegen in europäisch vergleichender Perspektive untersucht, ob und zu welchem Grad die *de facto* Umverteilung der *de jure* Umverteilung entspricht. Um die *de facto* und die *de jure* Umverteilung untersuchen zu können, haben wir für armutsgefährdete Familien analysiert, welche Differenzen es zwischen dem tatsächlichen verfügbaren Haushaltseinkommen und dem verfügbaren Haushaltseinkommen gibt, das diese Familien laut den wohlfahrtsstaatlichen Reglungen erhalten sollten. Dazu haben wir das Mikrosimulationsmodell der Europäischen Union EUROMOD und die EU-SILC-Daten des Jahres 2020 verwendet. EUROMOD erlaubt eine Simulation des verfügbaren Haushaltseinkommens für die im EU-SILC-Survey befragten Familien auf Basis der geltenden wohlfahrtsstaatlichen Regelungen. Die Ergebnisse dieser Simulation haben wir mit den Befunden zum tatsächlichen verfügbaren Haushaltseinkommen aus den EU-SILC-Daten verglichen. Um Unterschiede zwischen armutsgefährdeten Familien erfassen zu können, haben wir sieben verschiedene Familienformen untersucht, die sich bei den Merkmalen Paarhaushalt/Alleinerziehende und der Anzahl der Kinder unterscheiden. Unsere Analyse haben wir für acht europäische Länder durchgeführt (Österreich, die Niederlande, Spanien, Schweden, Finnland, Slowenien, Lettland, und, trotz der dargelegten Datenschwächen, Deutschland). Um genauere Einblicke in wohlfahrtsstaatliche Umverteilung zu erhalten, haben wir zusätzlich die tatsächlichen und geregelten Sozialleistungen sowie Steuern und Sozialversicherungsbeiträge untersucht.

Die Ergebnisse unserer Analyse zeigen, dass es in allen acht Ländern deutliche Unterschiede zwischen der *de jure* und der *de facto* Umverteilung gibt, die dazu führen, dass armutsgefährdete Familien geringere tatsächliche verfügbare Einkommen haben als rechtlich vorgesehen. Diese Differenzen fallen in den Ländern größer aus, die höhere verfügbare Einkommen aufweisen wie Österreich und Deutschland, und dort niedriger, wo die verfügbaren Einkommen geringer sind wie in Spanien und Lettland. Dieses Ergebnis ist vor allem auf die Nichtinanspruchnahme von Sozialleistungen zurückzuführen, die in Österreich besonders stark ausgeprägt ist. In sechs der acht Länder (Niederlande, Schweden, Finnland, Spanien, Lettland, Slowenien) leisten die untersuchten Familienformen jedoch auch geringere Steuern und Sozialversicherungsbeiträge als dies aufgrund der wohlfahrtsstaatlichen Regelungen zu erwarten wäre, was in einem gewissen Maße die nicht in Anspruch genommenen Sozialleistungen ausgleicht. Dies ist jedoch in Deutschland und Österreich anders, wo armutsgefährdete Familien höhere Abgaben leisten, als dies laut den Simulationen der Fall sein sollte.

Aus diesen Befunden lässt sich ableiten, dass wohlfahrtsstaatliche Maßnahmen zur Armutsbekämpfung deutlich erfolgreicher sein könnten, wenn mehr

Familien die für sie vorgesehenen Leistungen und abgabenrechtlichen Vergünstigungen tatsächlich nutzen würden bzw. könnten. Warum gerade Österreich hier so prägnant heraussticht, stellt eine bedeutsame Frage für künftige Forschung dar. Außerdem machen die Ergebnisse für die Steuern und Sozialversicherungsbeiträge deutlich, dass neben der oft beachteten (Nicht-)Inanspruchnahme von Sozialleistungen auch Abgaben eine wichtige Rolle spielen, die in künftiger Forschung mehr Beachtung finden sollten. Nicht unbedeutsam für unsere Analyse war zudem die Qualität der Daten – und unser Forscherinnenherz schlägt für Registerdaten.

Anmerkungen

Dieser Artikel ist ein Ergebnis des von der DFG geförderten Forschungsprojektes FaSo („Die Relevanz von Familie für Sozialrechtsansprüche im internationalen Vergleich: Zwischen Gewährung von Leistungen und Einforderung familiärer Solidarität").

Die hier präsentierten Ergebnisse beruhen auf der EUROMOD Version I4.109+. EUROMOD wird durch das Institute for Social and Economic Research (ISER) an der University of Essex und das Joint Research Centre (JRC) der Europäischen Kommission in Kooperation mit den nationalen Teams der EU-Mitgliedstaaten betrieben, weiterentwickelt und verwaltet. Wir sind den vielen Menschen, die an der Entwicklung von EUROMOD beteiligt gewesen sind, zu Dank verpflichtet. Die Ausweitung und Aktualisierung von EUROMOD wird finanziell durch das European Union Programme for Employment and Social Innovation „EaSI" (2014–2020) unterstützt. Die Ergebnisse und ihre Interpretation liegen allein in der Verantwortung der Autorinnen.

Die Ergebnisse und Schlussfolgerungen dieses Beitrags, die auf den EU-SILC 2020 Daten basieren, sind nicht die von Eurostat, der Europäischen Kommission oder irgendeiner nationalen Einrichtung, deren Daten genutzt wurden. Die Verantwortung für alle aus den Daten gezogenen Schlussfolgerungen liegt allein bei den Autorinnen.

Literatur

BMF (Bundesministerium Finanzen). 2023. Einkommensteuererklärung und Einkommensteuerveranlagung. https://www.bmf.gv.at/themen/steuern/fuer-unternehmen/einkommensteuer/einkommensteuererklaerungspflicht.html. Abgerufen am: 05.07.2023.

Bradshaw Johnathan, und Rense Nieuwenhuis. 2021. Poverty and the family in Europe. In *Research Handbook on the Sociology of the Family*, Hg. Norbert F. Schneider und Michaela Kreyenfeld, 400–416. Cheltenham, Northampton: Edward Elgar.

Daly, Mary, und Kirsten Scheiwe. 2010. Individualisation and Personal Obligations – Social Policy, Family Policy, and Law Reform in Germany and the UK. *International Journal of Law, Policy and the Family* 24:177–197.

Elias, Norbert. 1997. Wandlungen der Machtbalance zwischen den Geschlechtern. In *Soziologische Theorie und Empirie*, Hg. Jürgen Friedrichs, Karl-Ulrich Mayer und Wolfgang Schluchter, 125-149. Opladen: Westdeutscher Verlag.

Frericks, Patricia, und Martin Gurín. 2023. Family as a redistributive principle of welfare states: an international comparison. *Journal of European Social Policy* 33:52–66.

Frericks, Patricia, Martin Gurín, und Julia Höppner. 2023. Family as a Redistributive Principle of the Welfare State. The Case of Germany. *Journal of Social Policy* 52:449–469.

Frericks, Patricia, Martin Gurín, und Julia Höppner. 2023. Mapping redistribution in terms of family: A European comparison. *International Sociology* 38:269–289.

Frericks, Patricia, Julia Höppner, und Ralf Och. 2020. The Family in Minimum Income Benefits in Europe: An Institutional Analysis. *Social Politics* 27:615–642.

Fuchs, Michael, Katrin Gasior, Tamara Premrov, Katarina Hollan, und Anette Scoppetta. 2020. Falling through the social safety net? Analysing non-take-up of minimum income benefit and monetary social assistance in Austria. *Social Policy & Administration* 54:827–843.

Funcke, Antje, und Sarah Menne. 2023. Die Kindergrundsicherung – eine gute Investition in die nachwachsende Generation. *Zeitschrift für Wirtschaftspolitik* 72:138–149.

Goedemé, Tim, und Julie Janssens. 2020. The concept and measurement of non-take-up – An overview, with a focus on the non-take-up of social benefits. Deliverable 9.2. Leuven. InGRID-2 project 730998 – H2020.

Harnisch, Michelle. 2019. Non-Take-Up of Means-Tested Social Benefits in Germany. DIW Discussion Papers, No. 1793. Deutsches Institut für Wirtschaftsforschung (DIW), Berlin.

Hauser, Richard. 2018. Das Maß der Armut: Armutsgrenzen im sozialstaatlichen Kontext. Der sozialstatistische Diskurs. In *Handbuch Armut und soziale Ausgrenzung*, 3., aktualisierte und erweiterte Auflage, Hg. Ernst-Ulrich Huster, Jürgen Boeckh, und Hildegard Mogge-Grotjahn, 149–178, Wiesbaden: Springer VS.

Hernanz, Virginia, Franck Malherbet, und Michele Pellizzari. 2004. Take-up of Welfare Benefits in OECD Countries: A Review of the Evidence. OECD social, employment and migration working papers no. 17.

ISER (Institute for Social and Economic Research). 2022. University of Essex; Joint Research Centre, European Commission, EUROMOD: Version I4.109+ (software).

Jacques, Olivier, und Alain Noël. 2018. The case for welfare state universalism, or the lasting relevance of the paradox of redistribution. *Journal of European Social Policy* 28:70–85.

Land, Hilary. 1980. The Family Wage. *Feminist Review* 6:55–77.

Maier, Sofía, und Mattia Ricci. 2022. EUROMOD baseline report. JRC Working Papers on Taxation and Structural Reforms No 1/2022.

Nelson, Kenneth, und Rense Nieuwenhuis. 2021. Towards a new consolidated framework for analysing benefit coverage. *Journal of European Social Policy* 31:352–362.

Otto, Adeline, und Wim Van Oorschot. 2019. Welfare reform by stealth? Cash benefit recipiency data and its additional value to the understanding of welfare state change in Europe. *Journal of European Social Policy* 29:307–324.

Pfau-Effinger, Birgit. 2004. Socio-historical paths of the male breadwinner model – an explanation of cross-national differences. *The British Journal of Sociology* 55:377–399.

Polanyi, Karl. (1944) 2001. *The Great Transformation: The Political and Economic Origins of Our Time*. Boston: Beacon Press.

Saraceno, Chiara 2023. Challenges in family policy research. *Families, Relationships and Societies* 12:103–115.

Saraceno, Chiara. 2004. De-Familialization or Re-Familialization? Trends in Income-Tested Family benefits. In *Solidarity between the sexes and the generations. Transformations in Europe*, Hg. Trudie Knijn, und Aafke E. Komter, 68–86. Cheltenham, Northampton: Edward Elgar.

Titmuss, Richard Morris. 1958. *Essays on the Welfare State*. London: Allen & Unwin.

Van Oorschot, Wim. 1998. Failing selectivity: On the extent and causes of non-take-up of social security benefits. In *Empirical poverty research in a comparative perspective*, Hg. Hans-Jürgen Andress, 101–132. Ashgate: Aldershot.

Van Oorschot, Wim, und Femke Roosma. 2017. The social legitimacy of targeted welfare and welfare deservingness. In *The social legitimacy of targeted welfare*, Hg. Wim van Oorschot, Femke Roosma, Bart Meuleman, und Tim Reeskens, 3–34. Cheltenham, Northampton: Edward Elgar.

Vinck, Julie, Jo Lebeer, und Wim Van Lancker. 2018. Non-take-up of the supplemental child benefit for children with a disability in Belgium: A mixed-method approach. *Social Policy & Administration* 53:357–384.

Whelan, Joe. 2021. *Welfare, Deservingness and the Logic of Poverty: Who Deserves?*. Newcastle upon Tyne: Cambridge Scholars Publishing.

Prof. Dr. Patricia Frericks ist Professorin für Soziologie mit Schwerpunkt in der vergleichenden Wohlfahrtsstaatsforschung. Gegenwärtig leitet sie das Fachgebiet Soziologie und Ökonomie sozialer Dienste und Einrichtungen an der Universität Kassel. Zuvor war sie Professorin für Social Policy an der Universität Helsinki und Wissenschaftliche Assistentin in Sozialstrukturanalyse an der Universität Hamburg. Promoviert hat sie an der Universität Utrecht. Ihre Forschungsschwerpunkte liegen im Bereich der vergleichenden Soziologie, und hier insbesondere der Institutionalisierung und Transformation sozialer Marktwirtschaften und Sozialbürgerschaft in Europa. In ihrer theoriebasiert empirischen Forschung widmet sie sich insbesondere auch der Weiterentwicklung von Konzepten und Methoden zur Analyse von institutionellen Normen und ihrem Wandel, ihrem Verhältnis zu sozioökonomischem und kulturellem Wandel und ihren Auswirkungen auf soziale Ungleichheiten.

Dr. Julia Höppner ist wissenschaftliche Mitarbeiterin und Post-Doc am Fachgebiet Soziologie und Ökonomie sozialer Dienste und Einrichtungen an der Universität Kassel. Im Wintersemester 2023/24 vertrat sie die Professur „Lebenslauforientierte Sozialpolitik" an der Universität Bremen. Zuvor war sie als wissenschaftliche Mitarbeiterin an der Universität Hamburg und an der Universität Bremen beschäftigt, wo sie 2014 promoviert hat. Ihre

Forschungsschwerpunkte liegen in der vergleichenden Wohlfahrtsstaatsforschung, insbesondere in den Feldern der Alterssicherung und der familienbezogenen Sozialpolitik sowie der Methoden der empirischen Sozialforschung. Dabei gilt ihr Interesse der Analyse von wohlfahrtsstaatlichen Institutionen und deren Auswirkungen auf individuelle Merkmale.

Open Access Dieses Kapitel wird unter der Creative Commons Namensnennung 4.0 International Lizenz (http://creativecommons.org/licenses/by/4.0/deed.de) veröffentlicht, welche die Nutzung, Vervielfältigung, Bearbeitung, Verbreitung und Wiedergabe in jeglichem Medium und Format erlaubt, sofern Sie den/die ursprünglichen Autor(en) und die Quelle ordnungsgemäß nennen, einen Link zur Creative Commons Lizenz beifügen und angeben, ob Änderungen vorgenommen wurden.

Die in diesem Kapitel enthaltenen Bilder und sonstiges Drittmaterial unterliegen ebenfalls der genannten Creative Commons Lizenz, sofern sich aus der Abbildungslegende nichts anderes ergibt. Sofern das betreffende Material nicht unter der genannten Creative Commons Lizenz steht und die betreffende Handlung nicht nach gesetzlichen Vorschriften erlaubt ist, ist für die oben aufgeführten Weiterverwendungen des Materials die Einwilligung des jeweiligen Rechteinhabers einzuholen.

Aktuelle Praxisperspektiven auf das Bürgergeld

Zeit-Armut. Einblicke in die Lebenswirklichkeiten von Bürgergeldempfänger:innen

Eva M. Welskop-Deffaa

Zusammenfassung

Das Bürgergeld zielt darauf ab, die Möglichkeit zur Teilhabe am gesellschaftlichen Leben zu verbessern. Doch genügen die damit verbundenen Sozialleistungen dafür? Menschen in belasteten Lebenslagen, die es schwer haben, ihre Existenz durch eigene Erwerbsarbeit zu sichern, sind oft in ihrer Zeitsouveränität eingeschränkt oder brauchen mehr Zeit für Alltagsobliegenheiten, z. B. weil sie in einem Stadtteil wohnen, der eine schlechte ÖPNV-Anbindung hat. Ein teilhabestärkendes Bürgergeldregime muss diese Lebenswirklichkeiten beachten, wie sozialarbeiterische Erfahrungen aus der Caritas-Praxis zeigen.

1 Bürgergeldempfänger:innen – die Menschen und ihre Lebenswirklichkeit

„Wir haben Zeit genug, wenn wir sie nur richtig verwenden." - dieses Diktum Johann Wolfgang von Goethes wird oft zitiert. Es beschreibt einen Gedanken, der für viele von uns beruhigend sein kann, die ihren Alltag zwischen Beschleunigung der Arbeitswelt, familiären Aufgaben, Freizeitplänen und ehrenamtlichen Engagements gestalten und dabei allzu oft in Zeitnot geraten. Als berufstätige Frau in einer Führungsposition, Mutter und Großmutter, Museumsfreundin und Gründungsmitglied einer Eine-Welt-Laden-Genossenschaft ahne ich, wovon Goethe spricht. Und zum Glück gibt es viele, die mir dabei helfen, meine Zeit „richtig"

E. M. Welskop-Deffaa (✉)
Deutscher Caritasverband, Berlin/Freiburg, Deutschland
E-Mail: bueroderpraesidentin@caritas.de

zu verwenden, indem sie mir bei der Erledigung meiner Alltagspflichten helfen, indem ich Dienstleistungen für die Reinigung unserer Wohnung in Anspruch nehme oder wenn ich ein Taxi nutze, weil der Weg zum nächsten Termin mit dem Fahrrad zu lange dauern würde. Wenn eine Freundin oder Kollegin für mich die Geburtstagsblumen im Laden abholt… Solche Entlastungen sind nicht selbstverständlich. Sie setzen Ressourcen voraus – finanzielle Mittel, sichere familiäre oder freundschaftliche Beziehungen, ein gewisses Organisationsgeschick, die Möglichkeit zur Gegenleistung – Ressourcen, über die viele Menschen nicht oder nur in beschränktem Umfang verfügen.

Die Verwendung unserer Zeit und die Souveränität, über sie verfügen zu können, hängen also ganz entscheidend mit unseren Lebensumständen, mit unseren Geschwindigkeiten und denen unserer Umwelt und mit den zur Verfügung stehenden Ressourcen zusammen. Bürgergeld-Bezieher:in zu sein, kann für die verfügbare Zeit ganz verschiedenes heißen, auch wenn die Vorstellung (der Zeitungen mit Großbuchstaben) über Menschen im Grundleistungsbezug meist automatisch darin mündet, dass sie zwar nicht viel Geld, dafür aber unbegrenzte Zeitressourcen hätten. Die Erfahrungen aus der Caritaspraxis zeigen: Dieses Bild ist irreführend. Zeit und Geld zu haben, hängt oft direkt miteinander zusammen. Unter den Bürgergeldempfänger:innen sind viele, die durch eine sichtbare oder unsichtbare Beeinträchtigung erhöhten Zeitaufwand für elementare Lebensnotwendigkeiten haben, in deren Alltag die Sorge für ein krankes Kind oder die Belastung durch einen gewalttätigen Partner Zeitfresser sind. Nicht übersehen werden darf auch, dass sich unter den Haushalten im SGB II-Bezug ein großer Anteil von Personen befindet, die aufstocken. Sie müssen oft viel Zeit für Erwerbsarbeit (zu ungünstigen Tageszeiten) und den Weg zur Arbeit investieren, ohne dass der Lohn zur Existenzsicherung reicht. In knapp einem Drittel der Familien mit minderjährigen Kindern im SGB II-Bezug beispielsweise geht mindestens ein Elternteil einer Erwerbstätigkeit nach – wobei ein großer Teil ihres Einkommens auf die SGB II-Leistungen angerechnet wird (Bertelsmann Stiftung 2021, S. 7).

Die Lebensumstände von armutsbetroffenen Menschen führen nicht selten dazu, dass neben dem Geld auch die Zeit rasch knapp wird. Und das kann zur Folge haben, dass Rechte auf Unterstützung nicht wahrgenommen werden können, Weiterqualifikationen nur schwer vereinbar sind mit dem Alltag und der Weg hin zur existenzsichernden Erwerbstätigkeit und besserer Absicherung deutlich erschwert wird. So geht es auch Herrn P., Klient in einer Beratungsstelle der Caritas in der Nähe von Köln. Die Kolleginnen dort unterstützen ihn seit vielen

Jahren: zum Beispiel im Dialog mit Behörden oder bei Konflikten mit Vermietern. Sein Erleben steht exemplarisch für die Lebenswirklichkeit der rund 15 % armutsgefährdeten Personen in Deutschland (BMAS 2021, S. 46):

Der 53-jährige P. ist gelernter Maurer. Nach mehreren Bandscheibenvorfällen erlitt er einen Zusammenbruch, bei dem sein Leben am seidenen Faden hing. Jetzt ist er körperlich eingeschränkt. Eine Umschulung zum Bauzeichner vor vielen Jahren führte zu nichts, denn es gab keine Jobangebote zu dieser Zeit. Irgendwann wollte Herr P. wenigstens eine Arbeit in einer Werkstatt für Menschen mit Beeinträchtigungen – eine Amtsärztin verweigerte ihm das, weil er zu diesem Zeitpunkt bereits aus gesundheitlichen Gründen arbeitsunfähig war.

Herr P. lebt sehr zurückgezogen in der Umgebung von Köln und mit wenig Kontakt zu seinen Mitmenschen. Selbst Kontakt zu seiner Familie gibt es kaum. Seine Frau hat sich von ihm getrennt. Jahrelang hat er seinen Kindern weiter Geld überwiesen, um den Schein zu wahren – selbst als er keine Arbeit mehr hatte.

Nach seiner Erkrankung und der Trennung von seiner Frau ist er Schritt für Schritt in die Verschuldung gerutscht. Der ständige Kampf mit Behörden um die Wahrnehmung seiner Rechte hat ihn wütend gemacht.

Seit Anfang des Jahres erhält Herr P. Bürgergeld. Das Bürgergeld als grundlegende Reform der Grundsicherung trägt verschiedenen Kritikpunkten Rechnung, die auch der Deutsche Caritasverband in der Vergangenheit wiederholt vorgetragen und aus seiner verbandlichen Praxis in Beratungsstellen und Integrationsangeboten begründet hat (Deutscher Caritasverband 2023, S. 111 ff.). Die Hinweise des Bundesverfassungsgerichts zu einer verfassungsgemäßen Sanktionspraxis, das „Sozialmonitoring" der Bundesarbeitsgemeinschaft der Freien Wohlfahrtspflege (BAGFW) und die Analysen der Armuts- und Reichtumsberichte der Bundesregierung sind einige der wichtigen Impulse, die der Gesetzgeber aufgegriffen hat. Besser unterstützt werden soll die nachhaltige und perspektivreiche Arbeitsmarktintegration vor allem durch mehr und bessere Qualifizierungs- und Weiterbildungsmöglichkeiten. Dem Grundbedürfnis Wohnen und dem Erhalt des bisherigen Lebensumfelds soll bei der Entscheidung über die Übernahme der Wohnkosten stärker Rechnung getragen werden, die zeitsouveränitätsstärkende Bedeutung der Unterstützung durch Nachbarschaft und Sozialraum wird (implizit) anerkannt. Diese Entwicklungen begrüßen wir als verbandliche Caritas ausdrücklich.

Grundsätzlich ist die Frage nach der Zeitsouveränität aber noch viel zu wenig beachtet. Die großen politischen Linien stellen wenig Verbindung zu individuellen Lebensumständen und Möglichkeiten zur Teilhabe her, die sich auf Zeitverwendungs-Entscheidungen und Biografien auswirken und die für uns in

Zeitspuren in Statistiken und Studien sichtbar werden. In drei Lebensbereichen soll das im Folgenden ausgeführt werden: Mobilität, Umgang mit Behörden und digitale Teilhabe.

2 Mobilität

Mobilität ist ein grundlegender Garant für Teilhabe – nur wer öffentliche und nicht-öffentliche Orte außerhalb des eigenen Wohnraumes erreichen kann, kann am dortigen Leben teilhaben. Wer dagegen nicht mobil ist, kann Orte für Arbeit, Bildung, Versorgung oder soziales Leben nicht erreichen und daher am dortigen Leben nicht oder nur eingeschränkt teilhaben, was bis zu gesellschaftlicher Marginalisierung führen kann (FES 2009, S. 6–21).

Hinzu kommt: Wege dauern länger, wenn man nicht viel Geld für Mobilität übrighat. Die so gebundene Zeit kann man nicht mehr für anderes investieren. Es kann ein Teufelskreis entstehen, der die Möglichkeiten zur Mobilität und gesellschaftlichen Teilhabe immer weiter einschränkt (FÖS 2022, S. 1).

Anhand von Daten aus dem SOEP lässt sich die ungleiche Besitzverteilung privater PKW analysieren, die in Deutschland angesichts der ausbleibenden Verkehrswende für den Zugang zu Mobilität noch immer besonders wichtig ist. Oberhalb der Schwelle zum SGB II-Leistungsbezug besitzen 95 % der Paare mit Kind(ern) mindestens ein Auto – bei der gleichen Gruppe im Grundleistungsbezug sind es etwa 58 %. Unter denjenigen ohne eigenen PKW ohne Berechtigung zum Leistungsbezug geben nur zwei Prozent der Paare mit Kind(ern) und 11 % der Alleinerziehenden finanzielle Ursachen als Grund für den Verzicht auf das Auto an. Im Vergleich dazu sind es bei solchen im Leistungsbezug drei Viertel, die aus finanziellen Gründen auf ein Auto verzichten (Aust 2020, S. 17). Herr P. ist einer davon, er geht stets zu Fuß, selbst zum Einkaufen:

Seine Einkäufe schleppt Herr P. zu Fuß nachhause. Auch seine Gänge zum Jobcenter und zu anderen Ämtern oder in die örtliche Beratungsstelle der Caritas erledigt er per pedes. Natürlich ist er auf diese Weise viel länger unterwegs als die, die sich mal eben ins Auto schwingen können. Aber er spart Geld.

Denn seit die Inflation galoppiert, reicht das Geld überhaupt nicht mehr. Herr P. kann gerade noch so seine Lebensmittel kaufen. Eigentlich auch das nicht richtig: „Mich gesund zu ernähren, kann ich mir schlicht nicht leisten." Frisches Gemüse ist ein Luxus. Bus und Bahn oder gar ein Auto treten in der Priorisierung weiter zurück.

Die erwünschte Veränderung kann und soll nicht darin bestehen, allen einen Zugang zum privaten PKW zu ermöglichen. Sozialpolitik, die gleichzeitig auch klimabewusst ausgerichtet ist, muss anders aussehen, worauf der Caritasverband im Rahmen seiner Jahreskampagne 2023 besonders hinwies (Welskop-Deffaa 2023a, S. 169). Für Menschen, die aus finanziellen Gründen auf Bus und Bahn angewiesen sind, ist jeder Schritt hin zu einem verbesserten ÖPNV, nicht nur im ländlichen Raum, eine konkrete Verbesserung des Lebensalltags. Ein Gewinn an Lebenszeit und zugleich ein wichtiger Beitrag zum Klimaschutz. Noch sind Autos im ländlichen Raum oft unentbehrliche Voraussetzung für eine reguläre Erwerbstätigkeit und die Organisation des Lebens vom Einkauf bis hin zu Behörden- und Arztbesuchen (FÖS 2022, S. 3).

Die Politik hat seit Jahren dem Individualverkehr Priorität gegeben, wie Zahlen des Verkehrsclub Deutschland (VCD) deutlich machen. Das Schienennetz der Bahn wurde in den Jahren 1996 bis 2018 um ein Viertel auf 33.440 km verkleinert – damit wurden die Ausgaben um mehr als die Hälfte auf gut sechs Milliarden Euro reduziert und die schienengebundene Infrastruktur in grober Weise gefährdet, ohne dass der nicht-schienengebundene öffentliche Verkehr auch nur ansatzweise die Lücke geschlossen hätte. Gleichzeitig wuchs das Autobahnnetz um knapp 2.000 km, dazu kamen hohe Subventionen für den PKW-, LKW- und Flugverkehr (neue caritas spezial 2023, S. 7).

Die Auswirkungen sind spürbar: Nach Auswertungen der Agora Verkehrswende haben zwei Drittel der Bevölkerung keinen Zugang zu einem ausreichenden ÖPNV-Angebot. Besonders stark hängt die Unterversorgung mit der sozio-ökonomischen Lage des Gebietes zusammen. Leben in einer Gegend viele Menschen mit niedrigem Einkommen, schlechtem Bildungs- und Gesundheitsstatus, ist der Zugang zum ÖPNV oft besonders eingeschränkt. Gerade Menschen im Leistungsbezug können sich aber Wohnungen in gut erreichbaren Innenstadtvierteln meist nicht leisten. Die Folge: Wege zu möglichen Orten für Bildung und Weiterbildung, Erwerbstätigkeit, Kinderbetreuung und Einkauf kosten deutlich mehr Lebenszeit und Geld als bei Personen, die die Vorteile von gut getaktetem ÖPNV oder kurzen Wegen haben (FÖS 2022, S. 2–4). Für Herrn P. entsteht daraus das Gefühl von starker Abhängigkeit:

Hin und wieder muss Herr P. zu einem Facharzt nach Köln. Dafür kauft er ein Ticket für den ÖPNV. 53 EUR würde die Monatskarte kosten, bei der die Fahrt in die ein paar Kilometer entfernte Domstadt inkludiert ist. „Das ist zu teuer für mich." stellt Herr P. fest. Eine Ermäßigung ist sogar schon eingerechnet - für Menschen in Armut gibt es einen Sondertarif.

Eine Ermäßigung kann Herr P. aber auch für Einzel- und Tagestickets bekommen. Dafür benötigt er jedoch jedes Mal eine Bescheinigung des Sozialamts. „Ich hatte meinen ersten Untersuchungs-Termin beim Arzt in Köln um 11 Uhr", erinnert er sich. „Ich war schon um 8.10 Uhr im Sozialamt." Das macht erst um 8.30 Uhr auf, aber die zuständige Mitarbeiterin war schon früher da. „Ich habe sie freundlich gebeten, mir die Bescheinigung gleich auszustellen, damit ich meinen Termin schaffe – sie hat mir die Tür vor der Nase zu gemacht", berichtet Herr P. „Als ich dann nach 8.30 Uhr eingelassen wurde, war alles in 40 Sekunden erledigt." Zum Termin hat er es noch pünktlich geschafft – und natürlich respektiert Herr P. Öffnungszeiten: „Aber Du kommst Dir auf den Ämtern permanent wie ein Bittsteller vor." Und nach einem kurzen Moment fügt er noch hinzu: „Manchmal auch wie der letzte Dreck."

Ein attraktives ÖPNV-Ticket für alle, für das sich der Deutsche Caritasverband auf dem Hintergrund dieser Erfahrungen lange eingesetzt hat, ist mit dem seit 1. Mai 2023 verfügbaren Deutschlandticket eingeführt. Allerdings ist die Finanzierung des Tickets zwischen Bund und Ländern nur für eine begrenzte Zeit gesichert und die Frage nach einem deutschlandweit einheitlichen Sozialtarif vorläufig unbeantwortet. Gerade für Menschen wie Herr P. wäre es wichtig, dass das Deutschlandticket bleibt, dass es für arme Haushalte kostenlos ist und dass der ÖPNV fährt, wenn man ihn braucht. Die Erfahrungen aus den Modellprojekten zur Stärkung des ÖPNV, die das Bundesverkehrsministerium (BMDV) jetzt fördert, müssen nachhaltig in die Breite getragen werden – z. B. die Einführung neuer (Express-)Buslinien und/oder automatisierter Bus-Shuttles im Linienverkehr und der Ausbau eines On-Demand-Dienstes, wie es die kreisübergreifende Angebotsoffensive zum Ausbau und zur Schaffung eines metropolitanen Stadt-Land-Taktes in Schleswig–Holstein vorhat (BMDV 2023). Die verbandliche Caritas selbst trägt zum Ausbau einer klimafreundlichen sozialen Mobilitätsinfrastruktur beispielsweise durch die Trägerschaft zahlreicher Radstationen an Bahnhöfen bei (Caritas im Erzbistum Köln 2023). Ob das Abo-Modell des Deutschlandtickets für Menschen wie Herr P. eine Chance oder ein Risiko darstellt, wird der Deutsche Caritasverband weiter beobachten. Wenn Kauf und Abbestellung ihrerseits kompliziert und zeitaufwendig sind und Herr P. sich immer wieder zu komplexen Prüfungen veranlasst sieht, ob für ihn das Ticket im nächsten Monat wirklich sinnvoll ist, wird es seinen Beitrag zu einer zeitsouveränen teilhabestärkenden Nutzung des ÖPNV für ihn nicht leisten.

3 Umgang mit Behörden

Das Erleben, sich im Angesicht der Behörden klein gemacht zu fühlen, und damit nicht nur den Mut, sondern auch viel Zeit zu verlieren, wird uns aus den Beratungsstellen immer wieder berichtet. Folgende Szene aus Berlin kennen so oder so ähnlich viele Berater:innen:

Herr K. sitzt aufgeregt in seinem Termin bei einer Beratungsstelle der Caritas in Berlin. Er hat Post vom Sozialamt bekommen. „Wenn ich jetzt 18 mal 203,46 EUR - also mehr als 3.600 EUR - zurückzahlen muss, bin ich am Ende." Herr K. bestreitet seinen Lebensunterhalt von einer kleinen Erwerbsminderungsrente und Bürgergeld: „Ich lebe im Dispo."

Zwei Dinge bereiten ihm im Moment Sorgen: Der Inhalt des Schreibens, das er in der Hand hält – und dessen Ton: „Ich habe den Eindruck, die sagen mir: Sie haben es versaut!"

Die Beraterin der Caritas überfliegt den Brief. K.´s Fehler: Er hat eine mitteilungspflichtige Änderung zur Erwerbsminderungsrente nicht rechtzeitig gemeldet. „Entspannen Sie sich erst einmal", beruhigt sie. „Es geht hier um eine Anhörung, nicht um eine Anklage." Es geht auch nur um einmalig 203,46 EUR. „Das Amt ist verpflichtet, das Geld zurückzufordern. Aber das kriegen wir hin."

Das Problem begleitet sie, seit sie Sozialarbeiterin ist: „Die Ämter müssen rechtssicher formulieren – klar. Leider verstehen aber viele Menschen das Bürokraten-Deutsch nicht und landen dann eingeschüchtert und verunsichert bei uns. Das kostet sie – und uns – viel Zeit."

Der Destatis-Datenreport 2021 vermittelt das Bild, dass die Zufriedenheit mit der öffentlichen Verwaltung sehr stark abhängig von der Lebenslage ist. Im Jahr 2019 waren insgesamt 83 % der Bürgerinnen und Bürger mit ihren Behördenkontakten eher oder sehr zufrieden. Bei denjenigen, die sich in den Lebenslagen Arbeitslosigkeit, Altersarmut und Finanzielle Probleme befanden, ging die durchschnittliche Bewertung des Behördenkontaktes jedoch stark auf „eher unzufrieden" zu. Unzufriedene gaben an, woran es für sie lag. Für die meisten ging es um eine zu lange Bearbeitungsdauer, außerdem äußerten Befragte Unmut über komplexe Verfahren, zu lange Wartezeiten, Ablehnungsbescheide, unzureichende Informationen sowie aus ihrer Sicht unfreundliches und wenig kompetentes Personal. Ähnliche Differenzen zeigen sich zum Thema Verständlichkeit von behördlichen Dokumenten. Diese erhielten in den Lebenslagen Heirat und Lebenspartnerschaft sowie Umzug mit Werten von je 1,4 überdurchschnittliche Zufriedenheit. Die Lebenslagen Altersarmut, Arbeitslosigkeit und Finanzielle Probleme dagegen wurden mit unterdurchschnittlichen Zufriedenheitswerte von je 0,5 bewertet (Destatis 2021, S. 394–398). Der Unterschied: Kontakt zu Behörden wegen einer Heirat haben Bürgerinnen und Bürger im Idealfall nur einmal im Leben – und dies ist ein freudiger Anlass. Wer auf Bürgergeld angewiesen ist, wird immer wieder in Kontakt mit dem Amt treten müssen. Auf diese Weise vergeht Zeit, die anderen für Bildung, Freizeit und Familie zur Verfügung steht – und für Menschen im Kontakt mit Ämtern mit Warten, Terminsuchen und Formularen. Die wiederholte Erfahrung, dass der Kontakt zu Ämtern Lebenszeit kostet, dass die eigene Zeit und Angewiesenheit keine Rolle spielt bei der Bearbeitung, dass das Zeitfenster für die Lösung eines Problems sich schließen wird, bevor die Ämter die notwendige Auskunft erteilt haben – das alles sind Erfahrungen der Zeit-Armut, die arme Menschen verzweifeln lassen und die sie vor die Entscheidung stellen, auf Transferzahlungen zu verzichten oder einen Gutteil ihrer (knappen) Zeit für den Kontakt mit Behörden investieren zu müssen, der dann für andere Perspektivvorhaben fehlt.

4 Digitale Teilhabe

Gerade im Bereich des Zugangs zu Behördendienstleistungen hoffen viele (politisch Verantwortliche) auf positive Effekte der Digitalisierung, die Kommunikationswege vereinfachen, Arbeitsschritte automatisieren und damit Zeit sparen könnte. Die Erfahrungen aus der Praxis zeigen jedoch, dass das Profitieren von diesen Effekten voraussetzungsreich ist. Herr P. meint:

„Digitalisierung macht vieles einfacher? Klar! Aber nur, wenn die Apps auf dem Smartphone dann auch laufen." So alt ist das Samsung von Herrn P. gar nicht. Aber einige Jahre auf dem Buckel reichen schon, dass es keine Updates mehr gibt. Das wird zum Beispiel beim Deutschlandticket zum Problem: Es funktioniert auf seinem Smartphone nicht. Minimum ist das Betriebssystem Android 8. Er zuckt mit den Schultern: „Ein aktuelles Smartphone kann ich mir im Moment nicht leisten."

Hier sieht man einen Zusammenhang zwischen „analogen" und „digitalen" Benachteiligungen. Teilweise kann zwar Ungleichheit durch neue digitale Teilhabemöglichkeiten vermindert werden. Ein einfaches Beispiel sind Videoanrufe oder Streaming-Angebote, die Mobilitätshürden und Distanzen überwinden. Auch die Kontaktmöglichkeiten von sozialen Medien können fehlende persönliche Netzwerke ausgleichen, um beispielsweise auf digitale Weise zu helfen, Einsamkeit und räumliche Distanzen zu überwinden, sowie Engagement und Ehrenamt zu stärken.

Auf der anderen Seite führen aber sozio-ökonomische und soziodemografische Benachteiligungen auch im Bereich der digitalen Teilhabe zu vermehrtem finanziellem und zeitlichem Aufwand, um diese zu sichern. Menschen, die in Armut leben, haben oft nicht genug Geld für ein Smartphone, einen Laptop, ausreichendes Datenvolumen oder notwendige Software, dadurch entsteht eine „Digitale Kluft". Nur 49 % der Menschen ohne Beschäftigung in der EU verfügen laut Digital Economy and Society Index (DESI) der EU-Kommission über basale digitale Kompetenzen und digitale Hard- und Software (EU Commission 2022, S. 24).

Gerade im digitalen Bereich bewahrheitet sich auch, dass erwerbslose Menschen in besonderer Weise vor der Herausforderung stehen, im Hinblick auf ihre Kompetenzen nicht abgehängt zu werden. Sie müssen bei längerer Arbeitslosigkeit damit rechnen, dass ihre technischen Kompetenzen nicht auf dem neuestem Stand bleiben, und haben keinen Zugang zu betrieblichen Weiterbildungen (Dietz und Osiander 2014, S. 1). 93 % der Erwerbslosen nutzen das Internet (bei Erwerbstätigen sind es 98 %, Destatis 2022, S. 18). Ein Stück Informations- und Zeitsouveränität, die auf wackligem Boden steht:

Herr P. lebt in der ständigen Belastung, dass bloß nichts kaputtgehen darf. Zurzeit hat er ein echtes Problem: Sein Computer ist in die Knie gegangen. Der Rechner ist technisch auch nicht mehr up-to-date. „Die Reparatur wäre teuer und würde sich nicht lohnen", meint Herr P. „Einen neuen Computer kann ich momentan aber nicht bezahlen."

Online Anträge ausfüllen, Briefe schreiben – das will er natürlich trotzdem. Also macht er sich dafür immer wieder auf zur Beratungsstelle der Caritas. Dort gibt es einen PC zur kostenlosen Nutzung für Klientinnen und Klienten. Natürlich ist dieser Rechner nur zu den Öffnungszeiten der Beratungsstelle zugänglich. Die Konsequenz: Wo andere in ein paar Minuten am Laptop ihre Angelegenheiten geregelt haben, braucht Herr P. manchmal einen Tag – oder länger.

5 Zeit-Armut überwinden!

Viele Alltagserledigungen kosten Menschen im Bürgergeldbezug besonders viel Zeit. Dazu tragen finanzielle Einschränkungen bei – wie die Berichte aus der Praxis veranschaulicht haben. Besondere Belastungen im familiären Bereich können dazu führen, dass keine existenzsichernde Erwerbsarbeit möglich ist und zugleich weder genug Zeit noch genug Geld verbleibt, um mit den Kindern unbeschwert zu spielen oder mit den pflegebedürftigen alten Eltern einen Ausflug zu unternehmen. Tiefer forschend würden wir sehen, dass es bei der Verfügbarkeit von

Einkommen und Zeit weiter auch zu großen Ungleichheiten zwischen Männern und Frauen kommt (Welskop-Deffaa 2023b, S. 274) – zum Beispiel durch kinderbetreuungsbedingte Nachteile auf dem Arbeitsmarkt (Artmann 2023, S. 5 f.) oder durch die Pflege von Angehörigen (Dietz und Osiander 2014, S. 4).

Die Erfahrungen der Caritas bestätigen, dass in Deutschland auch nach Einführung des Bürgergeldes weiter viel zu tun ist, um die Gleichwertigkeit von Lebensverhältnissen und Wohlergehen für alle zu sichern. Zeit-Armut von Bürgergeldbezieher:innen wahrzunehmen und zu überwinden ist die nächste Aufgabe, vor der wir stehen.

Literatur

Artmann, Elisabeth. 2023: Erwerbsverläufe und frühzeitige Aktivierung von Bedarfsgemeinschaften mit kleinen Kindern. IAB-Forschungsbericht 3/2023. Institut für Arbeitsmarkt- und Berufsforschung der Bundesagentur für Arbeit. https://iab.de/publikationen/publikation/?id=13183215. Abgerufen: 30. Juni 2023.

Aust, Andreas. 2020. Arm, abgehängt, ausgegrenzt: Eine Untersuchung zu Mangellagen eines Leben mit Hartz IV, Berlin: Deutscher Paritätischer Wohlfahrtsverband. https://www.der-paritaetische.de/alle-meldungen/expertise-arm-abgehaengt-ausgegrenzt-eine-untersuchung-zu-mangellagen-eines-lebens-mit-hartz-iv/. Abgerufen: 30. Juni 2023.

Bertelsmann Stiftung. 2021. Erwerbstätigkeit und Grundsicherungsbezug: Wer sind die Aufstocker:innen und wie gelingt der Ausstieg?. https://www.bertelsmann-stiftung.de/de/publikationen/publikation/did/erwerbstaetigkeit-und-grundsicherungsbezug. Abgerufen: 30. Juni 2023.

Bundesministerium für Arbeit und Soziales (BMAS). 2021. Lebenslagen in Deutschland. Der Sechste Armuts- und Reichtumsbericht der Bundesregierung. https://www.armuts-und-reichtumsbericht.de/SharedDocs/Downloads/Berichte/sechster-armuts-reichtumsbericht.pdf?__blob=publicationFile&v=2. Abgerufen: 30. Juni 2023.

Bundesministerium für Digitales und Verkehr (BMDV). 2023. Modellprojekte zur Stärkung des ÖPNV. https://www.bmdv.bund.de/DE/Themen/Mobilitaet/OEPNV/Foerderprogramm-Staerkung-OEPNV/foerderprogramm-staerkung-oepnv.html Abgerufen: 14. Juli 2023

Caritas im Erzbistum Köln. 2023. Die Radstationen im Erzbistum Köln. https://caritas.erzbistum-koeln.de/radstationen. Abgerufen: 14. Juli 2023

Deutscher Caritasverband. 2023, SGB II nach Einführung des neuen Bürgergelds. Gesetzestext mit gekennzeichneten Änderungen, Einführung und Stellungnahmen, Freiburg 2023

Dietz, Martin, Osiander, Christopher. 2014. Weiterbildung bei Arbeitslosen: Finanzielle Aspekte sind nicht zu unterschätzen. IAB-Kurzbericht 14/2014. Institut für Arbeitsmarkt- und Berufsforschung der Bundesagentur für Arbeit. https://doku.iab.de/kurzber/2014/kb1414.pdf. Abgerufen: 30. Juni 2023.

EU Commission. 2022. Digital Economy and Society Index. https://ec.europa.eu/newsroom/dae/redirection/document/88764. Abgerufen: 30. Juni 2023.

Friedrich Ebert Stiftung (FES). 2009. Teilhabe zu ermöglichen bedeutet Mobilität zu ermöglichen. https://library.fes.de/pdf-files/wiso/06482.pdf. Abgerufen: 30. Juni 2023.

Forum Ökologisch-Soziale Marktwirtschaft (FÖS). 2022. #Mobilitätsarmut. Die soziale Frage der Verkehrspolitik. https://foes.de/publikationen/2022/2022-08_FOES_Policy-Brief_Mobilitaetsarmut.pdf. Abgerufen: 30. Juni 2023.

Neue caritas spezial: Sozial gerechter Klimaschutz statt Armut. https://klima.caritas.de/zeitschrift-neue-caritas-spezial-zu-sozial-gerechter-klimapolitik/. Abgerufen: 30. Juni 2023.

Statistisches Bundesamt (Destatis). 2021. Datenreport: Ein Sozialbericht für die Bundesrepublik Deutschland. 17. Aufl. https://www.destatis.de/DE/Service/Statistik-Campus/Datenreport/Downloads/datenreport-2021.html. Abgerufen: 30. Juni 2023.

Statistisches Bundesamt (Destatis). 2022. Private Haushalte in der Informationsgesellschaft (IKT) - Nutzung von Informations- und Kommunikationstechnologien (Mikrozensus-Unterstichprobe zur Internetnutzung) - Fachserie 15 Reihe 4. https://www.destatis.de/DE/Themen/Gesellschaft-Umwelt/Einkommen-Konsum-Lebensbedingungen/IT-Nutzung/Publikationen/Downloads-IT-Nutzung/private-haushalte-ikt-2150400227004.pdf?__blob=publicationFile. Abgerufen: 30. Juni 2023.

Welskop-Deffaa, Eva M., 2023 (2023a) Klimaschutz, der allen nutzt – Klimasozialpolitik als Anliegen der Jahreskampagne 2023 des Deutschen Caritasverbandes, in: Stephan Rixen und Eva M. Welskop-Deffaa, Klimasozialpolitik. Der Klimaschutz-Beschluss des Bundesverfassungsgerichts und seine Folgen, Freiburg, S. 169–174

Welskop-Deffaa, Eva M., 2023 (2023b) Familie, in: Matthias Zimmer, Grundsätzlich Christlich-Sozial. Beiträge zur Grundsatzdebatte der CDU, Freiburg, S. 265–280

Eva M. Welskop-Deffaa ist seit Oktober 2021 Präsidentin des Deutschen Caritasverbands und seit 2017 in dessen Vorstand. Von 2006 bis 2012 leitete sie die Abteilung „Gleichstellung" im Bundesministerium für Familie, Senioren, Frauen und Jugend (BMFSFJ). Als Mitglied im Bundesvorstand der Vereinten Dienstleistungsgewerkschaft ver.di (2013-2017) war sie Mitglied im Verwaltungsrat der Bundesagentur für Arbeit und im Vorstand der Deutschen Rentenversicherung Bund. Schwerpunkte ihrer Arbeit im Deutschen Caritasverband sind Sozialpolitik, Wohlfahrtspflege, Verbandsentwicklung und Strategie.

Open Access Dieses Kapitel wird unter der Creative Commons Namensnennung 4.0 International Lizenz (http://creativecommons.org/licenses/by/4.0/deed.de) veröffentlicht, welche die Nutzung, Vervielfältigung, Bearbeitung, Verbreitung und Wiedergabe in jeglichem Medium und Format erlaubt, sofern Sie den/die ursprünglichen Autor(en) und die Quelle ordnungsgemäß nennen, einen Link zur Creative Commons Lizenz beifügen und angeben, ob Änderungen vorgenommen wurden.

Die in diesem Kapitel enthaltenen Bilder und sonstiges Drittmaterial unterliegen ebenfalls der genannten Creative Commons Lizenz, sofern sich aus der Abbildungslegende nichts anderes ergibt. Sofern das betreffende Material nicht unter der genannten Creative Commons Lizenz steht und die betreffende Handlung nicht nach gesetzlichen Vorschriften erlaubt ist, ist für die oben aufgeführten Weiterverwendungen des Materials die Einwilligung des jeweiligen Rechteinhabers einzuholen.

Bürgergeld per Mausklick? Der weite Weg zur digitalen Teilhabe für alle

Gwendolyn Stilling

Zusammenfassung

Das neue Bürgergeld soll „zukunftsfest" ausgestaltet, einfach und digital zugänglich sein: Die Digitalisierung soll „eine einfache, nutzerorientierte und barrierefreie Beantragung" ermöglichen, heißt es zuversichtlich im Gesetz, wobei die persönliche Betreuung daneben weiterhin wichtig bleibe. Per Mausklick zur Leistung oder zum persönlichen Beratungstermin? Das klingt zu schön, um wahr zu sein. Die Potenziale der Digitalisierung für die Beschleunigung von Verwaltungsverfahren und Bürokratieabbau liegen auf der Hand. In der Praxis ergeben sich jedoch zwei große Hürden: Zum einen fehlt es nach wie vor vielen Leistungsberechtigten an den technischen Voraussetzungen, die durch das in der Höhe zu niedrige Bürgergeld nicht kompensiert werden können. Zum anderen fehlt es vielfach an konkretem Anwendungswissen und digitaler Praxis.

1 Zwischen digitaler Dynamik und neuen Klüften

Digitaler Zugang ist Voraussetzung für umfassende Teilhabe

Dass die Koalition aus SPD, Bündnis 90/Die Grünen und der FDP das Thema Digitalisierung auch im Rahmen der Bürgergeld-Reform auf die Agenda genommen hat, ist nicht nur zeitgemäß, sondern höchste Zeit. Unsere Art zu arbeiten

G. Stilling (✉)
Paritätischer Gesamtverband, Berlin, Deutschland
E-Mail: gwendolyn.stilling@paritaet.org

und zu leben und das gesellschaftliche Miteinander haben sich durch die Digitalisierung tiefgreifend verändert. Während der Corona-Krise wurden Digitalisierungsprozesse allerorts beschleunigt. Innerhalb kürzester Zeit stellte ein Gros der Unternehmen und Organisationen auf mobile Arbeit um, Vorbehalte gegenüber Homeoffice wurden abgebaut, Mitarbeiter:innen mit der nötigen Technik ausgestattet und Arbeitsprozesse digitalisiert (Alipour et al. 2020). Es wurden Transformationsprozesse in Gang gesetzt, die nahezu alle gesellschaftlichen Bereiche berührten (Breyer-Mayländer et al. 2022).

Für diejenigen, die Zugang zum digitalen Raum haben, eröffneten sich auch in der Krise eine Vielzahl von Möglichkeiten der Kommunikation und Bewältigung des Alltags: von Online-Shopping und Lieferservices bis zu digitalem Homeschooling und mobiler Arbeit im Homeoffice. Online-Fitnesskurse, virtueller Musikunterricht, Familien-Chat-Gruppen oder digitale Spieleabende halfen über die trostlose Zeit der Kontaktbeschränkungen hinweg. Später war es möglich, teilweise ausschließlich per Handy-App, mobil ein Ticket für einen Zeit-Slot im Freibad oder im Zoo zu erhalten.

Fast jeder fünfte Haushalt verfügt inzwischen über Internetfernsehen. Streaming-Anbieter wie Netflix & Co. gehören zu den Krisengewinnern ebenso wie Online-Versandhändler und Online-Lieferservices (Statistisches Bundesamt 2022). Im Schnitt verfügten im Jahr 2019 Familien über rund drei Computer im Haushalt (Statistisches Bundesamt 2020). Und die Dynamik hält an: Die gesellschaftliche Nachfrage nach weiteren Produkten ist laut Digitalisierungs-Index der Deutschen Wirtschaft der größte Treiber der Digitalisierung in Deutschland (BMWK 2023).

Das Internet ist dabei zentrales Informationsmedium in nahezu allen Lebensbereichen: Rund 77 % der deutschsprachigen Bevölkerung ab 14 Jahren suchte 2022 im Internet, wenn sie sich über etwas näher und umfangreicher informieren wollten. Von allen Medien wird das Internet am häufigsten bei der Informationssuche verwendet und damit fast so häufig wie das persönliche Umfeld um Rat gefragt: Rund 80 % gaben im Rahmen der Allensbacher Markt- und Werbeträgeranalyse an, Verwandte, Freunde und Bekannte zu fragen, wenn sie sich intensiver informieren wollten (Institut für Demoskopie Allensbach 2023).

Internetzugang, entsprechende Hard- und Software sowie ausreichend Datenvolumen sind offensichtlich zentrale Voraussetzungen für umfassende soziale, kulturelle und politische Teilhabe in dieser Gesellschaft. Doch damit geht eine neue soziale Kluft einher: Für diejenigen, die – aus Mangel an technischer Ausstattung oder fehlendem Know-how – digital abgehängt sind, wird der gesellschaftliche Ausschluss mit fortschreitender Digitalisierung ungleich größer.

Armut führt zu digitaler Ausgrenzung

Das Statistische Bundesamt meldete, dass nach Daten der EU-Gemeinschaftsstatistik über Einkommen und Lebensbedingungen (EU-SILC) der Anteil derjenigen, die sich nach eigener Aussage keinen Internetzugang leisten können, im Jahr 2022 bei 2,6 % lag und damit gegenüber dem Vorjahr leicht gestiegen sei (Statistisches Bundesamt 2023). Doch ein Internetzugang allein reicht noch nicht aus: Auch entsprechende Endgeräte kosten Geld, ebenso wie Software, Sicherheitsupdates oder Berechtigungen, z. B. zur Nutzung von Streaming-Diensten.

Dass es in Deutschland tiefe Gräben zwischen Haushalten/Familien mit unterschiedlichem Einkommen gibt, wurde während der Pandemie zuallererst an den Schulen sichtbar. Homeschooling? Eine gute Lösung – für alle Schüler:innen, die einen eigenen Laptop und ausreichend Datenvolumen hatten. Die Statistik zeigt: Je höher das Einkommen, desto mehr solcher Geräte sind im Schnitt in einem Haushalt mit mindestens einem Kind vorhanden. Familien mit hohem Nettoeinkommen (5000 bis 18.000 EUR) standen 2019 durchschnittlich fast vier PCs zur Verfügung. In Familien der untersten Einkommensgruppe (unter 2000 EUR) waren es durchschnittlich nur gut zwei solcher Geräte (Statistisches Bundesamt 2020).

Das Ausmaß digitaler Ausgrenzung dürfte in der Realität auch für einkommensarme Erwachsene erheblich sein. Nach einer Expertise der Paritätischen Forschungsstelle ist das Risiko, digital abgehängt zu werden, für arme Menschen besonders groß (Schabram et al. 2023). Die Autor:innen gingen der Frage nach, ob und inwiefern Armut digitale Teilhabe behindert, und werteten dazu Daten des Sozio-oekonomischen Panels des Deutschen Instituts für Wirtschaftsforschung (DIW) aus (Berichtsjahr: 2019). Das Ergebnis: Armen Menschen fehlt es im Vergleich zu nicht von Armut Betroffenen doppelt so oft an den nötigen technischen Geräten und Voraussetzungen zur digitalen Teilhabe, zudem haben sie viel seltener Gelegenheit zum Auf- und Ausbau digitaler Kompetenzen über den Beruf. Kurzum: Es fehlt an Geld für Technik und an Gelegenheit, digitale Kompetenzen zu erwerben. Die Studie zeigt: Rund ein Drittel der Deutschen sorgt sich, angesichts der rasanten technischen Entwicklung nicht mithalten zu können. Das Risiko, tatsächlich abgehängt zu werden, ist jedoch für Armutsbetroffene ungleich höher: Jede:r fünfte Armutsbetroffene in Deutschland verfügt nicht einmal über einen eigenen Internetanschluss. Ein weiterer Befund der Studie: Es fehlt häufig nicht nur an eigener Technik, sondern auch an digitaler Praxis. Während viele Erwerbstätige Gelegenheit haben, über ihren Beruf digitale Kompetenzen auf- und auszubauen, spielen digitale Arbeitsmittel bei von Armut betroffenen

Erwerbstätigen kaum eine Rolle. Zwei Drittel der Armutsbetroffenen gaben an, beruflich nie Laptop, Smartphone oder Tablet zu nutzen, über die Hälfte hat auch sonst beruflich nie mit digitalen Anwendungen oder Programmen zu tun.

2 Es fehlt an Technik!

Das Bürgergeld ist zu niedrig für digitale Teilhabe

Internetzugang und Computer sind kein Luxus, sondern gehören ohne Frage zum Existenzminimum. Und dieses hat der Staat laut Grundgesetz allen Bürger:innen zu garantieren. In einem Grundsatzurteil vom 9.2.2010 hatte das Bundesverfassungsgericht das Grundrecht auf die Gewährleistung eines menschenwürdigen Existenzminimums nachdrücklich bestätigt und dabei auch festgehalten, dass es nicht nur um das physische Existenzminimum geht. Trotzdem findet digitale Kommunikation bis heute keine angemessene Berücksichtigung bei der Ermittlung der Regelsätze. Das Grundrecht auf die Gewährleistung eines menschenwürdigen Existenzminimums „sichert jedem Hilfebedürftigen diejenigen materiellen Voraussetzungen, die für seine physische Existenz und für ein Mindestmaß an Teilhabe am gesellschaftlichen, kulturellen und politischen Leben unerlässlich sind" (BVerfG 1 BvL 1/09, vom 9. Februar 2010, Leitsatz). Das Grundrecht umfasst für das Bundesverfassungsgericht explizit „auch die Sicherung der Möglichkeit zur Pflege zwischenmenschlicher Beziehungen und zu einem Mindestmaß an Teilhabe am gesellschaftlichen, kulturellen und politischen Leben..., denn der Mensch als Person existiert notwendig in sozialen Bezügen." (BVerfG 2010, Rn. 135)

Zwar erkennt die Bundesregierung inzwischen (drei Jahrzehnte nach Einführung des Mobilfunks in Deutschland) auch ein Mobiltelefon als Grundbedarf an und berücksichtigte im Regelbedarfsermittlungsgesetz 2020 erstmals entsprechende Verbrauchsausgaben für die elektronische Kommunikation zur Nutzung von Festnetzanschlüssen für Telefon und Internet mit Flatrate-Tarifen (Deutscher Bundestag 2020). Die auf Basis der sogenannten Einkommens- und Verbrauchsstichprobe (EVS) 2018 ermittelten Verbrauchsausgaben dürften jedoch hinter den tatsächlichen Ausgaben für digitale Kommunikation weit zurückbleiben (zu den Schwächen des sogenannten Statistikmodells siehe unten). Dazu kommt die chronische Unterdeckung des Regelbedarfs, an der sich auch mit dem Bürgergeld nichts geändert hat.

„Immer mehr findet nur noch digital statt. Wenn mein Rechner kaputt geht, bin ich komplett außen vor. Ich kann ihn nicht ersetzen", schildert eine Teilnehmerin beim Paritätischen Aktionskongress gegen Armut 2021 und beschreibt damit ein grundsätzliches Dilemma vieler Menschen, die auf Grundsicherungsleistungen angewiesen sind (Der Paritätische Gesamtverband 2021, S. 21). Der Regelsatz mit aktuell (2024) 563 EUR für einen alleinlebenden Erwachsenen ist – wie vom Paritätischen Wohlfahrtsverband und anderen Expert:innen wiederholt nachgewiesen – insgesamt viel zu niedrig, um auch nur eine gesunde und ausgewogene Ernährung oder ein Mindestmaß an Teilhabe sicherzustellen. Puffer, um etwas zurückzulegen, für Notfälle, Reparaturen oder größere Anschaffungen wie eben einen Computer, gibt es nicht (Aust et al. 2020).

Dass es hier ein strukturelles Problem gibt, räumte das Bundesministerium für Arbeit und Soziales selbst ein, als es ein Jahr nach Pandemiebeginn nach massivem Druck der Zivilgesellschaft Geld für die Anschaffung von Laptops für Schüler:innen aus armen Familien bereitstellte, um im Homeschooling ein Mindestmaß an Chancengerechtigkeit herzustellen. Zwischenzeitlich hatten sich Betroffene Unterstützung einklagen müssen. Das Thüringer Landessozialgericht etwa hatte mit Beschluss vom 8. Januar 2021 (Az.: L 9 AS 862/20 B ER) festgestellt, dass die Ausgaben für die zur Teilnahme am Online-Unterricht notwendige Hardware einen „unabweisbaren Mehrbedarf" darstellen. Angemessene Ausgaben von bis zu 500 EUR seien deshalb durch das Jobcenter zu übernehmen. Es war offensichtlich geworden: Die Anschaffung eines Laptops für ein Schulkind ist vom Regelsatz in der Grundsicherung nicht abgedeckt. Und der Versuch, Hilfen über die Schulen zu leisten, war administrativ gescheitert. Das Bundesarbeitsministerium verfügte daraufhin im Februar 2021, dass notwendige Ausgaben zur digitalen Teilhabe am Unterricht, darunter auch Tablets und Notebooks mit bis zu 350 EUR als Mehrbedarf in der Grundsicherung anzuerkennen seien (Der Paritätische Gesamtverband 2023). Eine nachhaltige Lösung blieb die Bürgergeld-Reform jedoch schuldig.

Die Regelbedarfsermittlung erfolgt nicht sachgerecht

Mit der Bürgergeld-Reform hat sich nichts geändert, was die Methode der Regelsatzermittlung angeht. Angepasst wurde lediglich der Mechanismus der Fortschreibung der Regelsätze in den Jahren, für die keine aktuellen Daten aus der Einkommens- und Verbrauchsstichprobe (EVS) vorliegen. Diese wird nur alle fünf Jahre erhoben, zuletzt 2018, sodass das Bürgergeld praktisch auf Daten des

Konsumverhaltens von 2018 beruht. Wenn die Anpassung des Fortschreibungsmechanismus auch eine Verbesserung bringt, da Preisentwicklungen besser im Regelsatz abgebildet werden als früher, bleibt das Verfahren zur Ermittlung als solches höchst fragwürdig.

Die Kritik vieler Expert:innen an der Methode zur Ermittlung der Höhe des Regelbedarfs, die seit 2011 im Wesentlichen unverändert durch alle Bundesregierungen angewendet wird, bezieht sich u. a. auf die Wahl der Bezugsgruppe sowie die inkonsequente und im Grundsatz unzulässige Mischung aus Statistik- und Warenkorbmodell: Durch Streichungen einzelner Ausgabenpositionen als nicht regelbedarfsrelevant (Warenkorbmodell) wird das Statistikmodell ad absurdum geführt, was im Ergebnis zu einer strukturellen Unterdeckung des Regelbedarfs führt. Dabei werden durch die Bundesregierung insbesondere solche Ausgabenpositionen gestrichen oder gekürzt, die im weitesten Sinne für gesellschaftliche Teilhabe stehen. Die Paritätische Forschungsstelle kommt zu dem Ergebnis, dass die angewendete Methode nicht sachgerecht ist und die auf diese Weise ermittelten Regelsätze in keiner Weise bedarfsdeckend sind: „Die Regelbedarfe reichen nicht aus für eine angemessene Ernährung. … Der Lebensstandard weicht insbesondere bei der sozialen Teilhabe dramatisch von der gesellschaftlichen Normalität ab, sodass hier von sozialer Ausgrenzung zu sprechen ist." (Aust et al. 2020, S. 1).

Diese Kürzungen, u. a. in den Bereichen Freizeit, Unterhaltung und Kultur, Verkehr oder Beherbergungs- und Gaststättendienstleistungen, summieren sich auf rund 20 %. Von dem, was die untersten 15 % der nach Einkommen geschichteten und damit ärmsten Haushalte im Monatsdurchschnitt für den täglichen Verbrauch ausgeben, wird Grundsicherungsbeziehenden nur rund 80 % als pauschalierte Leistung zugestanden (2024: 563 EUR). Dass ein Regelsatz in dieser Höhe im Ergebnis an der Lebensrealität vorbeigeht und kaum reicht für die Deckung der Grundbedürfnisse, wird dabei regelmäßig durch Studien und Umfragen bestätigt. So kam eine repräsentative Umfrage im März 2020 zu dem Ergebnis, dass der Betrag, der im Durchschnitt zur Deckung des täglichen Lebensunterhalts eines Erwachsenen (ohne Wohnkosten) als nötig erachtet wird, mit damals 728 EUR pro Monat um fast 70 % über dem liegt, was einem alleinlebenden Grundsicherungsbezieher tatsächlich regierungsamtlich zugestanden wurde (damals: 432 EUR). Hier noch nicht berücksichtigt waren coronabedingte Mehraufwände und steigende Lebensmittelpreise, wie sie kurz darauf anfielen (Der Paritätische Gesamtverband 2020). Insbesondere die Kosten für eine gesunde Ernährung werden in der Grundsicherung nicht angemessen berücksichtigt, wie auch Ernährungswissenschaftler warnen (Kabisch et al. 2021).

Was das Thema digitale Teilhabe angeht, liegt das Grundproblem weniger in etwaigen Streichungen, sondern in dem Versuch, alles in einen pauschalen Regelsatz zu pressen. Anschaffungen wie etwa ein Kühlschrank oder eben der Kauf eines Computers sind im Konstrukt des pauschalierten Regelbedarfs nicht adäquat abgebildet. So sind für den „Kauf und die Reparatur von Festnetz- und Mobiltelefonen sowie anderer Kommunikationsgeräte" derzeit 3,75 EUR monatlich im Regelsatz berücksichtigt, für „Datenverarbeitungsgeräte sowie System- und Anwendungssoftware (einschl. Downloads und Apps)" weitere 4,35 EUR.[1] Im Falle der Notwendigkeit einer Neuanschaffung wäre der:die Betroffene im Zweifel auf die Inanspruchnahme eines Darlehens angewiesen, das wiederum aus dem ohnehin zu knappen Regelsatz zurückgezahlt werden müsste. Diese offensichtlich lebensfernen Werte liegen in der Erhebungsmethode der EVS begründet, für die repräsentativ ausgewählten Haushalte jeweils für ein Quartal lang ein Haushaltstagebuch führen. Erfasst werden nur tatsächlich angefallene Ausgaben; pro Ausgabeposition wird dann ein Durchschnitt ermittelt. Je weniger Computer, Kinderfahrräder oder Waschmaschinen also insgesamt gekauft werden, desto niedriger werden die Durchschnittswerte. Hier scheitert das Statistikmodell an der Wirklichkeit und den tatsächlichen Preisen langlebiger Gebrauchsgüter. Sachgerechter wäre beispielsweise, grundsätzlich die Möglichkeit wieder einzuführen, die es im alten Bundessozialhilfegesetz gab, einmalige Leistungen für außerordentliche Anschaffungen langlebiger Gebrauchsgüter wie einen Computer zu gewähren.

3   Es fehlt an Praxis!
Digitale Teilhabe braucht mehr als Laptop und Bytes

Im Rahmen eines beteiligungsorientierten Pilotprojekts zur digitalen Teilhabe Armutsbetroffener ist der Paritätische Gesamtverband mit Haupt- und Ehrenamtlichen aus rund 80 gemeinnützigen Organisationen und Einrichtungen aus dem gesamten Bundesgebiet sowie deren Klient:innen der Frage nachgegangen, was es braucht, um armen Menschen gleichwürdige Teilhabe im digitalen Raum zu ermöglichen. Ziel war es, gemeinsam einen digitalen Kongress zu konzipieren und durchzuführen, an dem die Klient:innen selbstbestimmt teilnehmen konnten.

---

[1] Hierbei handelt es sich um die jeweils durch die Bundesregierung als regelbedarfsrelevant anerkannten Verbrauchsausgaben auf Basis der Einkommens- und Verbrauchsstichprobe von 2018 (BT-Drucksache 19/22.750), hochgerechnet auf 2024.

Den an dem Projekt mitwirkenden Organisationen wurden insgesamt 100 Laptops zur Verfügung gestellt, um interessierten Klient:innen die Teilnahme am Kongress sowie an vorbereitenden Videokonferenzen zu ermöglichen.

Eine Umfrage unter den Projektteilnehmenden bestätigte, dass die größte Hürde auf dem Weg zur digitalen Teilhabe die aus finanziellen Gründen fehlende oder veraltete Technik ist. Doch digitale Teilhabe ist nicht nur eine Frage der technischen Ausstattung. Es zeigte sich, dass der Prozess große personelle Ressourcen in der Begleitung vor Ort und intensive Trainings und Probeläufe vorab benötigte. Der sichere Umgang mit der Technik und ein souveräner Auftritt im digitalen Raum braucht Wissen und Übung. Für viele Teilnehmer:innen stellte bereits die aus organisatorischen Gründen erforderliche Anmeldung per E-Mail-Adresse zur Konferenzplattform eine große Barriere dar, die Stress auslöste, da sie noch nie eine eigene E-Mail-Adresse eingerichtet oder genutzt hatten.

Im Ergebnis ist es im Rahmen des Pilotprojekts gelungen, einen erfolgreichen Prozess und am Ende einen bemerkenswerten Kongress umzusetzen, der auch konzeptionell neue Standards hinsichtlich der Barrierefreiheit setzte. Das Feedback der Projektteilnehmenden war durchweg positiv: Vielerorts wurden Folgeaktivitäten umgesetzt, die Klient:innen berichteten von positiven Erfahrungen der Selbstwirksamkeit, die ihr Selbstbewusstsein auch im Umgang mit Ämtern und Behörden sehr gestärkt hätten. Die inhaltlichen Impulse, die von den Armutsbetroffenen selbst und den Hauptamtlichen aus den beteiligten Organisationen eingebracht wurden, stimmten jedoch sehr nachdenklich: Ohne die intensive Flankierung im Pilotprojekt hätten viele Teilnehmer:innen den digitalen Anschluss nicht gefunden.

Die Relevanz von Schulungen und begleitender Unterstützung wird auch durch die Forschung unterstrichen. Digitale Kompetenzen müssen erworben und trainiert werden, „digital literacy" muss erarbeitet werden. Wo Berufstätige sich durch „training on the job" technisch auf einem aktuellen Stand halten, fehlt es Arbeitslosen häufig an vergleichbaren Experimentier- und Lernräumen. Eine Schweizer Studie untersuchte Hürden und Chancen der Digitalisierung für Armutsbetroffene und Menschen mit schweren psychischen Erkrankungen und kommt im Ergebnis zu der Empfehlung, dass es neben funktionierenden Geräten einfach verständliche, kostenfreie Kurse und zusätzliche Unterstützung braucht, wobei insbesondere die Möglichkeit der Beratung innerhalb einer Peer-Group als nützlich erachtet wird (Hegedüs et al. 2023). Der Nutzen offener, fachlich betreuter Angebote wie Digitalsprechstunden oder Digital-Cafés, die vielfach von gemeinnützigen Organisationen wie Nachbarschaftszentren angeboten werden, wurde auch von Teilnehmer:innen am Paritätischen Pilotprojekt bestätigt.

Digitale Teilhabe braucht Erprobungs- und Erfahrungsräume

Bereits das Ausweichen auf öffentlich zugängliche Rechner ist im Alltag eine dauerhafte Herausforderung, wie ein Teilnehmer des Aktionskongresses gegen Armut 2021 anschaulich berichtete:

> *„Bei uns im Kreis stellt das Jobcenter keine Arbeitsplätze zur Verfügung, die Arbeitssuchende nutzen könnten, um nach Stellen zu recherchieren, Bewerbungen zu schreiben, auszudrucken und irgendwo hinzuschicken. ... Man wird mehr oder weniger gezwungen, eine bestimmte Anzahl an Bewerbungen rauszuschicken jeden Monat. Wie soll das jemand machen, der keinen eigenen Rechner hat? Wir haben im Mehrgenerationenhaus, in dem ich aktiv bin, einen Rechner, der ist aber jetzt weggefallen. Weil wir das vom Konzept her nicht mehr realisieren konnten. Jetzt stehen die Menschen da und wissen nicht, was sie machen sollen, wie sie ihre Bewerbungen schreiben sollen."* (Hanke L., zitiert nach: Der Paritätische Gesamtverband 2021, S. 22).

Gemeinnützigen Begegnungsorten wie Nachbarschaftszentren oder Beratungseinrichtungen kommt in diesem Zusammenhang eine zentrale Rolle zu, für die diese jedoch in der Fläche kaum adäquat ausgestattet sind. Aus der Beratungspraxis Paritätischer Mitgliedsorganisationen wird wachsender Unterstützungsbedarf hinsichtlich digitaler Aktivitäten angezeigt. In nahezu allen Lebensbereichen ist die Online-Kommunikation das neue Normal: Ob Wohnungssuche, die Bewerbung für einen Aushilfsjob, die Suche eines Kindergartenplatzes oder die Kommunikation mit dem Jobcenter – kaum eine Herausforderung, mit der Klient:innen in Beratungseinrichtungen kommen, ließe sich ohne Internet lösen. Im Rahmen eines Fachgesprächs zum Thema Armut und Digitalisierung (19.4.2023) berichteten Mitarbeitende der Beratungsstelle „Arbeit Perspektive Bielefeld", dass ihre Klient:innen in der Regel nicht über die entsprechende Technik und vielfach nicht einmal über E-Mail-Adressen verfügen. Fehlendes Know-how, Sprachprobleme oder Einschränkungen wie Analphabetismus führten zu zusätzlichen Problemen, die das Ausfüllen eines Online-Formulars zur schier unüberwindlichen Herausforderung machten. Der dadurch anfallende Unterstützungsbedarf ist mit den vorhandenen Ressourcen der Beratungsstelle kaum zu bewerkstelligen. Für notwendige Bildungsangebote zur Selbstbefähigung, die dringend benötigt würden, fehlen personelle Ressourcen (Schabram 2023).

4 Ein Online-Formular allein löst keine Probleme

Neben fehlender Technik und mangelnder Praxis kommt eine weitere Schwierigkeit hinzu: Das, was (nicht nur) staatliche Akteure bisweilen unter „Digitalisierung" verstehen, ist nicht immer State-of-the-Art und schon gar nicht zwingend nutzer:innenorientiert und barrierearm. Vielfach bedeutet Modernisierung der Verwaltung bisher noch immer, dass ein Online-Formular zur Verfügung gestellt wird, um am Ende den Antrag dann doch eben auszudrucken, zu unterschreiben und einzureichen. Häufig fehlt es an mehrsprachigen Erläuterungen und an Hinweisen in leichter oder doch wenigstens einfacher Sprache. Das „Merkblatt" der Bundesagentur für Arbeit mit allen notwendigen Erläuterungen zum Bürgergeld umfasst nach wie vor 100 Seiten (!), die Ausfüllhinweise der Bundesagentur für Arbeit, um Nutzer:innen die (digitale) Antragstellung zu erleichtern, immer noch 12 Seiten. Dass darüber hinaus noch eine ganze Reihe an Erklärvideos bereitgestellt werden, macht die Sache kaum übersichtlicher (siehe: www.jobcenter.digital).

Banale Probleme tauchen beispielsweise u. a. durch fehlende Möglichkeiten zum Zwischenspeichern auf. Die Kolleg:innen aus der Beratungsstelle „Arbeit Perspektive Bielefeld" berichten, dass das gemeinsame Ausfüllen von Anträgen mit Klient:innen häufig unterbrochen und verschoben werden muss, weil mitten im Prozess eine Frage nicht beantwortet werden könne. Dies führe für alle Beteiligten zu viel Frust, da ein neuer Termin vereinbart werden muss, bei dem dann der Antrag komplett neu bearbeitet werden müsse. Skeptisch bewerten sie insbesondere, dass ohne ein persönliches Gespräch oder ein Anschreiben jenseits des Formulars Sachverhalte kaum in der Komplexität jedes Einzelfalls beschrieben und erklärt werden können. Das Leben vieler Klient:innen passe eben nicht auf die massenverwaltungstauglichen Vorgabemasken. Die Folge seien sich in die Länge ziehende Verfahren, weil Anträge zunächst abgelehnt werden und dann nach Widerspruch weitere Nachweise abgefragt würden. Demgegenüber habe der Weg der nicht-elektronischen Antragstellung, bei der Sachverhalte detaillierter erläutert, aber auch Fragen zunächst offengelassen und später beantwortet werden können, in vielerlei Hinsicht Vorteile (Schabram 2023).

Mit dem 2017 in Kraft getretenen Onlinezugangsgesetz (OZG) sollten ursprünglich innerhalb von fünf Jahren alle öffentlichen Verwaltungsleistungen digitalisiert werden. Nachdem dieser ambitionierte Zeitplan scheiterte, wurde ein zweiter Anlauf – dieses Mal ohne Umsetzungsfrist – im Mai 2023 auf den Weg gebracht. Das Gesetz zur Änderung des Onlinezugangsgesetzes sowie weiterer Vorschriften zur Digitalisierung der Verwaltung (OZGÄndG) nimmt auch das Thema Barrierefreiheit stärker in den Fokus. Die Bundesarbeitsgemeinschaft für Freie Wohlfahrtspflege begrüßte dies explizit in einer Stellungnahme, formulierte jedoch gleichzeitig Skepsis bezüglich einer wirklich diskriminierungsfreien Umsetzung. Um einer digitalen Spaltung vorzubeugen, sei auch in Zukunft, so das Plädoyer, ein Anspruch auf analoge Kommunikation zu gewährleisten (Mattern 2022).

5 Fazit: Der weite Weg zur digitalen Teilhabe für alle

Schnelle Hilfen und ein einfacher Zugang zu Sozialleistungen, so heißt es im Gesetz zum neuen Bürgergeld, sollen das Vertrauen in den Sozialstaat stärken. Die digitale Antragstellung soll ein zentraler Baustein auf dem schnellen Weg vom individuellen Anspruch zum Leistungsbezug sein. Kann unter den skizzierten Umständen dieses Versprechen gehalten werden? Skepsis ist angebracht. Praktiker:innen aus Beratungsstellen prognostizieren vielmehr neue Ausschlüsse und befürchten, dass staatliche Leistungen künftig eher noch schwieriger und in geringerem Ausmaß diejenigen Menschen erreichen, die zwingend darauf angewiesen wären, aber digital abgehängt sind. So häufen sich Problemanzeigen, nach denen die nicht-elektronische Antragstellung verkompliziert und erschwert werde, die Bearbeitung entsprechender Anträge oftmals mit Verzögerungen einhergingen und staatliche Stellen zur digitalen Abgabe von Anträgen drängten oder in Einzelfällen gar die persönliche Annahme von Unterlagen verweigerten.

Die Potenziale der Digitalisierung, die nicht nur für Behörden Effizienzgewinne, sondern auch für viele Antragstellende große Erleichterungen bringen könnten, werden nicht ausgeschöpft, so lange nicht gleichzeitig auch in die Voraussetzungen digitaler Teilhabe für alle investiert wird. Es muss sichergestellt sein, dass sich jede:r die technische nötige, zeitgemäße Ausstattung leisten kann und anfallende Kosten durch einen wirklich armutsfesten Regelsatz auch abgedeckt und Kosten für notwendige größere Anschaffungen als einmalige Leistungen übernommen werden. Es braucht einen Ausbau digitaler Infrastruktur wie bspw. auch mehr öffentlichen Zugang zu freiem Internet, wobei Konzepte universeller (Gratis-)Grundversorgung interessante Anknüpfungspunkte bieten (Gough 2022). Es braucht vor allem aber auch Erprobungs- und Experimentierräume, in denen digitale Kompetenzen erlernt und Erfahrungen gesammelt werden können. Gemeinnützige soziale Organisationen als wichtige Anlaufstellen für vulnerable Gruppen können hier einen unverzichtbaren Beitrag zur umfassenden digitalen Teilhabe leisten, indem sie Zugänge ermöglichen und Befähigung fördern. Dafür brauchen sie aber deutlich mehr Ressourcen, als ihnen derzeit zur Verfügung stehen.

Schließlich darf bei allen Zukunftsvisionen vom schönen digitalen Leben für alle das Recht auf ein analoges Leben nicht aus dem Blick geraten. Digitalisierung soll das Leben leichter machen und verschafft idealerweise in Behörden zeitliche Freiräume, die anderweitig, zum Beispiel für persönliche Beratung, genutzt werden können. Sie darf aber nicht dazu missbraucht werden, Menschen in existenzieller Not auf ein Online-Formular zu verweisen und ihnen persönliche Beratung und Unterstützung zu verwehren, falls sie diese benötigen, um ihrem Rechtsanspruch auf existenzielle Grundsicherungsleistungen Geltung zu verschaffen.

Literatur

Alipour, Jean-Victor, Oliver Falck, und Simone Schüller. 2020. Homeoffice während der Pandemie und die Implikationen für eine Zeit nach der Krise. *ifo Schnelldienst* 73(7): 30–36.

Aust, Andreas, Joachim Rock, und Greta Schabram. 2020. *Regelbedarfe 2021. Alternative Berechnungen zur Ermittlung der Regelbedarfe in der Grundsicherung.* Berlin: Der Paritätische Gesamtverband.

Breyer-Mayländer, Thomas, Christopher Zerres, Andrea Müller, und Kai Rahnenführer, Kai. 2022. *Die Corona-Transformation. Krisenmanagement und Zukunftsperspektiven in Wirtschaft, Kultur und Bildung* (1. Auflage). Wiesbaden: Springer Fachmedien/Springer Gabler. https://doi.org/10.1007/978-3-658-33993-7

Bundesagentur für Arbeit. 2023. *Merkblatt: Bürgergeld. Grundsicherung für Arbeitsuchende. SGB II.* https://www.arbeitsagentur.de/datei/merkblatt buergergeld_ba043375.pdf. Abgerufen am: 05.10.2023.

Bundesministerium für Wirtschaft und Klimaschutz (BMWK). 2023. *Digitalisierung der Wirtschaft in Deutschland. Digitalisierungsindex 2022.* https://www.de.digital/DIGITAL/ Redaktion/DE/Digitalisierungsindex/Publikationen/publikation-digitalisierungsindex-2022-langfassung.pdf?__blob=publicationFile&v=3. Abgerufen am: 05.10.2023.

Deutscher Bundestag. 2020. *Entwurf eines Gesetzes zur Ermittlung von Regelbedarfen und zur Änderung des Zwölften Buches Sozialgesetzbuch sowie des Asylbewerberleistungsgesetzes vom 20.09.2020.* BT-Drucksache 19/22750.

Der Paritätische Gesamtverband. 2020. *Regelsätze zu niedrig. Einschätzungen der Bevölkerung zu Kosten des täglichen Lebensunterhalts.* Berlin: Der Paritätische Gesamtverband.

Der Paritätische Gesamtverband. 2021. *Armut in der Pandemie. Der Paritätische Armutsbericht 2021.* Berlin: Der Paritätische Gesamtverband.

Der Paritätische Gesamtverband. 2023. *Zwischen Pandemie und Inflation. Paritätischer Armutsbericht 2022.* Aktualisierte 2. Auflage, März 2023. Berlin: Der Paritätische Gesamtverband.

Gough, Ian. 2022. Universal Basic Services: A Theoretical and Moral Framework. In: *Deformation oder Transformation? Analysen zum wohlfahrtsstaatlichen Wandel im 21. Jahrhundert*, Hg. Sigrid Betzelt, und Thilo Fehmel, 317–329, Wiesbaden: Springer Fachmedien. https://doi.org/10.1007/978-3-658-35210-3_14

Hegedüs, Anna, Kristina Domonell, Daniela Willener, und Emanuela Chiapparini. 2023. *Digitalisierung. Hürden und Chancen für vulnerable Personengruppen (ProDigitAll)*. Bern: Berner Fachhochschule BFH

Institut für Demoskopie Allensbach. 2023. *Allensbacher Markt- und Werbeträgeranalyse (AWA)*, zitiert nach: https://de.statista.com/statistik/daten/studie/171257/umfrage/normalerweise-genutzte-quelle-fuer-informationen/. Abgerufen am: 05.10.2023.

Kabisch, Stefan, Sören Wenschuh, Palina Buccellato, Joachim Spranger, und Andreas F.H. Pfeiffer. 2021. Affordability of Different Isocaloric Healthy Diets in Germany—An Assessment of Food Prices for Seven Distinct Food Patterns. *Nutrients* 13: 3037. https://doi.org/10.3390/nu13093037

Mattern, Philipp. 2023. *Der Entwurf zur Änderung des Online-Zugangsgesetzes passierte das Kabinett – Die Reaktionen sind gemischt*. In: Nachrichtendienst des Deutschen Vereins für öffentliche und private Fürsorge e.V. NDV 9/2023: 422–424.

Schabram, Greta. 2023. *Drei Learnings zu Digitalisierung und Armut. Berlin: Der Paritätische Gesamtverband*. https://www.wir-sind-paritaet.de/wir-berichten/blog/drei-learnings-zu-digitalisierung-und-armut. Abgerufen am: 05.10.2023.

Schabram, Greta, Kay Schulze, und Gwendolyn Stilling. 2023. *Armut und digitale Teilhabe. Empirische Befunde zur Frage des Zugangs zur digitalen Teilhabe in Abhängigkeit von Einkommensarmut*. Berlin: Der Paritätische Gesamtverband.

Statistisches Bundesamt. 2020. *Homeschooling: Digitale Ausstattung in Familien hängt stark vom Einkommen ab*. Pressemitteilung Nr. N 042 vom 29. Juli 2020.

Statistisches Bundesamt. 2022. *Fast jeder fünfte Haushalt hat Internetfernsehen*. Zahl der Woche Nr. 19 vom 10. Mai 2022.

Statistisches Bundesamt. 2023. *2,6 % der Bevölkerung ab 16 Jahren konnten sich 2022 keinen Internetzugang leisten*. Zahl der Woche Nr. 37 vom 12. September 2023.

Seitz, Jelka, und Jürgen Seitz. 2018. Digitale Kompetenzen: New Work = New Human? In: *Arbeitswelt der Zukunft*, Hg. Harald R. Fortmann, und Barbara Kolocek, 355–382. Berlin: Springer Fachmedien. https://doi.org/10.1007/978-3-658-20969-8_24

Gwendolyn Stilling ist Diplom-Politikwissenschaftlerin, war zunächst u.a. in der bundesweiten Beratung von Kommunen, Vereinen und Unternehmen tätig und ist seit 2007 beim Paritätischen Gesamtverband beschäftigt. Als Pressesprecherin und Abteilungsleiterin verantwortet sie die interne und externe Kommunikation des Wohlfahrtsverbandes. Sie ist Co-Autorin mehrerer Publikationen zum Thema Armut und Hartz IV, wie etwa regelmäßig erscheinender Paritätischer Armutsberichte. Seit 2019 leitet sie u.a. das Projekt #GleichImNetz zur Förderung der digitalen Kommunikation und Transformation im Paritätischen. In diesem Kontext wurde auch ein beteiligungsorientiertes Pilotprojekt zur digitalen Teilhabe Armutsbetroffener realisiert.

Open Access Dieses Kapitel wird unter der Creative Commons Namensnennung 4.0 International Lizenz (http://creativecommons.org/licenses/by/4.0/deed.de) veröffentlicht, welche die Nutzung, Vervielfältigung, Bearbeitung, Verbreitung und Wiedergabe in jeglichem Medium und Format erlaubt, sofern Sie den/die ursprünglichen Autor(en) und die Quelle ordnungsgemäß nennen, einen Link zur Creative Commons Lizenz beifügen und angeben, ob Änderungen vorgenommen wurden.

Die in diesem Kapitel enthaltenen Bilder und sonstiges Drittmaterial unterliegen ebenfalls der genannten Creative Commons Lizenz, sofern sich aus der Abbildungslegende nichts anderes ergibt. Sofern das betreffende Material nicht unter der genannten Creative Commons Lizenz steht und die betreffende Handlung nicht nach gesetzlichen Vorschriften erlaubt ist, ist für die oben aufgeführten Weiterverwendungen des Materials die Einwilligung des jeweiligen Rechteinhabers einzuholen.

Vom User zum Bürger: Durch Digitalisierung zu mehr Bürger:innenorientierung im SGB II

Corinna Funke und Friedemann Christ

> **Zusammenfassung**
>
> Die Jobcenter haben deutlich vor anderen deutschen Behörden ihr Leistungsangebot gegenüber den Bürgerinnen und Bürgern digitalisiert. Dies gilt sowohl für die gemeinsamen Einrichtungen als auch die kommunalen Jobcenter. Im Zuge ihrer Digitalisierungsbemühungen ist die Jobcenterwelt mit den Prinzipien, Methoden und Haltungen des nutzerzentrierten Service Designs konfrontiert worden. Dieser Beitrag argumentiert, dass der bei der Entwicklung von Online-Services unvermeidliche Fokus auf die Bedürfnisse der Nutzer:innen in der öffentlichen Verwaltung eine Bürger:innenorientierung logischerweise nach sich zieht. Die vom Bürgergeld-Gesetz angestrebte stärkere Bürger:innenorientierung wurde folglich durch die Digitalisierung in den Jobcentern teilweise vorweggenommen. Ob die gesetzgeberische Intention des Bürgergeldes erzielt wird, nämlich einen einfachen und nicht stigmatisierenden Zugang zu Grundsicherungsleistungen zu schaffen, hängt auch künftig maßgeblich von einem gelungenen Onlineangebot ab. Hierzu sind noch weitere Schritte in den Jobcentern vor Ort zu gehen, insbesondere auf organisationskultureller und ablauforganisatorischer Ebene.

C. Funke (✉) · F. Christ
gfa | public, Berlin, Deutschland
E-Mail: cf@gfa-public.de

F. Christ
E-Mail: fc@gfa-public.de

1 Digitalisierung in Jobcentern – Bürger:innenorientierung bereits vor Einführung des Bürgergeldes

Dieser Beitrag argumentiert, dass die Digitalisierungsbestrebungen der vergangenen zehn Jahre in der Grundsicherung für Arbeitssuchende (SGB II) die Hinwendung zu mehr Bürger:innenorientierung, wenn nicht verursacht, so zumindest positiv verstärkt haben. Ausgangspunkt ist die Beobachtung, dass im Bereich des SGB II weit früher als in anderen (kommunalen) Verwaltungsbereichen ein funktionierendes Onlineangebot aufgebaut worden ist. Wir zeichnen den Weg von der Nutzer:innenorientierung bei der Gestaltung digitaler Oberflächen hin zur Bürger:innenorientierung bei der Leistungsgewährung nach, die schließlich Eingang in das Bürgergeld-Gesetz fand. Unsere Berichterstattung stützt sich auf beraterische Zusammenarbeit mit über 100 Jobcentern in den zurückliegenden 13 Jahren, zahlreiche Gespräche mit den dort Beschäftigten sowie eine schriftliche Erhebung zum Nutzungsgrad von digitalen Antragsservices im SGB II.

Die Kernbeobachtung lautet, dass die zwangsläufige Fokussierung auf das Nutzer:inneninteresse, das die Digitalisierungsvorhaben in den Jobcentern mit sich gebracht haben, dem Paradigmenwechsel zu mehr Bürger:innenorientierung im SGB II den Weg gebahnt hat. Folglich war der Bewusstseinswechsel, der spätestens mit dem Bürgergeld-Gesetz verordnet wurde, in vielen Jobcentern bereits angestoßen, wenngleich noch lange nicht abgeschlossen. Denn zum Zeitpunkt der Gesetzesverabschiedung im Dezember 2022 (Bürgergeldgesetz 2022) war ein Kernziel der Bürgergeldreform in den meisten Jobcentern längst realisiert, nämlich der „einfache Zugang zu Sozialleistungen" durch eine „einfache, nutzerorientierte und barrierefreie Beantragung" (Onlinezugangsgesetz. Gesetzesentwurf 2017, S. 2). Der Mentalitätswechsel, der mit dem Rollout einfach zu nutzender Onlineanträge einherging, war kein Selbstläufer. Ganz im Gegenteil – die Prämisse, es Bürgerinnen und Bürgern so einfach wie möglich zu machen, von daheim „Hartz IV" zu beantragen, bedeutete eine deutliche Abkehr vom alten Prinzip des Förderns und Forderns. Sie war zu Beginn nicht getrieben durch Sinneswandel, sondern von der Wirklogik digitaler Self-Service-Solutions (Funke 2022, S. 202 f.). Denn diese müssen bei ihrer Entwicklung die Nutzenden in den Mittelpunkt rücken, um eine reibungslose Bedienbarkeit sicherzustellen.

Als Praxisartikel von Fachpraktikern wird darauf verzichtet, eine Kausalbeziehung in die eine oder andere Richtung zu postulieren. Zwar erscheint es uns naheliegend, dass die rege Beschäftigung mit der Entwicklung nutzerfreundlicher

Onlineanträge zwangsläufig zur Entdeckung eines behördlichen Dienstleistungsauftrags gegenüber arbeitssuchenden Bürgerinnen und Bürgern geführt hat. Wir räumen jedoch ein, dass auch das Gegenteil der Fall sein könnte; dass also latente Ideen eines dekommodifizierenden Bürgergeldes schon lange in der Luft lagen und wiederum die Jobcenterwelt bewegten, weit früher als andere Behörden auf nutzerfreundliche Onlineangebote zu setzen.

Wir wollen uns daher in der Folge damit begnügen, die Digitalisierung des SGB II in den vergangenen 10 Jahren pointiert nachzuzeichnen. Dabei wollen wir herausarbeiten, dass sich die Jobcenter im Vergleich zu anderen Behörden als überraschende Champions der Verwaltungsdigitalisierung herausgestellt haben, dass dies mit der Entdeckung des Nutzers bzw. der Bürgerin als Fokuspunkt des eigenen Verwaltungstuns einherging und dass sich diese Entwicklung parallel sowohl im Bereich der kommunalen Jobcenter wie auch der gemeinsamen Einrichtungen vollzog. Letzteres ist umso bemerkenswerter, als sich die Digitalisierung der Kundenkommunikation samt Antragsstellung in beiden Communities weitgehend unabhängig voneinander abspielte.[1]

2 Jobcenter als Hidden Champions?

Als der Gesetzgeber im August 2017 das Onlinezugangsgesetz (OZG) verabschiedete, versprach er, binnen fünf Jahren die Gesamtheit deutscher Verwaltungsleistungen auf digitalem Wege beantragbar zu machen. Dahinter stand der Wunsch, die zusehends breiter klaffende Lücke zwischen den Servicestandards privatwirtschaftlicher und staatlicher Dienstleistungen zu schließen (OZG 2017; Rüscher 2017; Schallbruch 2017).[2] Denn konnte man seine Reisebuchungen, Bank- oder Versicherungsgeschäfte längst 24/7 vom eigenen Smartphone aus erledigen, sah die Welt in den deutschen Behörden im Jahr 2017 nur wenig anders aus als 30 Jahre zuvor. Noch zum Zeitpunkt des Fristablaufs am 31. Dezember 2022 hatte sich die Situation kaum verbessert. Nur ein Bruchteil der zu 575 Bündel gruppierten Verwaltungsleistungen waren im Internet verfügbar; und wenn, dann nur in einem gering ausgeprägten digitalen Reifegrad (Nationaler Normenkontrollrat 2022, S. 31 f.).[3]

---

[1] Interview mit einer für die Digitalisierung im SGB II verantwortlichen Person der Bundesagentur für Arbeit, Juli 2023.
[2] Siehe hierzu insbesondere die dem Gesetz vorangestellte Gesetzesbegründung.
[3] Die OZG-Umsetzung unterscheidet die Qualität digitaler Anträge in einem fünfstufigen Reifegradmodell, das von ausdruckbaren pdf-Dateien bis hin zur medienbruchfreien Abwicklung der Beantragung im Internet reicht.

Im Gegensatz zur vielfach enttäuschenden Situation in anderen Verwaltungsbereichen (Nationaler Normenkontrollrat 2022, S. 31–34) gestaltete sich die Situation für die Beziehenden von Grundsicherungsleistungen nach dem SGB II vielversprechender. Flächendeckend und deutlich vor der Zeit war es den deutschen Jobcentern gelungen, ihre Antragsleistungen digital bereit zu stellen.[4] Bereits im Juni 2020 hatte eine kleine Gruppe kommunaler Jobcenter den Neuantrag für Arbeitslosengeld II live geschaltet (BMI 2020). Gut zwei Jahre später, im Herbst 2022, zogen auch die gemeinsamen Einrichtungen nach und stellten ihrerseits den digitalen Neuantrag deutschlandweit online (Bundesagentur für Arbeit 2022). Deutlich vor der Frist war es damit im Bereich des SGB II gelungen, den Vorgaben des OZG Rechnung zu tragen und den Bürger:innen ein digitales Angebot zur Leistungsbeantragung zu unterbreiten. Hinsichtlich der aktiven Nutzung durch die Bürgerinnen und Bürger ergibt sich allerdings derzeit noch ein gemischtes Bild. Zwischen dem Zeitpunkt des Release im Juni 2020 und Mai 2023 wurden in den 104 kommunalen Jobcentern zwar rund 108.000 Anträge für Arbeitslosengeld II beziehungsweise Bürgergeld über die Onlinemasken gestellt;[5] doch hierbei handelt es sich nur um einen Bruchteil der insgesamt gestellten Anträge: Allein im Zeitraum März 2022 bis Februar 2023 sind beispielsweise insgesamt Anträge von knapp 1,8 Mio. Menschen bewilligt worden (Bundesagentur für Arbeit 2023, S. 13).

Eine Abfrage zum Verhältnis zwischen digitalen und auf herkömmlichem Weg gestellten Anträgen unter den 104 kommunalen Jobcentern im Juli 2023 offenbart, dass sich der Anteil der digitalen Erstanträge auf Bürgergeld an allen gestellten Erstanträgen im Jahr 2023 zwischen 1 % und 49 % bewegt, bei einem Mittelwert von 19 %, der Median bei 17 %.[6] Ähnlich sieht es in den gemeinsamen Einrichtungen aus. Hier liegen frei verfügbare, aktuelle Vergleichsdaten leider nicht für den Erstantrag, aber für den Weiterbewilligungsantrag vor. Die Onlinequoten reichen von knapp 1 % bis zu 33 %, bei einem Mittelwert von nur 5 % und einem Median von 4 %. Für den Erstantrag läge der Mittelwert laut mündlicher Selbstauskunft ähnlich wie in den kommunalen Jobcentern bei rund 20 %.[7] Die vergleichsweise geringeren Werte aufseiten der gemeinsamen Einrichtungen sind nicht zwangsläufig auf weniger nutzerfreundliche Onlineservices oder

---

[4] Siehe das „Dashboard Digitale Verwaltung" des Bundesministeriums des Innern und für Heimat. BMI. 2023. https://dashboard.ozg-umsetzung.de/; Zugriff: 25.07.2023.

[5] „Dashboard Digitale Verwaltung" des Bundesministeriums des Innern und für Heimat. BMI. 2023. https://dashboard.ozg-umsetzung.de/; Zugriff: 25.07.2023.

[6] Gfa | public: Umfrage zuOnline-Anträgen in den kommunalen Jobcenter, Juli 2023.

[7] Interview mit einer für die Digitalisierung im SGB II verantwortlichen Person der Bundesagentur für Arbeit, Juli 2023.

einem weniger an aktivem Werben zurückzuführen, sondern hängen einerseits mit den verschiedenen Datenquellen als auch der unterschiedlichen Antragstypen zusammen.[8] Interessant wäre ein Vergleich dieser Zahlen mit Zahlen aus früheren Jahren. Derartige belastbare Zahlen liegen nicht vor. Auch im Jahr 2023 veröffentlichte aktuelle Daten zu Online-Services in den Jobcentern aus anderen Quellen, beispielsweise aus dem OZG-Dashboard, sind zu hinterfragen.

Dennoch gilt für beide Jobcentergruppen, dass mit Ausnahme von wenigen Spitzenreitern das Gros der Behörden beim Einsatz des Onlineangebots hinter seinen Möglichkeiten zurückbleibt. Angesichts der mittlerweile mehrjährigen Verfügbarkeit der Onlineanträge weisen sehr geringe Nutzungsraten bei einer Vielzahl von Organisationen auf ein ambivalentes Verhältnis vieler Jobcenter zum Ideal eines simpel und von zu Hause aus beantragbaren Bürgergeldes. Es bestehen nach wie vor vielfache Jobcenter-interne „Anreize" und Verhaltensmuster, die antragsstellende Bürger:innen weg vom digitalen und hin zum alten, analogen Antragsweg per Post oder persönlicher Vorsprache lotsen. Anhand der Spitzenreiter lässt sich jedoch gleichermaßen ablesen, dass sowohl aufseiten der Bürger:innen das Potenzial sowie aufseiten einzelner Jobcenterleitungen der Wille besteht, das gesetzliche Ziel des einfach und digital beantragbaren Bürgergeldes zu verwirklichen. Im Folgenden wollen wir diese Ambivalenz zwischen Digitalisierungslust und -angst in der Entwicklung des digitalen Bürgergeldes für beide Jobcenter-Welten nachzeichnen.

Kommunale Jobcenter: Early Adopter und kontinuierlicher Austausch über gute Praxis

Die kommunalen Jobcenter erlebten ihren „Digitalisierungs-Startschuss" im Jahr 2018. Im Rahmen des gemeinsamen „Benchlearning der kommunalen Jobcenter", innerhalb dessen sich 102 kommunale Jobcenter seit nunmehr 17 Jahren mehrmals pro Jahr über Intention und Umsetzung des SGB II in den eigenen Häusern austauschen, hat die Organisationsberatung gfa | public die Geschäftsführungen über das OZG, seine Ansprüche und Intentionen sowie sinnvolle Digitalisierungsvorhaben in Sozialverwaltungen aufgeklärt. Seitdem gibt es ein kontinuierliches Arbeiten an der Digitalisierung der kommunalen Jobcenter, um Bürger:innen

---

[8] Die Abfrage unter den kommunalen Jobcentern war keine Vollerhebung und die Beantwortung beruhte auf Freiwilligkeit, sodass zu vermuten ist, dass tendenziell digital affinere Jobcenter eher bereit waren zu antworten. Hinzu kommt, dass Folgeantragssteller:innen aus Gewohnheit vermutlich häufiger auf den gewohnten Papierprozess zurückgreifen als Neuantragsteller:innen.

einen einfachen und zeitgemäßen Zugang zu den passiven Leistungen zu ermöglichen. Von kleinen Tools wie Online-Terminbuchungen[9], über Applikationen für die interne und externe Kommunikation zur Erleichterung der Arbeitsorganisation, bis hin zu robotergestützten Prozessautomatisierungen (RPA) haben sich viele kommunale Jobcenter auf den Weg gemacht, um die eigene Organisation zu digitalisieren. Dabei taten sich einzelne Early Adopter wie das Jobcenter Kreis Düren oder die Neue Wege – Kreis Bergstraße und die Pro Arbeit – Kreis Offenbach hervor. Letztere waren maßgeblich an der Finalisierung des ersten Clickdummys für einen Online-Erstantrag des Arbeitslosengeld II beteiligt. Dies geschah als Ausfluss aus einem der Digitalisierungslabore, die im Zuge der OZG-Umsetzung zur Entwicklung von Prototypen für einzelne Leistungsbündel, so auch den SGB II-Antrag, etabliert wurden.[10] Neben den Initiativen einzelner Jobcenter sind kommunale Jobcenter-Verbünde, beispielsweise in Hessen und Niedersachsen zu erwähnen, die eine Vorreiterrolle beim Start des ALG II-Onlineantrags übernommen haben.[11]

Das Benchlearning war dabei über die letzten sechs Jahre hinweg kontinuierliche Plattform für Austausch und gemeinsames Lernen. Digitalisierung im Jobcenter wurde daher auch für solche Häuser direkt erlebbar, die selber nicht Zeit, Geld oder Mut hatten, bei diesem Thema voranzugehen. In diesem Prozess trafen Überzeugungstäter:innen auf Skeptiker:innen und entschiedene Gegner:innen digitaler Lösungen. Das zentrale Problem bestand darin, persönliche Einstellungen und Verhaltensmuster aufzubrechen. Im Zentrum stand und steht dabei die Spannung zwischen hoheitlicher Aufgabe und gesetzlichem Vermittlungsauftrag einerseits und Bürger:innenorientierung andererseits. Bürger:innen in den Mittelpunkt des Verwaltungshandelns zu stellen, ist keine logische Weiterentwicklung des weberianischen Verwaltungsideals (Weber 1972, S. 125 ff.), sondern ein Paradigmenwechsel, der durch Digitalisierung entscheidend vorangetrieben wird (Funke 2022).

Was hilft bei einem Paradigmenwechsel? Steter Tropfen höhlt den Stein. Immer und immer wieder wurden und werden seit nunmehr sechs Jahren Digitalisierungsthemen auf die Agenda der kommunalen Jobcenter gehoben. Auf diese Weise sind nicht alle Entscheider:innen in den kommunalen Jobcentern digitale Überzeugungstäter:innen geworden, aber die Ergebnisse in der Breite können sich

---

[9] Im Jahr 2018 war dies für die Jobcenter-Welt eine kleine Revolution.
[10] https://www.onlinezugangsgesetz.de/Webs/OZG/DE/grundlagen/agile-methoden/digitalisierungslabore/digitalisierungslabore-node.html, Zugriff 26.7.2023.
[11] https://www.onlinezugangsgesetz.de/SharedDocs/kurzmeldungen/Webs/OZG/DE/2020/alg-ii-online.html, Zugriff 26.7.2023.

sehen lassen: Haben im Januar 2018 noch 48 % der kommunalen Jobcenter angegeben, in den kommenden fünf Jahre keine Online-Anträge vorhalten zu wollen[12], sind es im Juli 2023 über 85 % der kommunalen Jobcenter, die mindestens den Bürgergeld-Erstantrag online vorhalten[13]; in über 70 % der Fälle werden auch der Weiterbewilligungsantrag und die Veränderungsmitteilung als Online-Service angeboten.[14] Im Ergebnis ist die notwendige Bedingung für ein digitales kommunales Jobcenter erfüllt, die passiven Leistungen sind als Online-Service nahezu flächendeckend verfügbar.

Leider korrespondiert dies nicht mit einer entsprechenden, umfassenden Nutzung dieser Online-Angebote durch die Bürger:innen. Die Nutzungsquoten der Online-Angebote von Jobcentern reichen im Jahr 2023 für den Erhebungszeitraum 01.01.–30.04.2023 von 1 % (niedrigste Nutzungsquote) bis 49 % (höchste Nutzungsquote) bei den Online-Erstanträgen sowie 1 % bis 31 % bei den Online-Weiterbewilligungsanträgen.[15] Woran fehlt es in der Welt der kommunalen Jobcenter? (1) An der Überzeugung vieler Entscheidungsträger:innen, dass Online-Services im Jahr 2023 von der Mehrheit der Mitarbeiter:innen und Bürger:innen geschätzt und genutzt werden (können); (2) an gut durchdachten und nutzer:innenorientiert gestalteten Services; sowie (3) an dem Gestaltungswillen, eine moderne Sozialverwaltung konsequent zu etablieren. Viele der verfügbaren Online-Services sind für die Bürger:innen unbekannt (weil unbeworben), schwer auffindbar (weil nicht suchmaschinenoptimiert und auf Websites „versteckt") oder im Sinne einer User Journey[16] nicht sauber zu Ende gebaut. Die kommunalen Jobcenter trauen sich (noch) nicht, eine digital-first-Strategie umzusetzen. Vielmehr wird es häufig den Bürger:innen selbst überlassen, die verfügbaren Online-Anträge zu finden und zu nutzen.

Dennoch macht der Zwischenstand im Jahr 2023 Mut. Ein Weg zurück in die rein analoge Welt wird es in den kommunalen Jobcentern nicht geben. Der Kipppunkt scheint erreicht, von dem aus die digitalen Angebote kontinuierlich verbessert und in die Breite getragen werden.

---

[12] Gfa | public: Umfrage zu Digitalisierungsvorhaben in den kommunalen Jobcenter, Januar 2018.
[13] Die restlichen 15 % planen dies überwiegend für das zweite Halbjahr 2023.
[14] Gfa | public: Umfrage zu Online-Anträgen in den kommunalen Jobcenter, Juli 2023.
[15] Gfa | public: Umfrage zu Online-Anträgen in den kommunalen Jobcenter, Juli 2023.
[16] Eine „User Journey" (Reise der Nutzer:innen, Kund:innen, Bürger:innen) beschreibt in diesem Kontext die einzelnen Berührungspunkte (Touchpoints), die ein:e Bürger:in durchläuft, bevor er/sie eine Verwaltungsleistung in Anspruch nimmt.

BA und gemeinsame Einrichtungen: Plötzlich vor der Zeit: Der (ungeplante) Sprung vom SGB III ins SGB II

Wollte man das Nebeneinander der Online-Service-Entwicklung von kommunalen Jobcentern und Bundesagentur für Arbeit mit dem Wettlauf zwischen Hase und Igel beschreiben, käme der Bundesagentur die Rolle des Hasen zu. Die Bundesagentur blickt schon lange auf eine Tradition als Verwaltungsinnovatorin zurück (Kaps und Oschmiansky 2023). Hierfür verfügt sie unter anderem über ein mehrere tausend Personen starkes IT-Entwicklungshaus in Nürnberg, das IT-Anwendungen nicht nur betreibt, sondern auch eigeninitiativ entwickelt. Als im Jahr 2013 das eGovernment-Gesetz die Bundesbehörden aufforderte, den Bürger:innen einen elektronischen Zugang zu diesen zu ermöglichen (§ 2 Abs. 1 eGovG), ließ sich die Bundesagentur daher nicht zwei Mal bitten. Unter dem Projektnamen Apollo machte sie sich im Folgejahr daran, einen digitalen Antrag für das Arbeitslosengeld I nebst unterstützenden Basisdiensten (Kundenportal, Bescheidablage) zu gestalten. Das SGB II war, obschon Bundesgesetz, vom Digitalisierungsgebot explizit ausgenommen (§ 1 Abs. 5 Nr.3 eGovG). Dennoch weckte das Vorhaben aufseiten des SGB III den Wunsch, ein ähnliches Angebot auch den Bürger:innen im benachbarten Sozialgesetzbuch zu machen, um keine Kluft zwischen den beiden Gruppen von Arbeitssuchenden entstehen zu lassen.[17] Mit nur kurzem zeitlichen Abstand startete die Bundesagentur daher im Jahr 2016 eine Vorstudie unter dem Arbeitstitel gE-Online, die die Machbarkeit und die wünschenswerte Ausgestaltung eines Online-Angebots im SGB II ausloten sollte. Erstmals wurden dabei Kund:innen nach ihren Wünschen und Erwartungen zu Jobcenter-Prozessen befragt und um Feedback zu Prototypen gebeten. Zur gleichen Zeit erlebten die Beschäftigten in den Jobcentern mit der Einführung der digitalen Akte ihren eigenen Digitalisierungsschub. Die Macher:innen der Vorstudie legten Anfang 2017 – also Monate vor der Verabschiedung des Onlinezugangsgesetzes – ihren Empfehlungsbericht vor, in dem sie als erste Aufbaustufe einfache Veränderungsmeldungen sowie den Weiterbewilligungsantrag digitalisieren wollten. Erst in einer zweiten Ausbaustufe waren weitere Antragsleistungen, insbesondere der Erstantrag, vorgesehen. Innerhalb der gemeinsamen Einrichtungen herrschte jedoch Zweifel, ob es angesichts der hohen Rechtskomplexität möglich oder aus Sicht der Kund:innenaktivierung wünschenswert sei, den Erstantrag auf Arbeitslosengeld remote zu ermöglichen. Die Sorgen, Kund:innen nicht mehr zu Gesicht zu bekommen oder Sozialbetrug Tür und Tor zu öffnen,

---

[17] Quelle: Interview mit einer für die Digitalisierung im SGB II operativ verantwortlichen Person der Bundesagentur für Arbeit, Juli 2023.

wurden hinter vorgehaltener Hand geäußert. Der gesetzliche Auftrag des OZG schaffte hier mit seinem unmissverständlichen Auftrag Klarheit. Die rasche Entwicklung eines digitalen Neuantrags in den Digitallaboren unter Federführung hessischer und nordrhein-westfälischer kommunaler Jobcenter tat ihr Übriges. Im Mai 2019 ging das auf Jobcenter zugeschnittene Angebot jobcenter.digital live, allerdings noch nicht mit dem vollen Leistungsumfang. Bis zum digitalen Neuantrag der mittlerweile Bürgergeld betitelten Leistung sollten noch über zwei Jahre, nämlich bis Herbst 2022, vergehen. Der große Transformator war aus Sicht von Jobcenter-Führungskräften die Corona-Pandemie. Der starke Emaileingang und das positive Feedback von Kunden zur Möglichkeit des digitalen Unterlagenversands motivierte die Jobcenter, das Angebot nun stärker zu bewerben.[18] Doch auch im Herz der Bundesagentur haben die nutzerfokussierten Arbeitsweisen in der IT-Entwicklung den Blick auf die Antragsstellenden und ihre Bedürfnisse verstärkt, gleichwohl Effizienzerwägungen in der Zentrale oder Sozialamtsmentalität bei einzelnen Mitarbeiter:innen vor Ort weiterhin wirken.[19] Nicht zuletzt habe das Vorreitertum im SGB III eine Vorbildfunktion für das SGB II entwickelt und sei quasi „hinübergeschwappt."[20]

3 Fazit: Aus der Nutzer- wird Bürger:innenorientierung

Es wäre falsch, die Jobcenter-Welt als digitale Vorzeigearena einzuordnen. Dafür sind vergleichbare Verwaltungen im europäischen Ausland deutlich weiter auf dem Pfad der digitalen Transformation fortgeschritten (European Commission, 2020). Aber im langsamen Digitalisierungsbetrieb der deutschen Verwaltung reicht es auf jeden Fall für die Rolle eines Hidden Champion. Die Bürger:innen haben es nicht nur in den Titel des Bürgergeld-Gesetzes geschafft, sie haben als mündiges Subjekt auch Einzug in seine regulatorische Ausgestaltung gefunden. Diese Intention ist nicht direkt und allein auf die Erkenntnisse und Erfordernisse rund um Digitalisierungsvorhaben zu Tage getreten. Aber es ist festzuhalten, dass die in Digitalisierungsvorhaben vielbeschworene Nutzer:innenperspektive mit den gesellschafts- und sozialpolitischen Leitlinien der Ampelkoalitionäre im SGB II

---

[18] Quelle: Interview mit einer mittleren Führungskraft einer gemeinsamen Einrichtung, Juli 2023.
[19] Quelle: Interview mit einer für die Digitalisierung im SGB II operativ verantwortlichen Person der Bundesagentur für Arbeit, Juli 2023.
[20] Quelle: Interview mit einer mittleren Führungskraft einer gemeinsamen Einrichtung, Juli 2023.

Hand in Hand gehen. Self-Service-Tools können nur funktionieren, wenn sie nutzerorientiert gestaltet werden. Diese Einsicht aus der IT-Welt wirkte in den Jobcentern, insbesondere in jenen, die sich gemeinsam mit IT-Dienstleistern aktiv an der Konzeption von Online-Anträgen beteiligten, als ein Promotor für den grundsätzlichen Wandel hin zur Bürger:innenorientierung. Und damit haben sie ein Kernanliegen des Bürgergeld-Gesetzes vorweggenommen.

4 Es ist noch viel zu tun: Digitalisierung und Service Design als Motor für eine bürger:innennahe Sozialverwaltung

Die Erkenntnisse aus den Jobcentern machen einerseits Hoffnung für die weitere Verwaltungsdigitalisierung, sind andererseits aber betrüblich genug. Denn das, was die kommunalen Jobcenter, respektive die BA und die gemeinsamen Einrichtungen geschafft haben, hätte nahezu jede andere Behörde auf allen föderalen Ebenen auch tun können. Dass SGB II-Anträge online verfügbar sind, ist ein erster, wichtiger Schritt, hin zu einer digitalen Jobcenterwelt. Es bleibt aber noch viel zu tun. Wenn die Online-Services doch so gut verfügbar sind, warum nutzen so wenige Bürger:innen sie? Erstens, weil selbst die – im Vergleich mit den banalen Online-pdf's anderer Behörden – vergleichsweise ambitioniert gedachten Online-Formulare noch immer viele Hürden für Nutzer:innen beinhalten. Der Online-Antrag der BA über „Jobcenter.digital" ist beispielsweise nach wie vor nur in deutscher Sprache verfügbar und viele Jobcenter verstecken ihre Online-Anträge regelrecht vor Bürger:innen und Mitarbeitenden. Zweitens aus Angst vor mangelnder digitaler Kompetenz aufseiten der Bürger:innen. Dieses Argument hält in der Realität nicht stand. Weder im europäischen Ausland, noch in der Privatwirtschaft gibt es Anzeichen dafür, dass gut gemachte digitale Angebote nicht von Bürger:innen aller Altersgruppen und Bildungsschichten mehrheitlich genutzt werden können. Es ist keine Kompetenzfrage, sondern eine Gewohnheitsfrage. Die Hürde für Bürger:innen bei der Antragsbearbeitung ist nicht ein möglicher Online-Zugang, es ist die schwer verständliche Behördensprache mit Rechtsfolgenbelehrung, die Reaktanz erzeugt und viele Nachfragen hervorruft.

Es braucht also einen noch einfacheren digitalen Zugang, um die Inanspruchnahme zu verbessern. Drei Dinge müssen dafür gegeben sein: Der digitale Zugang muss vorhanden (1), konsequent nutzergerecht (2) und bekannt (3) sein. Zurzeit ist nur das erste Kriterium erfüllt. Das Mittel zum Zweck für eine nutzergerechte Ausgestaltung ist Service Design. Die Bekanntheit von Online-Services wird durch fortwährende in- und externe Kommunikation sowie einen konsequenten digital-first-Ansatz[21] in kurzer Zeit nachweislich verbessert. Der Koalitionsvertrag der Ampel-Koalition formuliert allgemeine Ansprüche hinsichtlich der Verwaltungsdigitalisierung; so auch zur Umsetzung des SGB II.[22] Eine konkrete Beschreibung einer digitalisierten, und in diesem Zuge zur bürger:innenorientierten gewandelten (Sozial)Verwaltung bleibt die Politik jedoch nach wie vor schuldig. Es drängt sich der Verdacht auf, dass es an Phantasie und Vorstellungskraft fehlt, wie eine solche moderne, digitale Verwaltungsorganisation in Aufbau, Ablauf und Steuerung aussehen müsste. Vielleicht fehlen aber auch nur Mut und Wille, denn die potenziell notwendigen Veränderungen rütteln an Grundfesten des deutschen Sozialstaats. Wo Case Manager:innen bereits seit Jahrzehnten eine ganzheitliche, rechtskreisübergreifende Fallarbeit postulieren und einzelne Kommunen in sogenannten Sozialbüros gegen die bisweilen künstliche Versäulung der Sozialgesetzbücher anarbeiten, ist es spätestens in der digitalen Welt auch aus Bürger:innensicht nicht mehr nachvollziehbar, dass für personenbezogene Sozialleistungen im Hintergrund zahlreiche einzelne, rechtlich und formal getrennt voneinander arbeitende Organisationen daran arbeiten, diese Leistungen adressat:innen- und fristgerecht zu erbringen. Es ist Zeit für eine rechtskreisübergreifende umfassend zuständige (digitale) Sozialbehörde mit zentralen Serviceeinheiten und lokal im Sozialraum verorteten Beratungseinheiten. Ansonsten wird vieles gut gemeint und ordentlich gemacht sein, aber in Summe Stückwerk bleiben.

Im Sinne eines Public Service Design sollte die Erbringung von staatlichen Leistungen noch viel stärker aus Bürger:innensicht gestaltet werden. Aktuell leitet sich die Leistungserbringung in der Regel aus Finanzierungsverantwortlichkeiten und Rechtskreisen ab, und zwar völlig unabhängig davon, wie sinnvoll dies in der täglichen Arbeit ist. Für die zukünftige Ausgestaltung digitalisierter (Sozial-)Verwaltungen sollten Bürger:innen nach ihren Bedürfnissen befragt werden; und wenn es um die interne Organisation der Leistungserbringung geht, die Mitarbeitenden. Welche Leistungen können perspektivisch ausschließlich digital erbracht werden, bei welchen Angeboten braucht es Orientierungshilfen auf welchen Kanälen und bei welchen Lebenssituationen ist die 1:1-Beratung und Leistungserbringung im Sozialraum das Mittel der Wahl? Welche Leistungen

---

[21] Digital-first ist dabei nicht mit „digital only" zu verwechseln. Analoge und digitale Zugänge werden in den nächsten Jahren weiter parallel existieren müssen. Entscheidend für eine erfolgreiche Digitalisierung ist aber, die internen Prozesse so aufzustellen, dass der digitale Weg die Regel bedeutet. Und nur wenn dieser nachweislich nicht erfolgreich ist, wird als Alternative die analoge Lösung angeboten.

[22] Koalitionsvertrag 2021–2025, Seite 58 ff.

gehören organisatorisch gruppiert? Und wo sollten alte Behördengrenzen aufgebrochen werden? Die Antworten auf diese und weitere Fragen sollten die Bürger:innen geben. Spoiler aus Beratungsprojekten der letzten Jahre: Für die Beantragung von Geldleistungen wollen Bürger:innen in großer Mehrheit im Jahr 2023 nicht mehr persönlich in eine Sozialverwaltung kommen müssen.

Literatur

Bundesministerium des Innern und für Heimat. 2020. Pressemitteilung: Start des digitalen ALG II in Hessen und Niedersachsen. Website des Bundesministeriums des Innern und für Heimat, 10. Juni. https://www.bmi.bund.de/SharedDocs/pressemitteilungen/DE/2020/06/alg2.html;jsessionid=BC6406C38DE25B8614FE4835E50413A6.2_cid350?nn=9390260. Abgerufen am: 25. September 2023.

Bundesagentur für Arbeit. 2022. Weisung 202209003 vom 01.09.2022 – Flächeneinführung des digitalen Hauptantrags SGB II inklusive der MWS sowie des OAP im Online-Angebot jobcenter.digital. Website der Bundesagentur für Arbeit. https://www.arbeitsagentur.de/datei/weisung-202209003_ba039172.pdf. Abgerufen am: 25. September 2023.

Bundesagentur für Arbeit. 2023. Grundsicherung für Arbeitsuchende in Zahlen. *Blickpunkt Arbeitsmarkt*. Nürnberg: Statistik der Bundesagentur für Arbeit. https://statistik.arbeitsagentur.de/Statistikdaten/Detail/202306/iiia7/grusi-in-zahlen/grusi-in-zahlen-d-0-202306-pdf.pdf?__blob=publicationFile&v=1. Abgerufen am: 25. September 2023.

Bundestag. 2017. Drucksache 18/11135. Gesetzesentwurf der Bundesregierung für das Onlinezugangsgesetz. 13. Februar. http://dipbt.bundestag.de/doc/btd/18/111/1811135.pdf. Abgerufen am: 25. September 2023.

Bürgergeld-Gesetz. 2022. *Bundesgesetzblatt* 51: 2328. https://dejure.org/BGBl/2022/BGBl._I_S._2328. Abgerufen am: 25. September 2023.

European Commission. 2020. Digital Economy and Society Index (DESI) Report 2020: Digital Public Services. https://ec.europa.eu/digital-single-market/en/digital-public-services. Abgerufen am: 25. September 2023.

Funke, Corinna. 2022. *Digitization, Fast and Slow: Comparing the Creation of Digital Public Services in Denmark, France and Germany*. Florenz: European University Institute. https://doi.org/https://doi.org/10.2870/401344.

Kaps, Petra und Frank Oschmiansky. 2023. Digitalisierung in der Bundesagentur für Arbeit: Entwicklung und aktueller Stand. *WSI-Mitteilungen*. 2: 93-102. https://doi.org/https://doi.org/10.5771/0342-300X-2023-2-93.

Nationaler Normenkontrollrat. 2022. *Jahresbericht 2022: Bürokratieabbau in der Zeitenwende*. Berlin: Bundesministerium der Justiz. https://www.bmj.de/SharedDocs/Publikationen/DE/Fachpublikationen/2022_NKR_Jahresbericht.pdf?__blob=publicationFile&v=3. Abgerufen am: 25. September 2023.

Onlinezugangsgesetz. 2017. *Bundesgesetzblatt* I: 3122 – 3138. https://www.gesetze-im-internet.de/ozg/BJNR313800017.html. Abgerufen am: 25. September 2023.

Rüscher, Daniel. 2017. Der digitale Zugang der Bürger zum Staat durch das Onlinezugangsgesetz. *Deutsches Verwaltungsblatt* 132 (24): 1530–35. https://doi.org/10.1515/dvbl-2017-2408.

Schallbruch, Martin. 2017. Neuer gesetzlicher Rahmen für öffentliche IT – Grundgesetzänderung, OZG und KONSENS-Gesetz. CR-online.de. 7. Juni. https://www.cr-online.de/blog/2017/06/07/neuer-gesetzlicher-rahmen-fuer-oeffentliche-it-grundgesetzaenderung-ozg-und-konsens-gesetz/. Abgerufen am: 25. September 2023.

Weber, Max. 1972. *Wirtschaft und Gesellschaft: Grundriss der verstehenden Soziologie.* Herausgegeben von Johannes Winckelmann. Tübingen: Mohr Siebeck.

Dr. Corinna Funke ist Verwaltungswissenschaftlerin und Organisationsberaterin im Öffentlichen Sektor, seit 2014 bei gfa | public, derzeit als Managerin. Sie hat ihr Studium der Politik- und Verwaltungswissenschaften an der Universität Potsdam mit einem Master in Comparative Social Policy an der University of Oxford vertieft. Seit 2014 berät sie deutsche Verwaltungen zu Fragen der guten Organisation in modernen Verwaltungen, schwerpunktmäßig im Bereich der Sozialverwaltung. Frau Dr. Funke promovierte am europäischen Hochschulinstitut zu den Gelingensbedingungen bei der Digitalisierung öffentlicher Dienstleistungen. Sie lehrt Verwaltungsanwärtern an der Hochschule für Wirtschaft und Recht Berlin Grundlagen zur digitalen Transformation der Verwaltung.

Dr. Friedemann Christ ist Diplom-Politologe und Geschäftsführer der gfa | public GmbH. Er verfügt über 20 Jahre an Erfahrungen als Berater des öffentlichen Sektors mit inhaltlichen Schwerpunkten in den Bereichen Arbeitsmarkt und Berufliche Bildung. Herr Dr. Christ promovierte an der Universität Hamburg zu Aktivierungspolitiken in Deutschland. Seit über 10 Jahren leitet er das Benchlearning der kommunalen Jobcenter. Fokus seiner Arbeit ist die strategische Ausrichtung sowie die laufende Organisationsentwicklung öffentlicher Organisationen, vor allem im Bereich der Sozial- und Arbeitsmarktverwaltung.

Open Access Dieses Kapitel wird unter der Creative Commons Namensnennung 4.0 International Lizenz (http://creativecommons.org/licenses/by/4.0/deed.de) veröffentlicht, welche die Nutzung, Vervielfältigung, Bearbeitung, Verbreitung und Wiedergabe in jeglichem Medium und Format erlaubt, sofern Sie den/die ursprünglichen Autor(en) und die Quelle ordnungsgemäß nennen, einen Link zur Creative Commons Lizenz beifügen und angeben, ob Änderungen vorgenommen wurden.

Die in diesem Kapitel enthaltenen Bilder und sonstiges Drittmaterial unterliegen ebenfalls der genannten Creative Commons Lizenz, sofern sich aus der Abbildungslegende nichts anderes ergibt. Sofern das betreffende Material nicht unter der genannten Creative Commons Lizenz steht und die betreffende Handlung nicht nach gesetzlichen Vorschriften erlaubt ist, ist für die oben aufgeführten Weiterverwendungen des Materials die Einwilligung des jeweiligen Rechteinhabers einzuholen.

Printed by Printforce, the Netherlands